新知文库 18

XINZHI

The Island of Seven Cities:
Where the Chinese Settled
When They Discovered
North America

THE ISLAND OF SEVEN CITIES:

Where the Chinese Settled When They Discovered North America by Paul Chiasson

Copyright © 2006 Island of Seven Cities Inc.

Published by arrangement with Random House Canada,

a division of Random House of Canada Limited.

最早发现北美洲的
中国移民

[加]保罗·夏亚松 著 暴永宁 译

生活·讀書·新知 三联书店

Simplified Chinese Copyright © 2018 by SDX Joint Publishing Company.
All Rights Reserved.

本作品简体中文版权由生活·读书·新知三联书店所有。
未经许可,不得翻印。

图书在版编目(CIP)数据

最早发现北美洲的中国移民/(加)夏亚松著;暴永宁译. —2版. —北京:生活·读书·新知三联书店,2018.10
(新知文库)
ISBN 978-7-108-06392-2

Ⅰ.①最… Ⅱ.①夏… ②暴… Ⅲ.①华人-移民-历史-研究-北美洲 Ⅳ.① D771.038

中国版本图书馆 CIP 数据核字(2018)第 196252 号

特邀编辑	张艳华
责任编辑	徐国强
装帧设计	陆智昌 康 健
责任印制	徐 方
出版发行	生活·讀書·新知三联书店
	(北京市东城区美术馆东街 22 号 100010)
网 址	www.sdxjpc.com
图 字	01-2018-6754
经 销	新华书店
印 刷	北京隆昌伟业印刷有限公司
版 次	2009 年 6 月北京第 1 版
	2018 年 10 月北京第 2 版
	2018 年 10 月北京第 2 次印刷
开 本	635 毫米 × 965 毫米 1/16 印张 20
字 数	248 千字 图 90 幅
印 数	07,001-13,000 册
定 价	48.00 元

(印装查询:01064002715;邮购查询:01084010542)

新知文库

出版说明

在今天三联书店的前身——生活书店、读书出版社和新知书店的出版史上，介绍新知识和新观念的图书曾占有很大比重。熟悉三联的读者也都会记得，20世纪80年代后期，我们曾以"新知文库"的名义，出版过一批译介西方现代人文社会科学知识的图书。今年是生活·读书·新知三联书店恢复独立建制20周年，我们再次推出"新知文库"，正是为了接续这一传统。

近半个世纪以来，无论在自然科学方面，还是在人文社会科学方面，知识都在以前所未有的速度更新。涉及自然环境、社会文化等领域的新发现、新探索和新成果层出不穷，并以同样前所未有的深度和广度影响人类的社会和生活。了解这种知识成果的内容，思考其与我们生活的关系，固然是明了社会变迁趋势的必需，但更为重要的，乃是通过知识演进的背景和过程，领悟和体会隐藏其中的理性精神和科学规律。

"新知文库"拟选编一些介绍人文社会科学和自然科学新知识及其如何被发现和传播的图书，陆续出版。希望读者能在愉悦的阅读中获取新知，开阔视野，启迪思维，激发好奇心和想象力。

生活·读书·新知三联书店
2006年3月

献给我的全家

目 录

1　中文版序言

1　第一章　荒野中的人工凿痕
23　第二章　在大地的尽头寻觅
39　第三章　约翰·卡伯特：遭儿子抹杀的老子
56　第四章　兄弟先后失踪
66　第五章　葡萄牙人之后
81　第六章　法国人进入北美
95　第七章　法兰西两兄弟
109　第八章　灵机一动，思路急转
129　第九章　天荒地老，人烟稀少
139　第十章　米克茂人之谜
158　第十一章　曙光现于东方
171　第十二章　从头学起
186　第十三章　意外的发现
192　第十四章　家人相聚
204　第十五章　凌顶之行
218　第十六章　围墙与围墙内外
232　第十七章　另一类线索

251　第十八章　与加文晤面，得黄金提示
258　第十九章　在美国国会图书馆的发言
266　第二十章　第一批访客
276　第二十一章　家庭聚会
281　第二十二章　告别之行

285　图版目录
291　参考书目
302　致谢
303　译后记

中文版序言

本书介绍了一个将会受到持久注意的研究课题。本书先是于2006年在加拿大和美国出版，如今又向前迈出了重要的一步，有了面向中国大陆读者的简体中文版。至于这一研究将如何改变人们的历史观念，我们目前很难具体设想。发现的规律就是如此，思想进步的历程就是如此，逻辑推演的结果就是如此。发现的规律、历程和逻辑存在于我们之中，但又高于我们。它们乃是全人类共同求知愿望的精华。

本书展示了一个跋涉者，沿着一条遍布荆棘的未知道路艰难跋涉的经历。他奋力前行的目的，是希望做出些有意义的发现。他所走过的这条发现之路，始于加拿大东部沿海地区一片山麓上的一处年代久远的遗迹：它的覆盖范围既有中国大明王朝，又有欧洲的文艺复兴，还涉及北美的原住民。这一发现其规模和范围都是惊人的——无法解释的遗迹，湮没无闻的史实，纠结歧解的文化，无法确认的国度。然而，分析所有这些谜团的结果，看来都指向同一个结论，就是在久远的过去，加拿大的东海岸边曾存在过一个中国人营造起来的城镇。这一发现行将改变人们看待世界的视角。

本书还记录了一个发现全过程的故事。这一发现立足于古老的传闻和记录，最终建立起来的是现代的理念。这一发现是在个人生活中最艰难的时期做出的，而忘我的投入，又将这段痛苦的煎熬转变为欣慰的征战。推动这一发现的动力，自始至终都是打破习见束缚以求得真知的渴望。这一动力是存在于所有时代的每个人心中的。正是这一动力，使得人类的生活美好绚烂。

  本书又向加拿大人介绍了中国历史的真谛。我希望，它的中文版也同样能向中国读者展示我的祖国——加拿大的早期历史，介绍在地球另一端的一个家族的经历，并展现一个加拿大人的真实生活。我还希望通过本书，激励更多加拿大和中国的年轻人，有志于扩展自己的知识，成为更准确地了解和揭示历史的新人。

第一章

荒野中的人工凿痕

2005年5月6日，我坐在美国首都华盛顿国会图书馆芒福德讲演厅的前排坐椅上，四下打量着来到这里，即将给我的讲演做出评判的与会者。这里正在举行一届国际性学术讨论会，探讨中国古代的海事。研究的重点是在欧洲尚未进入发现的时代时，中国所绘制的世界地图。这一议题曾在学术界中引起过激烈争议。在刚刚过去的这个上午，一个接一个的讲演者，通过对纬度测量、原始资料、古旧地图的分析研究，提出了足以能够重新打造北美洲历史的种种观点。大厅里洋溢着振奋人心的气氛，人们似乎看到一扇朝向往昔的窗子已经打开，远处现出了一个轮廓，令人惊奇，也令人兴奋。

我和其他讲演人身份不同，既不是考古专家，也不是历史学者。我来自加拿大的多伦多，是搞建筑出身的，充其量只能算个偶然的"下海"者，压根儿不曾设想过自己有朝一日会厕身于这两类学者之列。我之所以来到这里，是因为大西洋北端有一座岛屿，我在那里出生，在那里长大。两年前，我无意中进入了该岛一处从未被人研究过的、也早已被人们忘却的地段——山顶一带的几处废墟。

我多少有些焦急地一面等待着主持人向与会者介绍我的简历并让我发言，一面回想着那些躺在沉寂中无人理会的废墟。不难料想，一旦我发表这番讲演后，大家必然会对这块不小的地域当年的种种情况、对这片建筑群的缘起和后来圮毁的因由，以及对它为什么竟会湮没无闻提出种种的质疑。在我站到讲台之前，脑海里闪过的最后一个鲜明影像，就是我在那片荒芜的废墟上所发现的带着凿痕的石块。直到我在这里开口之前，这片废墟的巨大与神秘，还是只由我一个人单独领略的感觉。

当年，在我第一次登上这座山丘，来到这片废墟上时，曾在离开前独坐了一阵，俯瞰那一望无际的大西洋。我脚下的这片废墟，沿着一面不很陡峭的山坡向海洋的方向延伸，呈现出它在久远的过去曾受到人工设计与改造的痕迹。它的整体形状，是在坡地上开出的一个相当规则的长方形，只是由于岁月的侵袭，边缘处已经被不少云杉占领。沿着山坡走向鳞次排开的水平地块和石块铺砌的平台，虽然都已经大大地走了样，但仍然能够看出其符合某种全局安排的匠心。上百年的人迹罕至，使石块上长了一层层苔藓，上面还挂着朝露。若有若无的雾气，浮荡在这片荒凉的地表上，真是一处极美的所在。要到这里来，得走过长长的一段艰难道路，这使我突然萌生出一个想法：当年营造这处地域的人，会不会是一群远离家园的惊弓之鸟呢？

即使在最初刚看到这片废墟时，我就知道它在当初绝不会是一个马马虎虎形成的渔乡、农村或者山寨。我相信它是一处远早于克里斯托弗·哥伦布萌生扬帆远航的想法之前便已供成百上千的人生息了多少代的固定居所。通过两年的历史考证，我做出结论认为，当年这是一处中国人的定居点。今天，我就是到这个讲演厅来公布这一发现并介绍有关情况的第一人。如果在座的学术界相信我所言不虚，也就是说，如果我能证实，本人花费若干年的辛苦研究所得的结论是站得住脚的，这一天大家能在远处隐约看到的那个轮廓，就会蓦地清晰起来。

大会主持人宣布了我的名字。坐在我旁边的一对年长夫妇凑过身来，预祝我取得成功。我紧紧握住讲稿，向讲台走去。

我的这段攀登之旅始于1993年。那一年，我被查出HIV阳性，也就是说，我体内感染了人类免疫缺陷病毒——罹患了艾滋病。当时我是相信自己能够战胜这一疾病的。在全家人聚在一起时我说明了自己的这一情况，又给自己打气说，我来自民风顽强的阿卡迪亚[1]地区，本人又是苏格兰这一支强悍民族的后裔。我的血管内，流淌着先祖当年在布雷顿角岛[2]不畏艰险建起家园的同一血液。两年前，也就是1991年，我辞去了在美国首都华盛顿美国天主教大学的教职，回到了加拿大的多伦多市。后来，在确诊本人HIV检查呈阳性的过程中，我认识了艾滋病专家安妮·菲利普斯医生。这位女医学博士有三个女儿，丈夫也是位医生。她以自己的仁爱和学识，得到了我的信托。在90年代中期时，治疗艾滋病的药物刚投入临床使用，我也在分析它们的种种效果和副作用。菲利普斯医生告诉我说，如果我不立即接受药物治疗，就活不过六个月。我便接受了。接受一段治疗后，我居然又在多伦多恢复了自己的建筑师的行当——至少我的病容已经消失。我相信，我的身体迟早会好起来，病痛的折磨迟早会离我而去。然而，到了世纪末时，这种胜利感已所剩无几。我体内的病毒以变异的对策来对抗药物的进攻，我的健康状况又有所恶化。不知道是不是受到病痛的影响——要知道，我本并不是那种对死亡怀有种种慨想的人，我对于古旧建筑的情感日渐加深。营造建筑是我的老本行，但如今，我却在废墟中发现的建筑物佐证中找到了慰藉——就连最宏伟的人类设计，到头来不也都会被大自然夷毁吗！所剩时间不多

---

[1] 17世纪时法国建在北美的法国殖民地的名称，其范围覆盖北美洲的东北部，包括现加拿大的魁北克省东部、各加拿大海洋省份和美国的新英格兰地区。其后，阿卡迪亚被划入英国殖民地的一部分，现为美国东北数个州和加拿大东部若干省份。——译者

[2] 位于加拿大东北端的一座岛屿，为本书所考证的遗迹的所在地。该岛现今是加拿大新斯科舍省的一部分。——译者

了。然而，有些我喜欢的地方和建筑物还不曾亲自去过。对于建筑遗址，我可以说是情有独钟。我是了解西方建筑的，曾在大学里给一年级学生们开过几门有关的课程，还曾为研究它们而在法国和意大利生活过一段时间。但是，对于中东的建筑，如埃及的金字塔和大马士革的室内市场和清真寺，我还都所知不多。2000年初春时分，我说动了我的朋友贝丝，开着一辆租来的汽车，在中东兜了好一气。我们带着满满一书包导游手册，从叙利亚北端的骠骑城堡[1]，一直跑到约旦南部的佩特拉古城[2]；接下来，我们又到埃及，漫游了西奈沙漠，参观了尼罗河谷的古迹和卡纳克的神庙。我觉得，这大概是我最后一次大规模游历了。

那一年年底，我的心又将我召唤回自己的出生地布雷顿角岛。当年，为了解这里的历史，我坐在外祖父的汽车后座上，驱车走过乡间的粗糙道路，也徘徊在寂静的墓地里，度过了童年的多少个午后时光。当时，外祖父已经退休，外孙则好奇心十足，一老一少又都有难得的闲暇。我们一起在岛上攀登，在1763年——当时此岛叫王室岛——被英国人毁坏的法式建筑的废墟间流连，浏览墓碑上的铭文，在深草里逡巡。天黑后，我们才一边享用着冰淇淋，一边驱车回家。

置身于浓雾的笼罩下，在嶙峋荒凉海边上，徜徉在遗址的残石间——这些便构成了我的童年之梦。一身戎装的士兵们列队前进，被纷飞炮火的浓烟裹住的海盗船，都曾活生生地出现在我的想象中。如今，我又需要感受它们了。

---

[1] 位于叙利亚西部邻近黎巴嫩边境处，始建于11世纪第一次十字军东征时，后又多次扩建，规模宏大，城墙最厚处达30多米。——译者
[2] 世界文化遗产之一，位于约旦首都安曼之南250公里处，地处一条长约1.5公里的狭窄峡谷通道内，峡谷最宽处约7米，最窄处仅2米。古城几乎全在岩石上雕刻而成，核心是凿在陡岩上宏伟的卡兹尼神殿。电影印第安那·琼斯三部曲中的第一部《圣战奇兵》就在此地实地拍摄。——译者

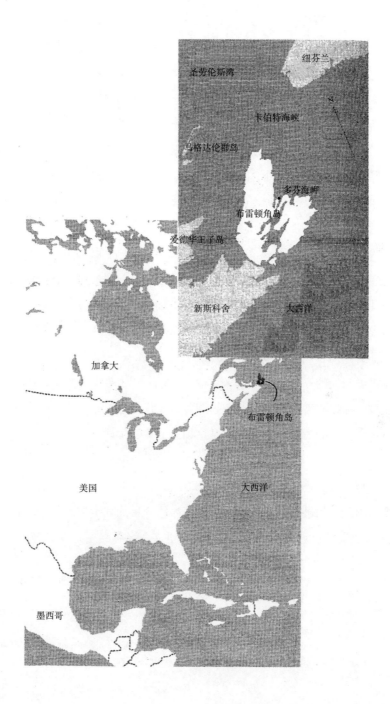

2001年夏，我去悉尼看望双亲。悉尼是布雷顿角岛上的最大城市。借此机会，我又去看了布拉德瑞岛上的一座古老的灯塔。该岛得名于当年阿卡迪亚时代在那里务农的一户人家的姓氏。这里的东面就是海岸。看过灯塔，我又向北面一路望去。如果说，整个布雷顿角岛的形状正如同人伸开的左手的话，我就是站在这个"大拇指"与"食指"之间的"虎口"处，隔着布拉多尔湖〔1〕，向湖对岸的多芬海岬眺望的。那里是一片耸立的山岩，完全处在大自然的怀抱中。我在孩提时代从不曾去那里游历过。

我在当天返回了双亲的住处，随即便从他们的藏书中寻找有关布雷顿角岛历史的信息。随后，我又去了悉尼市的图书馆——小时候，我几乎每个周六上午都泡在那里——查阅布雷顿角岛的史料，从索引中寻找各种可能涉及多芬海岬岩壁的条目。当年从法国来到这个新大陆的开拓者们——就是后来的阿卡迪亚人——留下的记叙，都是在讲述与我的家族有关的故事。17和18世纪时期我的先祖们的业兴业衰，都呼应着美洲这里的潮起潮落。在我的心目中，历史绝不单单只是学者们的清谈，而是与我息息相关的真实生活。

1524年这一年，意大利探险家乔瓦尼·达·韦拉扎诺指挥着一艘法国船，扬帆来到北美大西洋海岸大约今日的北卡罗来纳州一带。他将古希腊传说中的世外桃源阿卡迪亚这个名称给了这块地方。〔2〕

---

〔1〕 这片水虽得名为湖（有的地理著作中称之为湖群），其实是大西洋伸入两个半岛间的狭长海域，它得名为湖，只是沿用了历史上的误称。——译者

〔2〕 Samuel Eliot Morison, *The European Discovery of America: The Northern Voyages, A.D. 500-1600* (New York: Oxford University Press, 1971), 195.
John Mack Faragher, *A Great and Noble Scheme: The Tragic Story of the Expulsion of the French Acadians from Their American Homeland* (New York: Norton and Company, 2005), 6.

在古罗马诗人维吉尔的笔下，这处世外桃源是个充满田园诗情的美丽所在，到处是清冽的泉水和柔密的细草，群居着一些过着返璞归真生活的高尚君子。16世纪的一首题为"阿卡迪亚"的抒情散文[1]，更使这个洋溢着牧歌气氛的所在广为人知。不少身处连年战乱的欧洲人觉得，或许在这个与世隔绝的荒蛮之地，和平的浪漫梦想会成为现实，古老的欧洲会在这样的新土地上重生。

1604年，年轻的法国探险家萨米埃尔·德·尚普兰试图在这个新发现的阿卡迪亚开拓一个永久性的移民点。他先在如今的美国缅因州一带尝试，继之又将地点移到今天加拿大新斯科舍省的西海岸。[2]在此开拓过程中，这位法国人同当地原住民中的米克茂人[3]打上了交道，交换后者猎得的毛皮。就这样，有个名叫阿卡迪亚的好地方，可以让移民过上好日子的消息就传了开来。[4]接下来，便从法国移来了年富力强的男子和女人，其中多数从法国西部港口拉罗谢尔前来。他们在早春时节搭上小船，指望着能在7月前后到达新大陆。船员们也是这样希望的。17世纪50年代，我的老祖宗居永·夏亚松就这样来到了北美的拉瓦雷，因此被人称为拉瓦雷的夏亚松。他当时只有20岁，是个单身农夫。1666年，他第二次结婚，娶了让娜·贝尔纳为妻（后来又再续弦一次）。他们养育了一大群子女，其中一个叫塞巴斯蒂安·夏亚松的男孩，就是我的直系老祖。

漏斗形的芬迪湾有世界上最大的潮差。涨潮时湾里海水充盈，落

---

[1] 作者为意大利诗人雅各布·圣纳扎罗（Jacopo Sannazaro, 1458—1530）。——译者
[2] Samuel de Champlain, *The Works of Samuel de Champlain*, 6 vols.（Toronto: Champlain Society, 1922-1936）.
[3] 北美的原住民之一，是印第安人的一支，曾生活在新英格兰、魁北克、纽芬兰和新斯科舍一带，内部又分为多个部族。——译者
[4] 有关阿卡迪亚的历史，有许多著述进行了介绍，其中最全面也最生动的，当属 Faragher, *A Great and Noble Scheme*。

潮时，墨西哥湾暖流携来的充足养分，便留在了湾岸的土地上。阿卡迪亚人建起了堤坝，修起了闸门，将潮水引进沿岸地区和沿河一带，随后闲置若干年，使降雨和降雪将盐分带走，这样得到的，便是大片的平坦沃土，很容易垦为理想的农田。就这样，阿卡迪亚这个移民区便不断扩大、日渐繁荣。

几代人的时间过去了，阿卡迪亚人与法国本土的联系已不再密切。男人们成了能干的农夫，女人们则精心照料着苹果园。米克茂人向他们传授打猎和捕鱼的本领，还教会他们用树皮预防和治疗坏血病。阿卡迪亚人渐渐学会了抵御漫长的严冬。他们与米克茂人以兄弟相称。彼此通婚更增强了双方的互信。

英国人在新英格兰地区开拓的移民点，也从一开始便同阿卡迪亚建立了贸易关系。从波士顿有开往罗亚尔港的定时航班。但是，随着英国移民与当地人的关系日益恶化，他们对阿卡迪亚人与当地人的友善关系也日渐不快，对丰足的阿卡迪亚农庄还生了觊觎之心。就这样，阿卡迪亚成了法国与英国这两个帝国角逐战的演武场。

根据1713年签署的《乌得勒支和约》[1]，法国不再要求英国人归还所占的原属阿卡迪亚的土地。然而，在这里已经生活了三代的阿卡迪亚人，认为欧洲的规定对自己并没有约束力。阿卡迪亚人是喜好和平的，他们将英国人称之为"不友善的老相识"，并以中立法兰西人的公开身份，同来到这里的英国新官员签订条约，表示要保持中立态度。

然而，这样的保证并不能抵挡住英国人的迫害。被今天的历史定

---

[1] 法国和奥地利因对西班牙不同王位继承人的血统关系所涉及的与本国的利害关系，在18世纪兴起战事，又因英国的强力介入而使大多数欧洲国家卷入，后在荷兰城市乌得勒支签订停战协定。在战争中处于下风的法国不得不同意不再要求英国人归还占去的阿卡迪亚地区。——译者

义为北美出现的第一次种族清洗就这样出现了。到了 18 世纪中期，讲法语的阿卡迪亚农民已被剥夺了一切权利，1755 年 8 月又开始遭到驱逐。英国当局从波士顿雇来交通工具将他们运走，并强令出售其刚刚收获的庄稼和刚上膘的牲畜充作运费。随后，他们的农舍便被焚毁。这里原来共有一万八千阿卡迪亚人，但在此后的八年间，就有大约一万人死于海上事故、船上流行的疾病，以及新移民点爆发的天花。面对法国政府就这一高死亡率表示的不满，英国方面只表示这并非是自己的过错，原因无非是阿卡迪亚人因"长途跋涉、气候变化、习惯改变，以及其他各种体能失常，再加上生活的不规律和固执的性格所致"。

1750 年，我的先祖雅克·夏亚松 56 岁。此时，英国人将阿卡迪亚人驱赶走的意向已表现得十分明显。这位雅克是居永的孙子、塞巴斯蒂安的儿子，是夏亚松家族在阿卡迪亚落户的第三代，也是以新大陆上的这块近海土地为唯一家园的第二代。就在这一年，他带着妻子和 11 个孩子，搬到了一个名叫圣让岛的地方——这个当年的圣让岛，就是今天的加拿大省份爱德华王子岛。这一家人在岛上一处名叫堤内塘的近海小溪的河岸一带住了下来，成了这个地方的最早移民之一。这里的土壤沙性太强，不很适于耕作。夏亚松一家和他们的阿卡迪亚邻居们便转向了渔业。在这里，他们躲过了 1755 年的那场大清洗。

但是，到了 60 年代，英国人又到圣让岛来抢地盘。1763 年，雅克的 36 岁的儿子保罗·夏亚松，便同另外 13 户阿卡迪亚人，决定摆脱英国人的控制。他们来到布雷顿角岛的西海岸，开辟了新的住处。这里就是今天的谢蒂坎普。在这一行 14 户先驱者——后人称之为"十四老户"——的带领下，人们在这片荒蛮的海滩上立下足来，过上了不受英国人迫害的日子。又过了两个世纪，我便在布雷顿角岛呱呱坠地。

我的双亲是在新斯科舍省安蒂戈尼什的圣方济大学结识的。我父亲名叫阿尔弗雷德，是大学足球队和冰球队的明星队员，母亲名琼，是新跨进校园的校花。他们在1952年结为夫妇。也正是在这一现代时期，英法两支文化，也从一开始的彼此对立局面转向了融合。

出生在谢蒂坎普的父亲是第十二代阿卡迪亚人。在他出生的年代里，当地姓夏亚松的可谓林林总总。人们在提到某个人时，除了说出本人的名字外，还要提到父亲和祖父的名字，才能彼此有所区分。比如，人们在提到我父亲时，就会说是查理一支托马家的阿尔弗雷德。要是提到我呢，就会说托马一支阿尔弗雷德家的保罗。

母亲出身于从苏格兰来到布雷顿角岛的移民家庭，本人是讲英语的。小时的我觉得，有一个讲法语的爷爷家和一个讲英语的姥姥家，是个十分正常的现象。母亲学会了阿卡迪亚风味的烹调。我家离谢蒂坎普不远，那里有许多码头，都很老旧了，却总是热热闹闹的，到处都可以看到装着龙虾的木条箱。我和哥哥、妹妹，还有三个弟弟，就在岛上充溢着这两种欧洲主要文化的气氛中兼收并蓄地长大。苏格兰人来到布雷顿角岛的时间晚于阿卡迪亚人，但根子却扎得很深，长期以来竟一直是世界上讲盖尔语[1]的人口最集中的大地区之一。这种情况直到一两代人之前才有所改变。到了一些特定的节日，这里简直就是方格花呢[2]的世界。

在那个2001年的夏天，也就是在我去看过布拉德瑞岛的灯塔之后，我母亲在走过家里的餐桌时，看见桌上有一大堆书和地图，便停了下来。我在去看望他们的时候，总会连背带扛地带着不少书籍前

---

[1] 源自古爱尔兰语的一种方言，曾是大半个苏格兰地区的语言，现仍流行在英国苏格兰的部分地区和加拿大的东北部。——译者

[2] 苏格兰人，特别是讲盖尔语的苏格兰人的传统服装——男人穿的英格兰短裙的基本面料。男人的上装和妇女的服装也常用这种材料缝制。——译者

去，不过一向都是建筑和历史方面的内容。

"你怎么突然看起讲布雷顿角岛历史的东西来了呀？"她这样问我。

"只是随便看看。我认为那里可能会有点什么东西。就在圣安斯湾的东南海岸，在与圣安斯港接头的地方，有个多芬海岬，那里有座石头山。"

"噢，是多芬海岬呀。耶稣会在圣安斯地区的第一次布道，就是在那个地方举行的。法国人的确很早就到了那里。跟你说，他们还在那里修了一座城堡呢——好像是在1629年，早于建路易堡[1]的时间，不过一准没有路易堡大。那里靠近英吉利敦，经常有人在此发现有些年头的东西呢！"

"对在英吉利敦一带找到的东西，有没有谁发表过什么著述？"

"你等一会儿。"

她走出了饭厅——我估计她去书房，到书架那里去了。当她回来时，手里拿着一本书。这本书开本不大，布面精装，是詹姆斯·兰姆的《隐没的遗产：布雷顿角岛圣安斯地区的故事》，1975年出版。[2]我走进起居室，坐进角落里靠近窗子的那把我最喜欢的椅子里，埋头读了起来。

兰姆的这本历史故事，主要发生地是圣安斯湾南端圣安斯港以东一带，也就是在今天的英吉利敦——当年曾先后有过圣安妮要塞和多

---

[1] 此地原是以法国国王的名字路易命名的，后因归属于英国，发音也英国化，成了路易斯堡，并一直沿用到现在。本书中仍沿用法国式译名。该镇位于布雷顿角岛东部海岸，那里有法国移民在18世纪初建造的巨大要塞，如今是加拿大的一处历史遗产。——译者

[2] 兰姆所著此书的这一初版版本已很难找到，但有如下的新版本：
James B. Lamb, *Hidden Heritage: Buried Romance at St. Ann's, Cape Breton Island* (Wreck Cove, Cape Breton Island: Breton Books, 2000).

第一章 荒野中的人工凿痕

芬口两个名称。不过，在他提到的各处故址中，也有一个恰好位于海湾开始展宽之处，而那里就是今天的多芬海岬。

其实，最吸引我注意、也最令我不解的地方，离开这里还很远。它在南边，在长满树木的山峦间……从一条小溪的溪岸，沿着一条古老的道路层层升起，一直到达森林的边缘。〔1〕

真是一个筑起的谜——我是搞建筑的，对历史又有挡不住的兴趣。因此这段话，对我可是太有诱惑力了。在另外一处文字里，兰姆再一次提到了这片废墟：

有些地方的情况表明，那些道路当初可能很宽，质量也相当出色。当然，这也可能是许久以后补建的结果。不过，最费解的地方，是一道又长又直、尺寸超过常规不少的石墙。这道墙有很长一段大致呈东西走向。当初在这种居高临下的坡脊上修造它，是不是出于防御需要呢？大概未必如此。因此如果真是出于这种目的，墙的两端就会各有一座岗楼。然而，如果说它是用来充当农场的围墙，那又显得太大太长，也太讲究了些。

作者在书中列出了法国移民时期的许多遗物，如炮弹、刺刀、滑膛枪筒、皮带扣、铁钉等，都是不大的物件。

然而，所有这些都是纯系偶然的发现，意义也都不是很大。你在今日的英吉利敦一带闲逛时，就有可能碰上某件遗物，

---

〔1〕 Lamb, *Hidden Heritage*, 33-35.

并觉得非常难解，设想中臆测的成分很大，而真正的答案，却有可能就藏在草下几寸深的土中。这个古老的谜团真是令人心痒难耐。当然，是谜就终有解开的一天。

布雷顿角岛那里，不就有这样的一个谜团、一个难以破解的历史之谜吗？我喜欢猜这类谜语。

我将兰姆的这本书带回了多伦多。将它读完后，我给家里打了电话。电话是母亲接的。我问母亲说："那个多芬海岬，您还知道别的什么情况不？您给我的这本讲圣安斯地区的书，还提到了多芬海岬那里，山上有什么没弄明白的废墟。这是怎么回事呀？"

"废墟啊？那是法国人留下来的。"

"是吗？兰姆可没有这么说。他认为那处废墟是个未解之谜。"

"不，不。是法国人留下来的。"

"可是，他对法国人占领时期的情况，应当是一清二楚的哇。"

"我觉得那本书里研究得相当透彻。"

"不知道阿卡迪亚人跟书里说的内容有没有关系？在兰姆看来，那里的一切都是一个谜，一个建筑学之谜。"

"是啊，在那里生活的是阿卡迪亚人。不过掌权的人是法国派来的。"

"噢。这倒无所谓，不管是什么人，跟这个谜的关系都不大。我挺想破破这个谜。"

我对布雷顿角岛的历史又做了些进一步的了解，这样便对多芬海岬的内容掌握得渐渐多了起来。

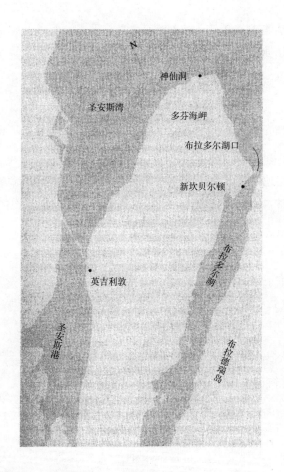

多芬海岬是一个孤零零的地块。它的历史也无疑与这一地理特点有关。这里有一道山脉延伸到海岸,在近海的位置上,山的两侧都很陡峭。贴着海岬的西南方向是一道细狭的海湾,名叫圣安斯港。沿着顺海湾开出的公路向北走到尽头处,就到了英吉利敦。英吉利敦是个小镇。从这里再往北,从海湾对面伸过来一条细长的沙洲,几乎伸到了小镇这里。它就是圣安斯港和圣安斯湾的分界线。从16世纪初,

也就是约翰·卡伯特[1]发现了这片新海岸后不久,从欧洲前来的渔夫,便开始利用这片沙洲,将他们在夏天捕来的鱼在这里晒成鱼干,到秋天再装运回家。到了 1629 年时,这里得名为圣安妮要塞,有一支法国小分队,总数为 40 人,孤零零地驻守在这里,还有一名耶稣会教士也来到了这里。时至今日,小镇与沙洲间也没有筑起桥梁,只有一艘小渡船在夏天开来,为海湾两端的公路提供沟通。长久以来,圣安斯港一直被评价为世界上条件最好、环境也最美的小型港口。当年引起欧洲水手注意的,无疑也是这两个特点。它不仅容易发现、环境安全,周围的自然资源也很丰富,淡水就是其中的一种。

我很偶然地接触到刊登在《美国民间文学》杂志上的一组题为"关于北美原住民研究的专题报告与资料"的专题文丛。其中有一篇《贝奥陶克人[2]和米克茂人[3]》,讲的是这些原住民在 19 世纪的情况。在这篇文章中刊出了一幅很老的地图,上面给出了米克茂文化中的一位传奇人物的活动路线。此人名叫克鲁斯凯波。据传说记载,克鲁斯凯波一直生活在布雷顿角岛,当第一批欧洲移民到来时,他已经好几百岁了。今天,布雷顿角岛的小学生们,还会读到他的故事。在流传于北美东部的各种传说中,克鲁斯凯波的故事最广为人知。当我还是个孩子时,就曾读过他四处游历的传说。据说,动物都

---

[1] 原名乔瓦尼·卡博托(Giovanni Caboto,1450—1499),意大利人,后为英国王室效力,遂取了英国化的姓名。他是先于哥伦布登上北美大陆的人,于 1497 年和三个儿子带领一支船队抵达北美东北部(即如今的加拿大东海岸一带)。哥伦布于 1462 年发现北美,早于卡伯特一行,但当时并未登陆,1498 年第三次来北美时才这样做。——译者

[2] 原来居住在纽芬兰岛上的北美原住民,现已不复存在。——译者

[3] F. G. Speck, "Beothuk and Micmac." *Indian Notes and Monographs* no.22(New York:Museum of the American Indian, Heye Foundation, 1922)。
在此文章中有一幅地图,图题为 "Hunting Territories of the Micmac Indians of Nova Scotia",上面标有克鲁斯凯波当年的旅行路线。

与他十分友善。

这幅地图引起了我的注意。传说中的克鲁斯凯波就是将家安在多芬海岬的，因此会是米克茂人很看重的地方。从这幅地图上看，情况正是如此。

在发现这一点之后，我便更加倍起劲地研究起多芬海岬的历史来。据一些资料说，在顺着大海边的地方，曾经有过一条小道，小道的尽头是一条几近干涸的小河。河口正对着一道陡坡，质地很松软，坡上有个洞穴，正因为如此，此地得名为"神仙洞"。这个名字起得有些费解——自19世纪以来，此地的主要居民是苏格兰人，而苏格兰人大多不很浪漫。当地博物馆的考古人员曾到那个洞里去过，但什么也没能发现。据传，在18世纪时，米克茂人会藏在神仙洞一带的小洞穴里，到夜里便冲出来，向英国人的船只发起攻击。就是时至今日，米克茂人和他们杀死的英国人的鬼魂，还会出来作祟哩！单从这个地名看，便说明人们将这里与另一个世界联系到了一起。我曾问过四弟格雷戈里，他对多芬海岬留有什么印象，他只记得一点，就是那里曾是仙人出没的地方。多芬海岬给人留下的这种奇特的印象，再加上受到米克茂人的特别重视，就使这里在布雷顿角岛地区的人中享有特别的名声。

在那道山上，会不会有法国人当年所造的某座城堡的残迹呢？如果是这样，它又会不会在时间上早于路易堡这个18世纪初由法国人建在大西洋北端的要塞呢？要知道，路易堡离这里并不很远，从多芬海岬开车一个小时便可到达。[1] 2002年春，我在多伦多的地图商店那里购到了一套比例尺为五万分之一的多芬海岬地形图。当地图送来

---

[1] 在有关法国政府控制路易堡的种种历史著述中，得到较多认可的为 J. S. McLennan, *Louisbourg from Its Foundation to Its Fall, 1713–1758*（Sydney, N.S.: Fortress Press, 1969）。

后，我便将它摊在我那不大的公寓中占了好大一块位置的大号不锈钢桌子上，然后将标号为 11K/7 的圣安斯港与位于它东面、标号为 11K/8 的布拉多尔湖摆在一起，对齐了位置，仔细查看起来。看着地图，我便可以设想出从英吉利敦到多芬海岬这一方圆不到 10 公里的范围内整体地域的地形状况来。结果令人失望，我没能发现地图上有任何能代表兰姆所提到的那段石墙或其残迹的标示——山顶上没有，山坡上也没有。看来英吉利敦即当年的多芬口，与多芬海岬那里的山头没有什么联系。这使我认为，无论兰姆在多芬海岬那里看到的或者听到的是什么，都该是 1640 年法国人从多芬口撤走之后修筑的。不过，如果修的是军事设施的话，又应当是先于路易堡而建的。而路易堡是 18 世纪 20 年代初时兴造的。

这些地图，我就让它们在桌子上摊着，时不时地去查看一番。我当时的想法是，那段石墙，说不定会是米克茂人所修教堂的残留。米克茂人接受了不少天主教教义，又糅合进自己原有的宗教观念。距多芬海岬不远，就在布拉多尔湖——也有人称之为布拉多尔湖群——呈现为几根手指形状的位置上，就有一个名叫教堂岛的小地方。信天主教的米克茂人，如今仍然会去那里，参加每年举行的重大宗教仪式。那里的教堂并不起眼，是木质结构，但是一个由阿卡迪亚人和米克茂人共同修起的有代表性的建筑物。倘若多芬海岬的山上曾修建过教堂，如果并不很大，自是未必会进入史料记载——有多少历史事实，就是这样从现代人的眼前和记忆中消失了，但地图上是会有所标示的，当地也会有传闻留下。

2002 年 8 月是我父母的金婚月。我们全家——一个哥哥、一个妹妹、三个弟弟——都已成人自立，且多数都组织了家庭，有了后代，大家都从加拿大各自的住处前来庆祝。我先从多伦多飞到哈利法克斯，再从那里租车开到父母家。我租车还有一个目的，就是在全家聚会前花上几天时光，开着车在岛上跑一跑。

亲人们都在心里掂量着我最近的病情。当时的诊断结果是，我最多还剩下五年时间。对此，我的家里人都是知道的。在我的血液中，各个应当高的指数都很低，而不应当有的指标却在不断升高。我忍受着艾滋病药物的种种非常严重的副作用的煎熬，已将近有十年了。不久前，在多伦多给我看病的医生，又提出了一种以多种药物综合治疗的新方案。然而，在了解了此种方案正反两方面的作用后，我决定就此打住，干脆连试也不要试。死亡已不再令我恐惧。我希望尽可能地在余下的时光里享受生活。我又回到了有如我的后花园的布雷顿角岛。那一年的 8 月真是无比美丽——而这个 8 月，也可能是我在自己的出生地所度过的最后一段健康的时日。我将注意力转向多芬海岬，开始计划一次攀登。

我在地图上查到，通往英吉利敦的那条唯一的道路，在向北穿过这个小镇后不久，就在一户农场的田地里到了尽头。那里的山势十分陡峭，道路无法顺着海岸线延续下去，向山上攀登也很困难。

我又查看了多芬海岬的另一面，即从布拉德瑞岛的灯塔一侧攀缘的可能性。看来从那一面还是有可能上到山顶的。因此，如果当真存在着通往山顶的道路，那它就应该位于山的东侧。可是这样一来，道路的所在地，就跑到与当年法国人修筑多芬口时相反的位置上去了。

我个人的设想是：在山上最陡峭的地段，应当可以以盘旋的方式曲折而上。无论什么方式，重要的一点是应当有可能一路走到山顶。如果人都走不上去，建筑材料也就无法运送，山顶上也就不可能开工了。这样一来，兰姆那有关残墙的说法，就无非只是无端的传闻。

父母金婚纪念日的那天，天气暖和而晴朗。这在以漫长的潮湿冬季和短暂的潮湿夏季著称的布雷顿角岛，真是难得的一天。我决定好好利用这段天气。

早饭过后，我便离开父母家，开着我租来的汽车，沿着从悉尼西去的主干道，向布拉多尔湖和多芬海岬的方向驶去。由于使用这段公路的人不少，道路得到了很好的养护，因此开起来很觉轻松。不多时，我就将悉尼这个原先十分可爱但如今已经被多年的钢铁与煤炭经营抹得黑突突的工业中心抛到了后面，开到了起伏蜿蜒的道路上。布雷顿角岛的陆面被两大水体——一个是河流与湖泊，另一个是海洋——分割成许多块，靠桥和渡船相互沟通。驶过这片丘陵地带后，就来到了建在布拉多尔湖狭口地段的锡尔岛大桥。这座桥又高又长，我小时候对它真是敬畏有加。这次从它上面驶过时，当年那种战战兢兢的感觉又多多少少涌回心头。过了桥，便来到了凯利山脚下弯弯曲曲的公路上。这里是多芬海岬地势较高的部分，一侧是圣安斯湾，另一侧是布拉多尔湖。沿主干道驶过一段长长的弯道后，便开始上山。上山的路是一条向右的分岔，是一条较小的、沿着多芬海岬的东海岸延伸的支路。几年前，我曾到这里来过一次，但当时觉得这段路很乏味，只开了一段便作罢了。这一次，我发觉它其实很长，道路是弯的，因此我能从后视镜中看到，车子在路上扬起好大一片尘沙。沿着道路星星点点地散立着一幢幢小屋，多数是供人消夏的小屋。不时地，我能从沿着海岸生长的森林之间的空当处，瞥见布拉德瑞岛的西侧。我还驶过了新坎贝尔顿的一处小煤窑旧址，它在19世纪曾兴旺一时，如今早已关闭；我还从一个小海湾处一座用木头搭成的码头驶过，码头旁边整齐地停着一排卡车，都是前来取货的——渔夫们已经下海去检查他们诱捕龙虾和海蟹的虾笼蟹窝了。

又开了15公里后，公路在海岬尖端的一幢孤零零的小屋处突然到了头。我有点开过了。根据我的地图,我知道这场步行大致应当从哪里开始。我将车子往回开了一段,来到一处我认为爬山的路可能比较平缓的地点。

老实说,对于这一次爬山,我并没有做什么准备。我的面前是一座相当陡峻的山峰,林木又很茂密。我坐在车里,向它打量了好一阵。不过,我对自己说,我好歹也算得上是个布雷顿角岛人吧,那我就应当是个愣大胆儿,不是吗?

我在树林中看到了一个不久前采伐过的地块。树林都是匆匆伐倒的。好的都被拉走了,差些的都留在原处听任烂掉。好像伤后落下的难看疤痕——大概是一帮业余伐木者所为吧。我向来时的方向看了看,没有见到任何人。我从车里走了出来,锁好车,便从这块地里穿过,开始了攀登。

从这里开始,我摸索着向上走。到了下午时分,我还只爬到半山腰。这里往上看是一处很陡、林木又很茂密的大斜坡。天气很热,罗盘、地图和水,我都没有随身带来。我倒是不担心真会迷路:要么往上爬,要么向下溜;向下就会回到我停着车子的道路上。虽然如此,考虑到我的健康状况,就这么贸然爬起山来,实在是有欠思量——毕竟我是只身前来的,别人谁也不知道我到了这里哟。

我遇到了一株躺倒在地的树干,顺着树身走了几步,就来到几株小树旁边。拉着这些小树,我的攀登容易了不少。在此之后,大树下面的草木稀疏了些。我停下来喘喘气,注视着在我头顶的树枝上不停蹦跳的一对山雀。越过黑黝黝的松树,天看上去格外的蓝。我又开始向上爬,这一段比刚才容易些了。过了几分钟,我发觉自己竟然是走在一条路上。

我停了下来,眯起眼睛,仔细打量地上的草茎,担心自己产生错觉。没错。我是站在一条路上,只是上面草木丛生,路面都几乎看不出了。这里受过人的踩踏，而且踏得足够多，因此踩出了一条道。这使我立即松了一口气。太阳就要翻过这座山了。我该抓紧时间开车返回悉尼。家里人会等我整整齐齐、干干净净地出现在餐桌前，同大家一起享用金婚晚宴呢。我抬头向上看，看着这条路消失在树林中，心里萌生出一种小小的胜利感。我可是有所发现咧，是不是呀？这次出行是成功的。过些天——等我的身体再好些，能够再翻山越坡时，我还要到这里来。

我回转身来，开始下坡。下午的阳光，透过我头顶上桦树和枫树展成的翠盖，洒在隐约可见的路面上。从海面上吹拂过来的轻风，拨弄着洒泻下来的阳光，在路面上形成斑驳的光影。蓝鸫在树梢发出尖细的鸣啭。蓦地，它们的叫声消失了。除了树叶的沙沙声，四下里一片寂静。

我站住不动了。瞧，那是什么？我注意到了一种现象。我向四下打量，连自己的呼吸声都能听得到。对了，是那些石头。路边的那些石块有些不对头——看上去不像是天然的。我跪到地上，沿着石块的边缘摸了起来。它们是打凿出来的，见棱见角。又往下走了约100英尺，就到了一块树木较为稀疏的地方。这时我就看出，路的两旁有不少石块，像是边石留下的痕迹。尽管路面被草木覆盖住了，路的边缘也几乎全都是模糊的，但是仍然可以看出，这里本是一条像模像样的道路。

我在一块大约有60厘米高的石块上坐了下来，向四周打量着。可以看出，这条道路大约有3米宽，修建质量很不错。从道路两侧的残迹可以看出，当初它的两侧各有一道连续的边石。毫无疑问，它就是詹姆斯·兰姆所说的那条路——那条建在布雷顿角岛的、遭到遗忘的神秘道路。我站起身来，沿前后两个方向竭力张望。凭肉眼判断，这一段路地处山高四分之三的位置上，而它像是一直延伸到山顶的。

这么说，在这一点上，兰姆并没有说错。那么，他在其他方面所说的，是不是也都正确呢？我又向山顶方向张望。四周已经黑下来了。我打了个寒战。太阳已经落山，树林里蓦地变黑了。我向下山的方向走去。

过了五分钟，我又停步立身，再一次触摸了一阵那有棱有角的石块，好将它们更好地留在记忆中，让我相信它们确实存在，更使我认定，它绝非一条偶然在荒野中踩踏出的小径。它有恒定的宽度，而乡间小道不可能有这样宽；路边的连续边石也是布雷顿角岛乡间的所有其他道路不曾有的。这两道边石让我联想到了英国乡间和美国罗德岛上偏僻小巷内的镶边石。它们都是用人工打凿出的有棱有角的石块，其中一些呈现为梯形的表面，这样便与周围的看来普通的石块很好地揳合到了一起。

这里曾经修起过一条正式的、像模像样的道路，而且翻山越岭，一直修到了山顶上。我是搞建筑的，因此能够看出，要修这样一条路，得需要动用成百上千名劳动力干上好多年。我又回首向上看，便一路走下山来，回到能够俯瞰圣安斯湾大海的地方。今天，我发现了一个秘密中的第一条线索，但解开这个谜，还需要我两年的痴迷求解。

第二章

在大地的尽头寻觅

2002年8月，我回到了多伦多，但在家乡原野中看到的那些棱角分明的石块，却无时不萦绕在我的心头。但我知道，那里并没有立下任何史迹铭牌[1]，加拿大的各种历史书上，也查找不到有关的图片。从各个方面分析，我都觉得它很可能是法国人修筑的。让这个法国移民时期的重要工程为公众周知，这个念头令我暗喜。不过，想使这一情况得到确立，就得彻底努力一番，而彻底就意味着我得再回到当年欧洲人最早踏上北美的那片海岸去。我相信，如果努力搜寻，就能够找到有关这一大型工程的资料。

本人虽然一直是个"书蠹"，但根据我选择的职业便不难判断，我首先是个相信"眼见为实"这一名言的人，而且对此深信不疑。既然我已经研究过多芬海岬的地图，从地图上研究克鲁斯凯波的旅行路线也给我带来了足够的愉快，我就有充分的理由，独自过一下历史考察的瘾，从文字和地图绘制的双重角度调查研究一下，最初是谁将布雷顿角岛画进地图的，又给了这个岛屿什么形状。

公元2世纪古罗马帝国时期的希腊人托勒密，被许多人视为地图

---

[1] 加拿大各级文物管理单位，会在本国的历史性建筑和重大事件发生地立以标准规格的金属或仿金属标示牌，上面镌刻着简略的文字说明。——译者

测绘学的始祖。根据他在古亚历山大图书馆撰写的著述来看,他和不少其他古希腊人一样,认为大地是个球体。作为地图绘制者,托勒密是欧洲第一个在地图上画出一组水平和垂直线条的人。而这组线条,正是今天用于地球上的纬度与经度系统。有了这个系统,地图的精确标识才成为可能。

公元 391 年,藏书丰富的古亚历山大图书馆毁于大火,托勒密的观念,也和其他许多人的一样长期湮没无闻。在随后欧洲的黑暗时代期间,靠着穆斯林和犹太学者的努力,科学的地图测绘学问仍在中东等地区发挥着积极作用。中世纪的基督教教义告诉人们,人类所栖身的这个世界是以耶路撒冷为中心的平正矩形,四周为海洋的深渊所包围。这个矩形的上方是天堂的所在,矩形内还有个能使水都热至沸腾,因而无人可以存活的地狱般的热区。尽管公元 6 世纪末 7 世纪初的神学家兼圣迹专家圣以西多[1]认为,人世间有个天堂,它位于亚洲的最远端,是当时欧洲探险家还未曾去到的地方,那里生活着独眼巨人和大脚妖魔。就空间构筑、结构设计和光影利用而论,中世纪时期倒是出现了一些卓绝的哥特式教堂建筑,然而就地理学而言,黑暗时代的称法真是名副其实。

不过,到了 13 世纪末 14 世纪初时,地图绘制者们所绘制的地图,已开始能够反映出通过地中海进行贸易的水手所见到的真实情形了。[2]在这种地图上,欧洲的海岸线得到了比较真实的勾勒。在 14 世纪的这些早期地图上,还绘出了不少大西洋中的神秘岛屿。它们都被标定在欧洲人当时所认知的世界的边缘处。查阅这些地图,唤起了

---

[1] Saint Isidore(约 560—636),宗教界人士,曾长期任西班牙塞维利亚的大主教,有多种著述传世。被普遍认为是中世纪为数不多的出色学者之一。——译者
[2] John Noble Wilford 的 *The Mapmakers*(New York: Vintage Books, 2001)扼要地提供了有关西方地图绘制的史料,而且此书不难觅到。

我的想象力。我对这些结果做了笔记，以供将来进一步研究作参考。

1375年，一位在西班牙从事地图绘制工作的犹太人亚伯拉罕·克雷斯科斯，制成了著名的《加泰罗尼亚地图集》。这是中世纪末期出现在欧洲的最出色的一套地图。克雷斯科斯搜集到了足够的信息，因此得以标示出印度和中国的部分地方，还能绘出尼罗河、部分欧洲内陆地区，以及法国和西班牙的西海岸。大西洋中的那些神秘岛屿也被收入其中。当初欧洲的地图绘制者们，似乎有一种意识，就是大西洋中存在着什么，但又不能确知究竟是什么，也不能确知到底在哪里。因此，他们只是在大西洋中随便找些地方一放，再随意放上些名称了事。但这毕竟起到了某种设想作用——也许应当说是备忘作用，提醒着欧洲各国，在它们的领土之外，还可能存在着别的疆域。

1380年，马可·波罗[1]在他的游记中提到的地域被标到了地图上。这是欧洲探险家的新发现首次在欧洲人的地图上得到的反映。

15世纪是欧洲人发现北美新大陆的前夜。在这一时期，欧洲社会对自身的了解，出现了根本性的飞跃。地图测绘摆脱了宗教的桎梏，地图所表示的不再是宗教教义中所宣喻的世界形状，而是欧洲人所真正了解到的有关世界的重要记录。人们第一次进行了将自己同左邻右舍的关系，以及自己和他人的环境正确表现出来的尝试。求知的热望，是支持一轮又一轮新探险活动的原动力。对于地图绘制者们来说，世界正在不断变大，从原先的平直方块，变成了如今的平直圆片。

与此同时，供船只了解欧洲海港及沿海水域情况的海图，也达到了精确的水平。地图测绘者和航海家一样，都负有使贴着海岸进行的近海航行更安全、贸易更有利润保证和更容易预先策划的责任。大西

---

[1] 旧译名为马可波罗、马可孛罗、马哥·波罗等。——译者

洋和地中海的大多数重要港口的海图，都是由航海家在航行结束后，根据真实信息的记录标绘出来的。从此，欧洲的海图便以可信的精确度，反映出了整个地中海、欧洲大陆西海岸、英国、爱尔兰和很大一部分北部非洲的海岸形势。这些有关海岸的最早地图，不仅向执行商贸活动的船长们提供了航路的实际状态，也证明了世界是可以得到正确描绘的。将这个更大的世界真实描绘出来的责任，就这样落在了地图测绘者的肩上。

在一份根据葡萄牙国王的旨意于1459年完成的世界地图上，第一次将新近提到的地理发现，以多少比较靠谱的比例和形状表现了出来。这份因其绘制者威尼斯僧侣弗拉·毛罗的姓氏而得名为《毛罗地图》的成果，是欧洲现代地图测绘学发凡的标志之一。《毛罗地图》也和其他欧洲的早期世界地图一样，给欧洲、非洲和亚洲这三个当时被认定为大型地块的陆地以较大的面积——当然，形状是否准确另当别论。《毛罗地图》标志着地图绘制取得了重大进步。

享有"航海王子"美称的葡萄牙国恩里克王子[1]于1460年去世时，欧洲正全速进入发现时代，这使探险活动得到了新的动力，也直接导致了哥伦布和卡伯特的重大发现。这位王子对航海的热爱，使托勒密的著述在欧洲重新得到流传，他在本国大西洋沿岸建立的航海学校和图书馆，重新振兴了地图测绘学。在他的府第，人们起劲交流的是新获知的信息，讨论的是地球的周长和大陆的面积。这时的海洋，成了人们开拓的疆界。对此，恩里克王子的大力促成是功不可没的。1488年，这位王子的侄外孙、航海家巴塞洛缪·迪亚斯，第一次驾驶欧洲船只绕过非洲最南端的好望角。1498年，另一位葡萄牙探险

---

[1] Prince Henry（1394—1460），旧译殷理基王子，是葡萄牙国王若昂一世的第三子。他不曾继承王位，却建立了全世界首家航海学校，奠定了葡国成为海上霸主的基石。今天的澳门有一条殷皇子大马路，就是为了纪念他而得名的。——译者

家瓦斯科·达·伽马,再一次成功绕过好望角,并继续航行到印度的西海岸,由是建立了西向通达亚洲的航路。

到了15世纪末时,非洲已经不再是一块边界不明的神秘大陆了。从欧洲沿着这块大陆的外缘到达亚洲的航路已经开通。从此,欧洲人广泛接受了世界是个球体的说法。

马丁·贝海姆是在25岁时从德国来到葡萄牙首都里斯本的,他积极投身到地图测绘学这门新兴的科学事业之中。六年之后,也就是在1492年,他回到了故乡纽伦堡,应市政府之聘绘制一幅地界地图。[1]他学到的许多重要知识,都在这幅地图上得到了表现。这幅地图是个球面,直径约50厘米,先画在纸上,然后剪贴到一个球体的表面之上。当人们认为世界是平的时,它的边缘就会被设想为危险所在,任何想要开到那里的船只,都会冒送命的危险。而如今,这个不存在边界的球形世界,则表征着远航的安全。

古希腊人一直认为,从欧洲海岸出发向外航行,是应当能见到一些岛屿的。[2]这一观念是托勒密灌输给他们的。古希腊人相信,到了直布罗陀海峡外边的某个位置后,再往外就不会有人烟了。这种存在某个终极边界的想法,在14世纪新绘制的地图上也有所反映。在最早的地图上,这个神秘的终极地得名安蒂亚。现由意大利帕尔马市图书馆收藏的一份1367年的海图上就绘有这个岛。地图上的这个地

---

[1] *The Mapmakers*, 70.
[2] 下列著述收入了作者所引用的有关岛屿的传说内容、所在位置和人们的考证结果:
William H. Babcock, *Legendary Islands of the Atlantic: A Study in Medieval Geography* (New York: American Geographical Society, 1922).
J. de Courcy Ireland and D. C. Sheehy, "*Atlantic Islands*," *European Approaches to North America, 1450–1640*. Ed. David Quinn (Aldershot, U.K.; Brookfield, Vt.: Ashgate/Variorum, 1998), 1–17.
Donald S. Johnson, *Phantom Islands of the Atlantic* (Fredericton: Goose Lane, 1994).

点就标志着航海活动的终极点——它定义出了边界,但其真实位置在当时并不清楚。后来,有人将这个地方对应给了大西洋中的一个小岛,当时的地图绘制者们相信,这个终极岛屿是确实存在的。[1]

这种随便画出个岛屿再安个名称的做法,最初体现在15世纪初的一张不知为何人绘制的海图上。在1424年的皮齐伽诺海图和1435年的贝卡里奥地图[2]上,这一做法都表现得相当明显。在后一份地图上,这个安蒂亚岛是作为若干岛屿中的一个出现的,而这组岛屿被称为"新知岛",并首次被认为是有人烟即有人居住的地方,因而值得研究。这张地图上还标出了安蒂亚岛上的具体海湾,不但将原来以折线段葫芦代表的海岸换成了凸凸凹凹的曲线,还给出了不止一处地方。又经过一代地图测绘者的努力,在1482年问世的贝宁卡萨地图[3]上,这些海湾都有了具体名称:埃拉、昂萨利、安索地、康昂、安辉伯、安瑟塞利和安索利。[4]贝宁卡萨地图清楚地表明,这是一个有

---

[1] 在整个15世纪,欧洲地图上都不断出现这类神秘的岛屿。不过,它们的数量随着时间不断减少,位置和形状也越来越清楚。一代复一代的地图绘制者们,总是将这类岛屿在大西洋中移来移去。不过,这类神秘岛总是由于真实岛屿的发现、确定而得到新的名称,并纳入发现者所属国家的版图而不断减少。以圣布伦丹群岛为例,起这个名称是为了纪念6世纪时爱尔兰的一位据说从本土航行到北大西洋的修士。在得到这个名称后的一个多世纪里,地图绘制者一直将这组岛屿画在欧洲沿海一带。后来,到了15世纪,人们在葡萄牙海岸以外发现了亚速尔群岛,圣布伦丹群岛便从此消失了。还有个叫苏木岛的,1339年就出现在欧洲地图上了。在多数地图上,它都被放在爱尔兰西部的海域上。1480年,英国人开始派遣船只去北大西洋寻找这个岛屿,只是到了葡萄牙人于1500年在南大西洋上发现了一处出产苏木的地方,并以这种贵重红木的名称——巴西给它冠名后,寻找这一神秘地方的活动才告终止。安蒂亚岛也同样是这样一个传说中存在于大西洋的所在。经过很长一段时期后,这个名字又漂洋过海,落到了加勒比海的一个真实岛屿上。——作者原注
[2] 分别为15世纪的威尼斯地图绘制者祖安·皮齐伽诺(Zuane Pizzigano)和杰诺埃塞·贝卡里奥(Genoese B.Beccario)绘制,都是当时有名的地图,受到航界的广泛沿用。——译者
[3] 因其绘制者、意大利的安德烈亚·贝宁卡萨(Andrea Benincasa)得名。——译者
[4] Babcock, *Legendary Islands of the Atlantic*, 70.

七处有名目的海湾的岛屿，也就是有七个确定地名的岛屿，因此又得名七镇岛。

大约就在贝卡里奥地图问世的前后，即15世纪初期时，欧洲出现了一则传闻，说是在大西洋的另一边，有一个建起了地地道道市镇的岛屿。于是，马丁·贝海姆便将这个传说中的安蒂亚岛，放到了他在1492年绘就的圆球形地图上。地图上的世界，大体上正是哥伦布和与他同时代的探险者们心目中的情形。贝海姆在画着该岛的图形的下方写下了这样一句话："耶诞后734年，全西班牙都处于非洲异教的笼罩之下[1]。此时在前述的又名七镇岛的安蒂亚岛上，据说有一位来自葡萄牙波尔图的大主教及另外六名主教，以及信奉基督教的男女信众。他们带着自己的牲畜、财产和物品，从遥远的西班牙乘船逃亡过来。"[2]

由此可见，七镇岛就是改换了名称的安蒂亚岛。据信，它是当时北大西洋唯一有非原住民居民生息的地方，并显然是一个永久性的移民区。

这几幅地图共同讲出了一个不同寻常的故事。它们道出了一个似乎失去踪影其实却位于大西洋远处的岛屿，而且是有人烟的岛屿。然而，对我来说，这些信息并不比圣杯和大西国的传闻更有用些。[3]毕

---

[1] 指伊斯兰教。公元711年，一支强大的北非穆斯林军队北渡直布罗陀海峡在伊比利亚半岛登陆，经过八年的征战征服了南部大半个西班牙，后又向东北方向进军，但在732年受阻。此后，这些穆斯林（又称摩尔人）长期统治着西班牙除了西部和西北部比利牛斯山区的广大地域，直至13世纪。——译者

[2] De Courcy Ireland and Sheehy, "Atlantic Islands", 10.

[3] 圣杯是基督教徒认为耶稣在最后晚餐中饮酒的杯子，是最重要的圣物，但是否果有此杯，考古界始终没有定论。大西国又称阿特兰蒂斯，是古希腊学者柏拉图在其著述中提到的一个有高度文明发展的古老岛国，但其存在与否，史学界也莫衷一是。——译者

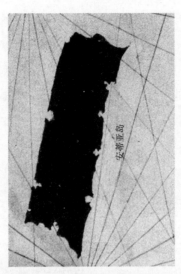

1424年皮齐伽诺海图的部分细节。图中所示为安蒂亚岛,岛周沿岸有七处海湾

竟,我的目的并不是寻找某个神话中的地域。不过,这几张地图,再加上其他一些材料,很快就又将我带回布雷顿角岛。为我提供了将七镇岛与布雷顿角岛联系到一起的线索的是约翰·卡伯特。对这位古人,我在下一章还要讲到。这是因为,这位卡伯特早就提到过七镇岛的发现了。

我发现,这个有人烟的七镇岛,曾引起了整整一代地理学家和探险家的兴趣。地图测绘者们都想在地图上标出它的位置来,探险家们也一次又一次乘船出去搜寻它。被北大西洋的风暴刮离航线的水手,宣称曾看到过这座小岛,但事后它却不见了踪影。有一段时期,欧洲人认为根据几点已然清楚的情况,可以肯定这样一桩事实,就是这个神秘岛确实是存在的。他们对此进行了讨论,并随后形成了一份官方文件。葡萄牙和英国都派遣人员前去寻找它。据著名的西班牙历史学家巴托洛梅·德拉斯·卡萨斯认为,1430年时,一艘葡萄牙航船在大西洋中偏离了航线,来到了西海岸很远处的一个有人烟的岛屿上。船上的水手担心遭到长期羁留,便赶快驶回葡萄牙。回去后,他们将这一经历禀告了全欧洲对在大西洋发现新土地最感兴趣的那位航海王子恩里克。据卡萨斯所记,恩里克王子曾垂询这些水手是否愿意返回去找到这个岛,但水手们没有同意。[1]

据克里斯托弗·哥伦布的儿子费迪南德·哥伦布宣称,他父亲对这些水手的经历是了解的。[2]他这样描述了这段经过:"据说,这些水手在去岛上的教堂时,船上的杂役给船里的消防沙箱装了一些沙子,结果发现其中有三成是细细的金沙。"这位老哥伦布对这则消息十分看重。

随后,我又在威廉·巴布科克的《传说中的大西洋岛屿》(1922)一书中,看到了15世纪一位姓加尔瓦诺的历史学家的这样一段引言:"1447年,一艘葡萄牙船在穿过直布罗陀海峡后遭遇暴风雨,不得不向西行驶,最后漂到了一座岛上。该岛上建有七处市镇……船上的水手长带回来一些沙子,将它们卖给了里斯本的一个金匠。从沙子里筛出了可观的金子。"[3]依我看,小哥伦布和巴布科克分别给出的这两段叙述,讲的是两起不同的事件,发生在两艘不同的葡萄牙船只上,带回来的也是两宗金沙。

1475年,葡萄牙人又发动了一轮新的寻找这座岛屿的努力。葡萄牙国王发布了一道诏书,允诺葡萄牙人说,凡发现新岛屿者,可以

---

[1] The Las Casas report, "Fifteenth-century indications of unknown lands in the Atlantic", 最早发表于 *Historia de las Indias*, 1552, 后收入 James A. Williamson, *The Cabot Voyages and Bristol Discovery under Henry VII*(Cambridge: Hakluyt Society at the University Press, 1962), 175。

[2] Fernando Colón, *The Life of the Admiral Christopher Columbus by His Son Ferdinand*. Trans. Benjamin Keen(New Brunswick, N.J.: Rutgers University Press, 1959), 27.

[3] Babcock, *Legendary Islands of the Atlantic*, 72.

获得该岛的行政管辖权。这道诏书还取消了原来对是否授予管辖权应视当地有无居民而定的规定，并且特别提到了七镇岛。诏书中有这样一段文字：

> 在此派遣船只寻找（新岛屿的）过程中，船或人都可能找到这个七镇岛或其他有人烟处。但迄今仍不曾为朕国之船只到往，也不曾为朕之臣民找到或与之有过贸易往来的岛屿。须应说明，本诏书之荫封承诺，并不会因诸岛屿已有人居住而施于已在岛上之人等。朕在此诏告天下，原来所颁布之一应政令，对有人居住和无人居住之岛屿同样适用。[1]

这就是说，只要有人发现了这个七镇岛，不管上面有没有人，这个岛就是他的了。1486年，一个名叫费尔南·迪尔莫的葡萄牙探险家，得到了这样的封赏，成为"吾王陛下之忠臣、特塞拉岛[2]之统领"[3]。 册封诏书上是这样说的："[他]前来进言，陈表发现大岛、岛群乃至大片陆地之愿，而彼所言之地，似应为七镇岛。"

我一开始研究时，简直无法从这些讲述寻找七镇岛的材料中得到任何有用的信息。但到后来，一篇偶然见到的材料，给我提供了帮助。这是一份英国西海岸布里斯托尔港的船务文件，上面是有关在大西洋寻找岛屿未果的记录，最早的是在1480年。原来，英国人也听说了这些神秘的岛屿，也知道有个七镇岛。他们的寻找活动，一直进行到该世纪末。[4]对此，我在下一章会有所介绍。

---

[1] Williamson, *The Cabot Voyages*, 184.
[2] 亚速尔群岛中的一座岛屿，现属葡萄牙。——译者
[3] Williamson, *The Cabot Voyages*, 186.
[4] Ibid., 188.

据信，早在1474年时，克里斯托弗·哥伦布就对这个七镇岛产生了兴趣。这比他进行的著名远航早了20年左右。在他出发之前，曾向佛罗伦萨的一位名叫保罗·托斯卡内利[1]的、在研天究地上颇有名气的人求教，想了解此次远航是否可行。托斯卡内利将自己原先从别人那里收到的一封信誊写了一份给他。[2]在这封信中有一项建议，就是在前去亚洲的途中，有一个可供暂驻之地："安蒂亚岛——就是你所说的七镇岛"。根据小哥伦布所说，他父亲前往印度海路探查的动机之一，就是"希望在到达之前，先找到某个重要的岛屿或者陆地"。其中一个重要目标，就是"这个被葡萄牙人在地图上标为安蒂亚岛的所在"——而葡萄牙人相信"在这个七镇岛上，居住着摩尔人[3]统治时期移居来此的葡萄牙人"。

克里斯托弗·哥伦布曾在1485年时，同他的一个弟弟在里斯本参与过地图绘制工作，因此对地图很懂行。多数历史学家相信，还在1492年之前——很可能是在1490年时，他就为了本人使用的目的，根据自己的认识和理解，亲手绘制了世界全图和区域地图。今天巴黎的法兰西国家图书馆，还保存着其中的一幅。它通常被称为"哥伦布地图"。这是一张单图，画在小牛皮上，长110厘米，宽70厘米，是他在卢瓦恩（现属比利时国）绘制的。这张地图上的信息，似乎都是前人已经掌握的。西欧的大部分都画在了上面，葡萄牙人不久前发现的西非海岸也有一部分。大西洋中的许多神秘岛屿，包括圣布伦丹群岛和苏木岛都在这幅图上。我了解到，哥伦布对七镇岛特别注意。他

---

[1] 全名为保罗·达尔波佐·托斯卡内利（Paolo dal Pozzo Toscanelli，1397—1482），意大利医生，业余数学家、天文学家与地图绘制人。——译者
[2] Colón, *The Life of the Admiral Christopher Columbus*, 21.
[3] 从人种学角度说，摩尔人是从埃塞俄比亚发源、后又在非洲东北部扩大生息范围并移居到非洲西北部的黑人，但西方历史上往往将中世纪时从非洲打进欧洲的穆斯林称为摩尔人，参见本章前文有关非洲异教的译注。——译者

在绘制这个岛时十分经心,并注上了这样的一句话:"此系七镇岛,据西班牙水手说现属葡萄牙。"[1]

我来到了多伦多参考图书馆的地图部。在这里,我花费了整整一个上午的时间,但一直都在碰壁。参考材料和其他线索都没有通向任何结果。午餐时间都快过去了,我觉得饿了。哥伦布那幅1490年绘制的地图,在欧洲早期的地图中并不占重要位置,很少为其他历史学家引用,因此我很难找到它的印刷复制品。我请图书馆员再查阅一下馆藏目录,看我是否漏掉了这张图。它会不会收在别的什么地方呢?这位馆员带我走过一排排地图架,来到最后几个架子那里。这是古旧地图分部,收藏不很丰富。他连目录都没有翻看,便直接抽出一本薄薄的有插图的书来,说道:"这里面可能有这张图。"这本书是《哥伦布及其伟大发现地图集》[2]。以前我只在单幅地图部分中查找过,没有想到地图集。而我一打开它,就看到了那幅"哥伦布地图"的复印品,是彩色套印,复制质量很高,图面十分清晰易辨。

我将这本地图集摊开来,放到一张放置地图的多格抽屉架的上面,站着看这幅地图,看了好久好久。吃午餐的念头消失了,别的一切也都不想了。我这时的感觉,在许多方面与我当初站在多芬海岬的那条有石头砌边的道路上时很是相近。

---

[1] G. R. Crone, "The Mythical Islands of the Atlantic Ocean: Suggestion as to Their Origin", *Comptes Rendus du Congrès International de Geographic Amsterdam 1938* (Leiden: E. J. Brill, 1938), 170.

[2] Kenneth Nebenzahl, *Atlas of Columbus and the Great Discoveries* (Chicago: Rand McNally, 1990) 与 Michel Mollat du Jourdin et al., *Sea Charts of the Early Explorers, 13th to 17th Century*. Trans. L. le R. Dethan (London: Thames and Hudson, 1984) 均提供了有关哥伦布地图的更多内容。

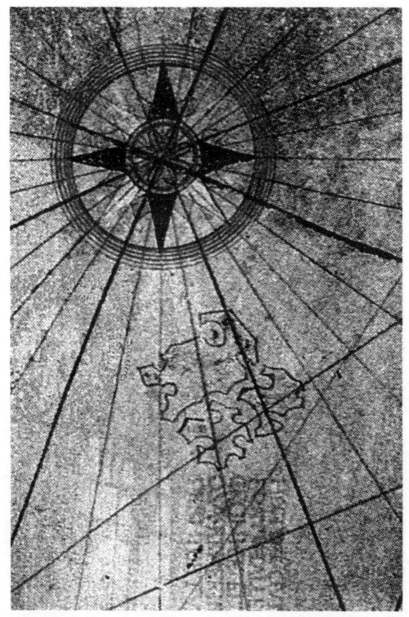

哥伦布 1490 年地图上的七镇岛，它在形状和方位上都与布雷顿角岛相符

在哥伦布的这幅地图上,七镇岛的位置比以往地图上安蒂亚岛的位置更偏北一些。然而,它与其他地图更大的不同,是仔细地绘出了更多细节。这张图上的七镇岛是由三个部分组成的:一个较大,另外两个小一些,分别位于大岛的下方和一侧。让我惊奇的是,它们在形状和方位上都与布雷顿角岛相符。布雷顿角岛只是一个岛,但被一个湖——或说一组形成长条的湖系——从中很彻底地分成了三个地块,因此很容易被当做三个分立的岛屿。三个地块中最大的沿着45°角,即大致从东北向西南的方向延伸,两个较小的则在稍低的近处。要到达这里总得走水路。看起来,我在这幅哥伦布地图上,找到了自己想要查找的地方。

我将这幅哥伦布地图,同后来由其他地图测绘者在不同时期所画的布雷顿角岛的地图进行了比较,发现有两幅与它特别接近。一幅由马克·雷加波所绘。这位雷加波是巴黎人,以律师为业,喜好探险,曾在1604年到过阿卡迪亚——此时正值法国去那里的移民潮刚刚开始。另外一幅是差不多又过了一百年后,在罗马教廷处在光辉阶段

左图　雷加波笔下的布雷顿角岛,绘于1604年
右图　科罗内利所绘的布雷顿角岛,绘于1692年

时，由早期地图绘制者中的佼佼者温琴佐·科罗内利修士于 1692 年绘制。这两位地图绘制者，一人来自法国，另一人来自意大利，不但不是同一代人，就连所处的时代也不相同，但所画出的这个岛屿却几乎如出一辙。两幅地图上都有一个将岛分成三块的中央湖区，三个地块的形状和方位也都与哥伦布的地图相仿。这三个人画的本当是同一个岛屿，只是哥伦布将他在进行第一次远航之前（1490 年左右）所绘制的这个地方叫作七镇岛，而雷加波和科罗内利两个人给出的名称都是布雷顿角岛。

在此之后，我便开始认真搜寻有关海外移民区的材料，时间范围也包括了哥伦布远航之前的年代。

就在七镇岛的传说在欧洲流传的同时，还出现了另外一则类似的传闻，只是传播面要窄一些。它所说的，是北大西洋上的另外一个岛屿。1558 年，一则来自意大利的消息说，威尼斯出版的一本新书中提到，北部海域发现了一个新岛屿。该书将搜集到的泽诺家族——威尼斯一个古老望族，对政治和探险都很热衷，但并不轻信无端传闻——数代人的通信经整理后发表。[1] 该书由尼科洛·泽诺编纂。据他在书中表示，在 15 世纪时，一名渔人曾对他的祖父安东尼奥·泽诺提起，在大洋的另外一端，在冰岛和格陵兰的远端，有一块新的土地。它由两个岛屿组成，分别叫爱斯托提兰和德罗吉奥。这一传闻在历经几代后，到了尼科洛·泽诺这一辈人时，内容已变得相当混

---

[1] Babcock, *Legendary Islands of the Atlantic*, 72.
　　Richard H. Major, trans, and ed., *The Voyages of the Venetian Brothers Nicolo and Antonio Zeno to the Northern Seas in the XIVth Century. Comprising the Latest Known Accounts of the Lost Colony of Greenland and of the Northmen in America before Columbus* (London: Hakluyt Society, 1873).

乱，地点也模糊起来。在我查找到的一本提到泽诺这本书的著述中，称这一传闻是"所有文学作品中最令人不解的"[1]。

这真可是所谓"只见树木、不见森林"了。尽管此传闻没能提供精确的地理方位，专家们还是认为，它是指北美的东北海岸。而在那个位置上，的确就有两个大岛——纽芬兰岛和布雷顿角岛。我阅读了这本泽诺信札，其中并没有提及什么七镇岛。然而我发现，有一处讲述某个居民点的文字，的确很像是在描绘该岛上的市镇：据此书中所记，有一名渔夫颇为详尽地提起过一个岛屿，说他同另外五个人，由于渔船毁于一场凶猛的暴风雨，结果偏离路线，来到了一个岛。他们的经历同恩里克王子从几名葡萄牙水手那里听到的报告相仿——渔船在北大西洋被恶劣天气弄到岛屿上，岛的形状相当复杂，水手们曾与当地人一起去教堂做礼拜，他们一起议论了欧洲的政治风云等。在这两则记录中，都提到从沙子中筛到金屑的事情。尼科洛·泽诺将这个岛叫作爱斯托提兰。这名渔夫说，他和另外几个人被带到"一处建造得很不错的市镇，镇上人很多。当地的王爷派人找来不少翻译，但无人能听懂水手们的话。不过其中有一个人会讲拉丁语"[2]。在简略形容了岛上的地理情况后，这名渔夫又介绍道："岛上的人十分聪明，我们这里的各种手艺，他们那里也都有。他们看来在过去同我们做过生意——他在王爷的图书馆里看到了拉丁文的书籍，只是这些人都看不懂——他们有自己的语言和文字。"

在这本书出版后，就再也没有出现过提到这个爱斯托提兰岛上有市镇的文字。就连只言片字也没再出现。七镇岛的命运也大体相同，只是在消失之前，这个岛屿又再一次进入欧洲历史，而且表现出神秘意味。

---

[1] John Pinkerton, *The History of Scotland from the Accession of the House of Stuart to That of Mary* (London: C.Dilly, 1797), 261.

[2] Babcock, *Legendary Islands of the Atlantic*, 128.

第三章

约翰·卡伯特：遭儿子抹杀的老子

真没有想到，我的研究工作，竟将自己带回到欧洲人尚未发现美洲的时代。从中世纪后期起，欧洲人积累了大量关于美洲的材料。对于这些材料，有一个方面是我预想到了的，就是该去读一读有关约翰·卡伯特——在加拿大中小学的历史书中都会介绍到他——的著述。

卡伯特祖籍意大利，本姓卡博托，名乔瓦尼，是船长、航海家兼探险家。[1]1497年，英王亨利七世派遣他前去北大西洋海域，寻找"大小岛屿"。卡伯特出生于热那亚，后来到了威尼斯，1476年归化为英国人。15世纪末的威尼斯是欧洲的商贸中心。地处意大利另一侧海岸的热那亚，也是地中海的重要海事基地之一。这两座城市都是钻研当代航海技术的理想中心。最早的航海地图，就是热那亚人绘制出来的。有关种种海外岛屿的和异域游历的传闻，在热那亚这里也特别丰富。这些都是青年卡伯特吸收到的财富。到了威尼斯，卡伯特又与阿拉伯商人建立了交往，而阿拉伯人是当时世界公认的最出色的航

---

[1] 下列著述中提供了有关卡博托父子的资料：
H. P. Biggar, *The Voyages of the Cabots and of the Corte-Reals to North America and Greenland, 1497–1503* (Paris: [s.n.] 1903). Peter E. Pope, *The Many Landfalls of John Cabot* (Toronto: University of Toronto Press, 1997). Williamson, *The Cabot Voyages*. George Parker Winship, *Cabot Bibliography, with an Introductory Essay on the Careers of the Cabots Based upon an Independent Examination of the Sources of Information* (New York: Burt Franklin, 1900).

海家。卡伯特同他那个时代的大多数探险家不同,游历范围主要在地中海区域,此外还去过中东。1497年他接受英王派遣时,资质和训练经历都好到无以复加的地步。

大约是在1497年5月20日,卡伯特从英国西海岸的布里斯托尔港扬帆出航。船上的储备可以维持八个月之需。他先向西来到爱尔兰,然后进入大西洋的广阔水域,经过35天航行后,于6月底在北美洲登陆。那时,他对北美海岸的形状和构造都还一无所知。哥伦布虽已先于他来到北美,但去的是南部海域,而且没有传下地图。这里的所有海岸,看起来都颇为相似,让人难以分清。早期的探险者,留下的多是些含混不清的描述。这次航行走的是什么路线,航行时都利用了什么洋流和风向,第一个登陆地点的环境,以及都在哪里插上了英王的旌旗,卡伯特在回国后的呈报中都没有具体给出。但有一点情况,卡伯特是做出了明确宣称的,这就是他找到了这个七镇岛。

卡伯特于1497年8月返回布里斯托尔港。随即,各国驻英使节便向各自的朝廷报告了卡伯特的这一新发现。[1]卡伯特本人的禀文未能传世。不过,根据一些外国使节的呈文,我们能够知道,他沿着发现地的海岸巡行了一个月,并至少踏上陆地一次,了解那里的情况,并插上了英王的旗帜。

1956年,美国学者L. A. 维格拉斯从一批西班牙文档案中发现了一封用英文写的信函,从而给诸多涉及卡伯特的材料增加了最新一

---

[1] 这些信件的英文译文摘自如下两本书:
H. P. Biggar, *The Precursors of Jacques Cartier, 1497–1534: A Collection of Documents Relating to the Early History of the Dominion of Canada*(Ottawa: Government Printing Bureau, 1911). Williamson, *The Cabot Voyages*.

档内容。它是布里斯托尔港的英国商人约翰·戴伊,在卡伯特归来后的几个月内所写的一封信,信上注明的收件人为"海军上将卡斯蒂利亚爵爷",而这位爵爷加海军上将不是别人,正是克里斯托弗·哥伦布。

爵爷所差官使送达爵爷惠赐之信我已拜读,并在此表示我愿尽力为爵爷效力……现将马可·波罗的另一册著作,以及[卡伯特]所发现之地的[情况介绍的]誊写件一并呈览。有关地图并未随同携去,盖因此图为我离开时所画,事务繁剧,下笔潦草之至,不能令我满意之故。然在所呈复件中,已记入该大陆之海岬与该岛屿之名称。又鉴于该处之大部均为折回时发现,故爵爷必能掌握所欲了解之情况,判知此地系从何处最先得见。禀爵爷得知,此七镇岛距爱尔兰最近的海岬,位于彼国之德西角以西1800英里处;岛之最南端恰在波尔多河口之西。又禀呈爵爷得知,卡伯特仅在该地选定一处地点登陆一次,登陆处即在最先发现点之附近。彼等在登岸处立十字架一具并竖帜为记,旗帜上标有教宗纹章和英王徽记。再禀爵爷,彼等在陆地上看到大小树林,大者足以制造桅杆。到处草叶繁茂。在我提到过之处,彼等看到一条通往岛内之小路,又发现一处篝火残迹。又见到动物排泄,据彼等看似为家畜所遗。还发现一支棍棒,长半码许,两端均有钻孔,系雕刻而成,并染有苏木红颜色。由此各种迹象,彼等认定此岛有人生息……彼等系于五月底离开英国,在发现此地前已航行三十五日……发现这个离爱尔兰最近岛屿的海岸,彼等花费了约一个月光阴;返回欧洲用了十五天……恭顺地敬吻爵爷之手。约翰·戴伊敬禀。[1]

从哥伦布当初便对七镇岛很关注的事实来看,这个约翰·戴伊给他写这封信,应是十分可信的了。

这位戴伊向哥伦布报告说,卡伯特断定"岛之最南端恰在波尔多河口之西"。这句话是我找到的最具体的原话。卡伯特在判断位置时,采用了15世纪当时的航海家用以确定新方位的做法,即将新发现的海外地点的纬度,挂到欧洲海岸地带处于同一纬度的某个已知地方。这就有利于航海人以后再度找到它。

所谓纬度,是指从赤道向北或者向南与赤道平行的距离远近的量度。在航行时,要想保持固定不变的纬度,就得保持与北极星成不变确定夹角的航线。如果航船日复一日地保持这个角度行进,就能驶出一条与赤道平行的路线;如果夹角改变了,航船就不是偏南便是偏北了。卡伯特时代的航海家如要测知航向与天上星辰形成的角度,只需要一个配有望远镜的大型量角仪,通过它来定下北极星——如果是在南半球,就应当换成另外的星辰——的方位就是了。确定纬度不同于确定经度,不需要复杂的技术,也不需要精确的计时和繁复的计算。

据约翰·卡伯特宣称,七镇岛与法国波尔多河河口处于同一纬度上。波尔多河口就在今天被称为吉伦特河的入海处的三角洲的尖角上,卡伯特时代的航海家们对这个地方十分了解。当年的海图都标有它的纬度,为北纬45°35′。而在大西洋另一侧的布雷顿角岛,其最南端是一个小小的半岛,名叫马达姆岛,它的纬度是北纬45°33′——与波尔多河口的纬度仅有4公里之差。卡伯特是受英王派遣去搜寻这座

---

[1] Williamson, *The Cabot Voyages*, 211.

七镇岛的,因此不久后,该岛就被定名为布雷顿角岛,和英国挂上了钩。[1]

在卡伯特的这次远航之前,欧洲人曾设想过北大西洋的遥远水域中存在陆地的可能性。不过,除了纽芬兰岛上当年北欧海盗出没的水母湾,在所有史料、遗迹乃至传闻中,都不曾有涉及新大陆北部海岸一带曾有任何人居住的内容。是卡伯特发现了这片一直只存在于神话中或更应当说是存在于臆想中的海岸。他是第一位发现这个岛屿并将它的精确位置在地图上标出的欧洲航海家。

一开始时,我觉得卡伯特对七镇岛的叙述可能出了错,将别的一个什么地方张冠李戴地附会了来。然而,我后来在詹姆斯·威廉森[2]的《亨利七世时期卡伯特的航行及布里斯托尔之行的发现》一书中,又看到该书中提到,一个住在伦敦的意大利人雷蒙多·迪松奇诺,曾向米兰大公投书两封,其中写于1497年的一封提到卡伯特"发现了七镇岛",为这一发现提供了佐证。1498年7月,西班牙派驻英国大使佩德罗·德阿亚拉在向本国国君斐迪南五世和伊莎贝拉王后呈交的禀文中提到,鉴于对七镇岛的调查已经展开,英国国王决定给卡伯特以更多的支持。据该禀文说,卡伯特业已给英国国王带回证据,证明他发现了新的陆地。

这一来,我就掌握了三个有关卡伯特发现的证据,而且是相互独立的,即英国商人给克里斯托弗·哥伦布的书信、意大利外交家给米兰大公的信函,以及西班牙贵族呈本国国王与王后的禀文。这就足以

---

[1] 布雷顿角岛的英文为 Cape Breton,其中的 Breton 是指法国西北部的布列塔尼。此地区与英国隔海相望,曾长期属于英国,至今也有"小布列颠"的称法。与英语极为接近的布列塔尼语也长期是该地区的主要语言,进入20世纪后期才渐为法语淘汰。——译者

[2] James A. Williamson,17世纪的英国航海史学家。——译者

说明，卡伯特的发现已在当时有影响的阶层中得以流传。卡伯特获得了英国国王的委任状，说明人们看来对他的话是相信的。在整个15世纪末，至少在其中的若干年中，他在全欧洲都颇有知名度，被认为是他最终在大西洋彼岸找到了七镇岛，而且证实这是个有人烟的地方。

在有关卡伯特这一发现的报告中，提到了该岛的某些特点：有人居住，居民形成了特定的文化，建起了包括步行小路和车行大道在内的基础设施。此外，据若干出事渔船的渔夫所说，那些居民还盖起了很大的建筑、修起了图书馆，并能对欧洲的复杂政局发表见解。

如今，我已将每天的大部分时间都用来当"历史侦探"了。每当我稍事休息时，都觉得特别需要能有几个人与我讨论，同我共鸣，助我向前。我的父母、兄弟和他们的妻子、妹妹和妹丈，还有我的两位好朋友贝丝与罗布，是目前我仅有的几个能够放心交流的对象。我总是找机会同他们沟通，寻求他们的支持，好给自己打气，觉得自己并不是在捕风捉影。

就在我偶然发现了提到卡伯特发现的那几封信文后不久，四弟格雷戈里从哈利法克斯到多伦多出差，我同他，还有已在多伦多安家的三弟杰拉尔德、三弟妹德布拉，以及他们的两个孩子，一起去"罗尼牡蛎酒家"用晚餐。

大家就座后，我就从所带的资料夹中抽出提到卡伯特发现的五封信（前文只提到三封）。在等候上菜时，我给他们看了这些信件。他们都仔细读了一番。我对他们说，这些信件所指的方向固然有些分歧，但大体上是一致的。兄弟之间是毋庸讳言。我希望他们告诉我，在他们看来，我的想法有没有道理。

"成啊，"格雷戈里说，"咱们来把卡伯特所有发现的情况凑凑看。"

"他说自己发现了这个七镇岛,"我说,"他就是前去搜寻它的,回来后就说找到了这个地方。"

格雷戈里点点头:"不错。但他会不会是吹法螺呢?"

"你是指他夸大其词?他可是那个时代最负盛名的航海家哟。没有人指望他一准做出这一发现来。谁都知道这是在撞大运。你认为他有可能冒身败名裂的危险来撒谎吗?再说,他还带着十八名船员呢。这些人可都是证人哟。"

"他会不会估摸着不可能叫人查出来呢?"杰拉尔德提出一种可能性。

"可他提供了这个岛的方位呀,而且相当详细,就当时条件是可以验证的嘛。就是拿到今天来,也可以照着他说的再走一走哇。在那个年代,有一件事情是探险家们都掌握的,就是如何确定纬度。他们不会没有时间去瞄准北极星的。只要遇上晴朗的夜晚,恐怕他们就会去确定纬度。"

牡蛎送上来了,个儿不大,但肉质鲜嫩、带有一股咸味,是布拉多尔湖的出产。

"你得记住,宣布发现七镇岛意味着什么。七镇岛的传说人尽皆知。告诉人们发现了七镇岛,可不比跟人家说:'我发现了一群小山包,山上都长着树,鱼也有好多。'这是在告诉人们,他发现了大西洋彼岸的那个著名的、神秘的、建有市镇的地方。"

"可你的问题是,你的所有这些信文中,固然提到了卡伯特发现的这个七镇岛,但对大家为什么都接受了他的这一宣称,却都没有做出解释呢?"格雷戈里问道。

"很对。再说,除了提到这一发现外,这些信件对他真正看到了什么东西都只字未提。"

"我说保罗,你是否认为,卡伯特的确有了什么重要发现,而不只是什么树啦，鱼啦之类的东西呢？"

"你看啊。我知道他发现了染了苏木红的器物，还看到家畜存在的证据。这都不可能是纯属天然状态的海边所会有的。此外，当然啦，他还看到了有人生息的证据。"

"这并不奇怪，对不？"杰拉尔德说出他的观点，"原住民在美洲可是哪儿都有哇。"

"你说得对，这用不着奇怪。可是，原住民都是游牧族，并不定居务农。"

杰拉尔德出声读出了我在一封信中画了线的一句话："几只架起来捕捉猎物的索套，一根织网的梭针。他还发现了一些砍出伐口（和已经伐倒）的树木。他由此判断，此地是有居民的。"

"在纽芬兰岛也好，在布雷顿角岛也好，到处都不难找到人们生存的踪迹，"我说，"纽芬兰岛上有贝奥陶克人，布雷顿角岛上有米克茂人——卡伯特当年所到之处都会遇到。但他们只会在夏季时到那里待上一阵子。可是根据某些原因，卡伯特和他的手下相信，那里有七座市镇，至少是有那么几座市镇。不然的话，他就不会那样大事宣扬了。"

"对于市镇的说法，你是怎么看的呢，保罗？"格雷戈里问我，"会不会只看到了废墟呢？"

"兴许吧。如果看到某个先进文明的残迹，卡伯特是会有所悟、认识到他所发现的，正是那个传说中的岛屿。"

"可是，他有没有看到什么废墟，并没有任何实际记载呀！"

"的确没有。事实上，卡伯特没留下任何自己写的东西。不过，对于本人宣称的发现，他应当是用自己的名誉担保的，跟国王也绝对应当是说了真话的，还必定会同意将发现知会意大利和西班牙的。纬度都一五一十地说得如此明白，又是在后来大家都称为北美的海岸上。他应当是发现了七镇岛。"

第二天早晨，我又去图书馆接着查找。这次，我发现卡伯特所说的内容中确有几点不寻常之处，有的简直不是提线索，倒像是出谜语。根据约翰·戴伊在写给哥伦布的信中所报告的内容，我知道卡伯特曾说看到了家畜的粪便，但无论是米克茂人还是贝奥陶克人，在欧洲人来到之前都不曾饲养过家畜。这些原住民也不会有像雷蒙多·迪松奇诺在写给米兰大公的信中所说的那种用苏木红染色的东西[1]。15世纪时，欧洲人将苏木红这种染料称为"巴西"——在意大利语中是"烧红的煤块"的意思，产自锡兰国的一种红木树，由亚历山大港运来。从这种红色硬木中，可以提炼出深浅不一的多种红色染料来。在中世纪里，这些染料十分昂贵，用于绘画和染布。在威尼斯生活过数年的卡伯特，应当对这种贵重的外贸商品比较熟悉。[2]

我又查阅了意大利使节给米兰大公的呈文，该呈文中说，卡伯特和他手下的船员"认为，苏木红树和丝绸，都应当是本地所产"。布雷顿角岛是个偏冷的所在，而且地质环境多石，植物以松树和云杉为主。含苏木红的树与柚树和桃花心木同属一类，都是木质暗黑的硬木，理应生长在植被繁盛的温热地带。布雷顿角岛这里除了低矮的常绿树，倒也能够看到一些树材高大的桦树、橡树和枫树，但柚树和桃花心木却从来无人得见。卡伯特倒是有可能将某种当地出产的染料误认为是苏木红了。但丝绸呢？（我前面没有提到它。）卡伯特是不大可能将这种东西搞错的。丝绸是一种难得的织物，当时几乎只来自亚

---

[1] 这一内容因和约翰·戴伊写给哥伦布的信中所提到的内容一样，故本书作者前面没有提及。——译者

[2] 葡萄牙人在南美洲也找到了一种植物，能够提炼出类似的染料。于是"巴西"这个名字就落到了这个生长着这种树的国土上。——作者原注

洲。织丝绸的原料是一种又细又长的纤维,是一种会结茧的昆虫在变成蛾子前吐出来的。这种丝很结实,又会反射光线,织成布料后有一种特殊的光泽,与其他所有当时常见的织物都有显著不同。约翰·卡伯特是从威尼斯来的商人,也应当是认得丝绸的。

奇怪的是,在这些文字中,并没有提到任何能够支持这一发现真实性的大型建筑之类的事物。尽管如此,卡伯特仍宣布了这一发现并坚持确有其事。他的发现报告是提交给自己的保护人和航行赞助者的,并在提交后不久便写入若干重要的政府文件中。他返回英国后,不出数月,就广泛享有了全英国名列前茅的大探险家的名望。然而,尽管如此,有关约翰·卡伯特首度远航的种种介绍,还是在他这一代人身上基本终止了。英国王室后来又颁发了第二份王室谕文,批准进行第二次探险。1498年2月3日,英王将这一任务又交给了卡伯特。[1]他可能就是在同年进行了他的第二次远征。不知道是否果真如此。普遍的看法是,他走了后再也没有回来。有关卡伯特的第二次航行的史料少之又少,看来,到了1500年前后,他不是已经死了,便是已经失踪。令我不解的是,他的业绩怎么会如此迅速地湮没无闻呢?

诚然,约翰·卡伯特的探险,被五年前哥伦布的远航盖了过去。第二名所做的发现,自然显得不如第一名重要,辗转相传时也更加可塑。然而,最令人奇怪的,是这时的主要宣传者,竟然是约翰·卡伯特的儿子塞巴斯蒂安·卡伯特。

约翰·卡伯特消失后,塞巴斯蒂安·卡伯特便在欧洲好几个国家大红大紫起来。到了1509年时,他已至少进行过一次穿越北极地区的航行,目的是寻找到达亚洲的航线,但并未取得成功。当塞巴斯蒂安回来时,发现自己的保护人亨利七世已死,新登基的英王亨利八世

---

[1] Biggar, *The Precursors of Jacques Cartier*, 22.

对航海发现并不像他的父王那样热衷。就这样，英国历史上一个海外探险的休眠时期来到了。在此期间，塞巴斯蒂安未能成功的北极地区之行，同他父亲1497年的远航混到了一起。儿子所描绘的北极海区的冰冷气候、白熊和海山浮冰，与父亲所宣称的发现，混杂得有些难分清楚了。

在未果的北极之旅后，塞巴斯蒂安·卡伯特被聘为地图绘制师，为英国政府工作。1512年，他进入西班牙海军，成为一名船长。1518年，他当上了西班牙的海事培训长，负责考察全国未来海事人员的航海知识与地图测绘技能。这一职务给他以对一整代年轻海事人员发挥重大影响的机会。在此期间，英国和意大利都找他率领船队去新大陆探险，但均没能取得任何成果。

到了1526年，西班牙组织了一支装备精良的船队，准备用来沿着葡萄牙航海家费迪南德·麦哲伦当年的航线探险，以开辟通往东方的新航路。塞巴斯蒂安当上了这支船队的统领。然而，他在四年后铩羽而归，一无所成。他的领导能力受到质疑，对船队的管理也导致他被课以巨额罚金，接下来，这个人便被贬到西班牙在摩洛哥一带的一处殖民地，在那里生活了数年。后来，他被英国国王召回，并似乎在英国的探险事务中发挥了积极作用——但至多只是"站在干岸上管水"而已。他与威尼斯和西班牙的海务人员和海事活动继续保持着联系，并频频出现在伦敦的码头上。据一位名为斯蒂芬·伯勒的船长在一份1556年的报告中提到，塞巴斯蒂安曾到船港来预祝新探险活动的成功。这就揭示了这位塞巴斯蒂安·卡伯特的新职司：

27日是星期一。塞巴斯蒂安·卡伯特大人到了格雷夫森德，在各界先生女士陪伴下，到了我管带的"皮纳斯号"上。在检查过船只的情况又接受了船员的热烈欢迎后，他们回到岸上，给船上所有人等分发了赠品,卡伯特大人特别大方。他嘱咐船员们为得到好运祷告,还祝"皮纳斯号"像模像样地完成这次搜寻……他和他的朋友们开了一场宴会,让我也来参加。大家真是足足痛快了一场。就凭这股子痛快劲儿,我们也该让他以后真能有机会看到,我们真的发现了让我们去找的地方。大家还跳了舞。他自己也跟一帮活泛劲十足的年轻人跳到一块儿。宴会完了以后,他和他的朋友都好体面地回去了,把我们这些人托付给全能的上帝。[1]

塞巴斯蒂安·卡伯特于次年去世。

有关这位小卡伯特平步青云的资料,我倒是查到了不少。有不止一个人认为,塞巴斯蒂安在随他父亲进行那次1497年远征时,"一次又一次地有意'不干他该干的事'。"[2]1508年的这次由他带领的赴拉布拉多北部的探险,多少给他带来了一些他孜孜以求的名望,让他也享有了他父亲的大探险家与大航海家的声誉。然而,这种搭顺风船的做法,却给他父亲留下的遗产蒙上了阴影。他很可能是将老卡伯特当年的登陆情况,同他自己不成功的北极之行扯到了一起。他将1497年的那次登陆吹嘘为"威尼斯人约翰·卡伯特与其子塞巴斯蒂安·卡伯特"的共同业绩。其实,当约翰·卡伯特做出上述发现时,塞巴斯蒂安只有14岁,当时即便也在父亲的船上,顶多也只是个小听差什么的。根据当时的文件和报告可以判断,儿子无疑将自己的参与程度扩大到了造假的地步。在塞巴斯蒂安·卡伯特真正领导过的航行中,最早的一次只会是那次不成功的北冰洋之行。我曾偶然见到过一幅年代很久的地图,是印刷地图开始普遍取代手绘地图时期的产

---

[1] Pope, *The Many Landfalls of John Cabot*, 55.
[2] Ibid. 同上,58.

物。它其实是由德国人在 1544 年绘制的,但由于后来一直被法国人所拥有,故人称"巴黎地图"。这幅地图在其绘制阶段的工作,应当是由塞巴斯蒂安·卡伯特监督进行的,至少是负部分责任的。他在撰写的图注上说,1947 年的首次登陆,来到的是一片"非常贫瘠"的地方,有"很多白色的熊"。就是这幅地图,使人们误以为塞巴斯蒂安·卡伯特是位大探险家。这一误就误了好几百年,却将他父亲的发现以及其人在历史上的位置,挤到了区区一处脚注里。[1]

塞巴斯蒂安·卡伯特将自己的功绩摆进 1544 年的"巴黎地图"后,又用父亲后来的事迹给自己贴金。这时,他对自己的父亲索性提都不提了。可谁又会不相信儿子的话呢?事实是,塞巴斯蒂安在成年以后,始终一有机会就宣扬自己的一套说辞,结果是使他所说的那一套得到了接受,进入了历史,搅混了自己老爹原本就不甚明确的事业记录。进入 19 世纪后,更多文件得见天日,这汪混浊的水才澄清起来;塞巴斯蒂安·卡伯特已经载入历史书卷的自我吹嘘才被请了出去。

有关约翰·卡伯特的发现,真是事实与虚构齐飞,误解共偏见一色。弄来弄去,竟成了英国人搞的一场不成功的寻求亚洲海路之行。这一观点将老卡伯特变成了北美探险活动中的一个未成大器的小角色。在以往的历史著述中,约翰·卡伯特的探险活动一向被定为失败之举——误打误撞地碰上了一些根本没想寻找的东西。根据当时的资料可以看出,约翰·卡伯特的这次航行,并不想找到通向东方的航路,而是希望发现传说中位于大西洋北端的岛屿。过去也曾有水手从布里斯托尔港出发,前去搜寻同一目标,后来就轮到了约翰·卡伯特这个"有很强的发现新岛屿本领的出色航海人"。如果他当初的计划

---

[1] Pope, *The Many Landfalls of John Cabot*, 58.

和目标就是发现这些岛屿的话，那他实际上已经做到了。他的确发现了七镇岛。

约翰·卡伯特在做出这一发现后又过了五百年，才被树为第一位怀着确定目的并付诸实现的欧洲探险家。这是在当时的王室诰文中明确说明了的。他的远航取得了圆满成功，发现了自己前去搜寻的目标，并给欧洲带回了这一成功的讯息，因此不同于哥伦布。在得悉他发现了丝绸和染料的报告后，亨利七世又颁发了第二份王室诰文，授予他"支配六艘英国航船的全权"。

在这次大举成功的探险发现后，卡伯特的事迹彰显了约一代人的时间，然后便被社会忘怀了。1499年他执行新使命的情况已无人提起。他的最后一笔王室津贴也是在这一年领到的。在此之后，官方文档中就再也找不到他的踪影。他当年向英王呈递的发现七镇岛的报告也下落不明。在此之后，他的儿子塞巴斯蒂安还接着宣传了好多年的荒芜严寒海岸，给英国人发现传说中岛屿的希望大泼冷水。

在一幅据信制于1508年的地图上，倒是绘出了七处市镇。[1] 不过，它们的位置都遭搬动，沿着北美海岸移到了如今的新英格兰南部一带。在这幅地图上，七座市镇处都各标有小小的教冠图标，表明都是沿岸一带的移民点。这样一来，原来七镇岛传说中相互关联的七个市镇便都独立起来，遂使这个茫茫大海中的孤岛形象淡化起来。

到了1530年也就是卡伯特宣布自己的地理发现后仅过了三十五年，西班牙人又将"七镇"的名称，给了另一处由他们占领的美洲土

---

[1] Babcock, *Legendary Islands of the Atlantic*, 74.

地。这块地方在如今美国的西南部。[1]当时，西班牙正在北美开始向北扩展自己的势力范围，有传言说，西班牙人看中了一些不小的、有当地原住民长期生活的永久性居民点。很自然，传说中的七座市镇就进入了传言的涉及范围。传言的内容与最初的传说十分接近，即提到有七位流亡的主教来到七个地方云云，曾在16世纪30年代的新西班牙[2]广为流传。到了1539年春，一名来自意大利尼扎地区的修士马库斯，就在这种当地传言中的市镇一点点成为具体存在的时期，受西班牙教廷的派遣，来北美探寻这七座市镇。这位修士于当年夏天返回，在呈交的报告中提到了围有城墙的大市镇，镇内建有用贵重石料砌起的楼房。他所提到的这些情况，其实是指生活在新墨西哥州的祖尼人[3]所建起的村落。这些村落多建在峭壁上方和山岗顶端，整体环境都十分壮观。不幸的是，马库斯修士还在报告中提到，据别人告诉他，在这几座市镇附近的一个山谷中，居民们日常用的器具是用黄金制成的。他本人根本不曾亲见，可这是在16世纪，欧洲人满脑子都是新大陆上遍地是黄金的念头。

马库斯修士因这份报告被擢升入新西班牙圣方济会的省教长。报

---

[1] 下列著述中有对16世纪中叶流传的美国西南部七个市镇和"希伯拉"的种种传说的综述：
A. F. Bandelier, *The Gilded Man（El Dorado）and Other Pictures of the Spanish Occupancy of America*（New York：D.Appleton, 1893).C.Gregory Crampton, *The Zunis of Cibola*（Salt Lake City：University of Utah Press, 1977).Charles Wilson Hackett, ed., *Historical Documents Relating to New Mexico, Nueva Vizcaya, and Approaches Thereto, to 1773*, vol.1（Washington：Carnegie Institution of Washington, 1923).George Parker Winship, "Why Coronado Went to New Mexico", *Annual Report of the American Historical Association for the Year 1894*（Washington：Government Printing Office, 1895）.

[2] 西班牙殖民政府在北美洲设立的殖民辖区的名称，其管辖范围最大时包含了今天的墨西哥、中美洲地区（除巴拿马）美国西南部的八个州，以及亚洲的菲律宾，首府位于墨西哥城。——译者

[3] 普埃布洛族的一支，世代居住在美国新墨西哥州北部、西部及亚利桑那州东北部。——译者

告一出,"所有教堂的布道台上,都是一片宣讲这位新教长奇妙见闻的声音"[1]。

这七座市镇的传说辗转相传,越传越神;提到它们的教堂越多,西班牙人就越发信以为真,想去淘金的愿望也就越强烈。1540年春,新西班牙组织起了一支探险队,前去寻找马库斯教长所说的这七个出产黄金的市镇。带队的是据信发现了大峡谷的弗朗西斯科·巴斯克斯·科罗纳多。探险队还包括了一支装备精良的小部队,由西班牙军人组成,共有300人,还有从当地友好的原住民人中招募的数百人。两年过去了,探险队走遍了美国西南部,但却无功而返。劳师动众一场,虎头变成蛇尾。七座黄金市镇的传说,从此在新西班牙褪了色。

而我这里还在继续搜寻与七座市镇有关的岛屿,并在几幅晚些时候的地图上找到了。它们分别是1546年的德塞利耶地图[2]、1570年的奥特柳斯地图[3]和1587年的墨卡托地图[4]——这几个姓氏都在16世纪欧洲的地图绘制史上赫赫有名;墨卡托在绘制地图时用到的理念,更给欧洲的地图绘制带来了变革。就在这幅墨卡托地图上,七镇岛被表现为一个小岛,随意放在了美洲南部一处海岸之外的大海上。可是,又过了一代人之后,这个传说中的岛屿又从地理中完全消失了。

从我查找到的文献——它们要么是原始文献,要么是文献的直接翻译本——可以清楚地看出,七镇岛的传说始于约翰·卡伯特

---

[1] Babcock, *Legendary Islands of the Atlantic*, 88.
[2] 由法国地图绘制家皮埃尔·德塞利耶(Pierre Desceliers)绘制,故名。——译者
[3] 由比利时地图绘制家亚伯拉罕·奥特柳斯(Abraham Ortelius)绘制。——译者
[4] 由荷兰地图绘制家、用正轴等角圆柱投影法绘制地图的发明人赫拉尔杜斯·墨卡托(Gerardus Mercator)绘制。——译者

1497年的那次发现之旅。在卡伯特返回布里斯托尔港后，全欧洲就传开了七镇岛已被发现的故事。这个地方在当时被看得很重要，因此政府才派船前去搜寻。然而，才过了十几年时间，这个岛又被说成是块冰天雪地的无用之地，随后便再也无人问津。

第四章

兄弟先后失踪

多伦多的参考图书馆藏有大量加拿大的早期出版物，读者要使用也很方便。我想调用什么，从住处公寓的联网电脑上敲一份阅览订单，然后用半小时从家走到图书馆，我要的书和其他资料就都在架上等着我了。在翻阅过所有的地图资料后，我又开始钻研北美东海岸的历史。我研究得十分仔细，一篇不漏、逐条阅读，为的是查找那条道路的建造者。

新信息一向是扩大与发展能力的关键。属意于进行海上扩张的各国统治阶层，无不十分重视尚未得到开拓的大西洋遥远地区的信息。卡伯特率领英国船只远航后宣称的发现，在与英国布里斯托尔港有密切贸易联系的葡萄牙，自然引起了强烈关注。

人称"航海王子"的葡萄牙恩里克王子一心要实现一个梦想，这就是发现新的疆土。为此，他罗致了许多航海家、天文学家和地图绘制师。他是西方第一位拟定出以开通新航路为目标的计划并在未知海域进行集中而合理探查的人物。他手下的专家们对种种地图和海图进行研究，并从航行归来的水手那里收集报告。葡萄牙在当时进行的许多探险活动，都与他在朝廷中的大力促成有关。这就使得葡萄牙的航海家们能同英国的同行一样，继续在北大西洋探险。卡伯特所宣称的新土地的发现，更进一步给这一热情增了温。

还在 1494 年时，根据《托尔德西里亚斯条约》[1]的规定，经教宗亚历山大六世同意，将以后所发现的海外疆域划入两个归属区；两个归属区的分界线在大约西经 60°处，以西为西班牙所有，东面则属于葡萄牙。[2]不知道是不是出于巧合，这条分界线恰恰穿过布雷顿角岛。这样一来，这座岛屿就成了过渡地带，是一个区域的起始处和另一个区域的终结处，因此不属于任何一个国家。

约翰·卡伯特远航归来后又过了三年，葡萄牙国王向一个名叫加斯伯·科尔特-雷亚尔的贵族颁发了一份王室诰文，特许凡在大西洋内由他发现之地，只要位于葡萄牙势力范围之内，均将封为他的采邑。[3]1500 年初夏，科尔特-雷亚尔首次进入葡萄牙势力范围内的大西洋海区探险。他来到北美的东北海岸，6 月初进入格陵兰东部海域。他的船队（可能由两艘船组成）沿格陵兰的东西两岸向北做了考察，结论是所到之处"皆为白熊的天下"——即使是在仲夏时分也是如此。他还同当地原住民进行了接触，对这些人有如下的描述：

> [他们]很不开化，野性未驯，除了肤色是白的之外，其他各方面均同巴西土人相仿。不过，由于长年处于寒冷环境下，他们的白肤色会随年齿增长变得带些褐色。这些人中等身材，十分好动，射箭本领很高。他们将木棒的棒端烧焦制成投枪，烧焦的效果有如装上了钢制矛头。此地野兽很多，这些土人遂用兽皮缝衣蔽体。他们或栖身于岩穴之内，或居于搭建的棚屋之中，没有

---

[1] 西班牙和葡萄牙两国签订的一份瓜分新发现世界的协议，因签订地点在西班牙的托尔德西里亚斯而得名。——译者

[2] George Patterson, "The Portuguese on the North-East Coast of America and the First European Attempt at Colonization There: A Lost Chapter in American History". *Proceedings and Transactions of the Royal Society of Canada for the Year 1890*, 8（1891）：142.

[3] Biggar, *The Precursors of Jacques Cartier*, 65.

立法，但极信占卜。男女之间存在婚姻关系，丈夫对妻子的贞洁看得极重。[1]

这些原住民不搞大型建筑，也没有金属工具——北美东海岸的原住民都是如此。

为了避开冬天，加斯伯·科尔特－雷亚尔于当年秋天从大西洋返回里斯本。翌年5月，在葡萄牙国王的支持下，他再次扬帆远航，这次共率领三艘船。他先是驶过格陵兰一带浮冰连绵的海面，来到拉布拉多附近的海域，然后又改变航向，沿着纽芬兰海岸南行。到了9月份的第一个星期，他命令三艘船中的两艘驶回里斯本，自己则留在剩下的一艘船上，希望能继续沿海岸南行。两艘船在纽芬兰岛海岸离开了加斯伯·科尔特－雷亚尔和第三条船上的船员。这位加斯伯从此下落不明。

科尔特－雷亚尔是个大家族，加斯伯·科尔特－雷亚尔有好几个弟弟，当时都年富力强，也都有航海本领。正因为如此，到了第二年，也就是1502年，米克尔·科尔特－雷亚尔又在春天从里斯本出发，前去寻找失踪的兄长。

米克尔·科尔特－雷亚尔所率领的三艘船，在当年6月底来到了纽芬兰岛一带，然后船队分开行动，各自去一个沿岸海域搜寻加斯伯和他的那艘船。这三艘船中的两艘在进行搜寻后，按照原先安排回到了商定的会合处，但第三艘船没有回来，而米克尔就在这艘船上。他也从此没了踪影。

我本人也来自一个有众多兄弟的亲密大家庭，又从小就了解到海

---

[1] Samuel Eliot Morison, *Portuguese Voyages to America in the Fifteenth Century*（New York: Octagon Books, 1965），70.

洋的危险，因此能够理解科尔特-雷亚尔家族痛失手足的感受。这段鲜为人知的家族史，也成了我心中的一段真情涤荡的故事。在加斯伯和米克尔都下落不明后，这两兄弟的哥哥瓦斯克奈斯·科尔特-雷亚尔又向葡萄牙国王陈情，请求再派船只前往。然而，面临种种难以逆料的艰险，考虑到失去更多的船只与忠诚海员的可能性，再度努力似乎已不是明智之举。葡萄牙再也没有派遣船只去寻找这失踪的两兄弟。

科尔特-雷亚尔兄弟的这段悲惨的探险故事中，还包括一些值得注意的细节。加斯伯·科尔特-雷亚尔的船只并不像卡伯特的那样，只带回了发现的消息。据威尼斯派驻葡萄牙的大使彼得罗·帕斯夸利哥声称，加斯伯遣回的船上，还带回了新发现地的50名土人。[1]船只到达里斯本后，这名大使曾写信，向自己在意大利的兄弟讲述了这些土人的情况。除了提到他们身穿兽皮衣服及使用石片制成的刀具外，还"高大强壮"，而且"干起活来极有门道"。这些没有机心的土人都被送到油水颇丰的里斯本奴隶市场卖掉了，成为当时大量转手的非洲奴隶之外的又一批"货"。除了可供贩卖的奴隶，新发现地还出产贵重木材，正是发展葡萄牙造船业的原材料。

帕斯夸利哥还在信中提到，据船上的管事说，土人中有一人戴着银耳环，"肯定是在威尼斯打造的"，另外又有一人佩着一把镀金长剑，船上的管事人也说"绝对是意大利的原产"。

对此可得动动脑筋了。如果说，这两样东西本就来自意大利，而且还具体来自威尼斯，那自然就是作为考究的舶来品到了那里的。这就颇为神秘了。威尼斯在当时是地中海最大的贸易中心，威尼斯商人的库房都一直盖到了亚历山大城，买卖也做到了遥远的东方。威尼斯

---

〔1〕 Biggar, *The Precursors of Jacques Cartier*, 65.

就意味着天南地北、万物皆备。耳环和长剑不是本地所产。它们是威尼斯来的东西——这可不像欧洲当时进行贸易的通常做法。发现这两样东西并将它们带回里斯本时，欧洲还没有开展通过北大西洋进行的贸易——至少是人们不知道存在这种贸易，而有可能到那里去的渔夫呢，又没有佩剑的习惯。

当然啦，面对奴隶和木材等新商品的贸易前景，这两样难以解释的小物件就不那么受重视了。说不定，葡萄牙人会以为，这两件贵重的小东西，是四年前约翰·卡伯特所带去物品的存留硕果呢。卡伯特带着一行十八人哩，留下一副漂亮耳环和一柄镀金佩剑，自不是不可能的事情。不过有一点，就是卡伯特所率领的远征，并不是那类大事张扬的航行。文件中除了在海岸上树立了大十字架和英国旗帜，并没有提到留下任何其他物品，更是只字未提贸易活动。

读过这些 500 年前的报告后，我只能做出一个结论，就是那柄剑和那副耳环，既不是英国造，也不是葡萄牙产。它们是些造型独特的物件。1501 年夏天出现在大西洋北端的海岸处，而此时北美与欧洲还没有建立贸易联系。加斯伯·科尔特－雷亚尔在远征中发现的这两样东西，加上哥伦布在 1492 年画在地图上的一个神秘岛，再添上约翰·卡伯特宣称自己发现了七镇岛，这一切使我觉得，在欧洲人第一次踏上这条窄窄的海岸地带之前，这里可能还另有一段历史。而且，这种可能性看来已经被一些欧洲人设想到了。

一方面是有关市镇、图书馆和金沙的传说被渐渐淡忘，另一方面是有人进行新的探险并宣称自己的发现。在当时欧洲的大部分地区，每过两天便是一个斋戒日。斋戒日中不得食用肉类，有时连与肉有关的食品，如鲜奶、蛋类、黄油、乳酪等也一概不准入口。鱼不划入肉类之列，因此尽可在斋戒日食用。正因为如此，在 16 世纪的法国、葡萄牙和英国，就形成了兴盛的夏季渔业。作业区位于一个叫纽芬兰大浅滩的地方。这个大浅滩位于纽芬兰岛和布雷顿角岛以外的海域。在科尔特-雷亚尔兄弟进行了远航后,葡萄牙就宣称享有对布雷顿角岛海岸的支配权,这一说法是一直写进其官方文件的。比如,在1506年时,葡萄牙政府开始对在这一区域捕捞到的水产,征收百分之十的税项。[1]这种情况持续到1534年法国开始了在该地区的活动为止。

1520年,葡萄牙当局对探测这一带水域又生了新的兴趣,还有意考虑去那里开辟永久性移民区的可能性。就在这一年夏天,来自葡萄牙北部沿海小镇维亚纳的渔夫约罗·阿尔瓦雷斯·法贡德斯,秉承国王曼努埃尔一世的旨意,去美洲进行了一次发现之旅。这一航行究竟结果如何,我只在一份文件中找到了少许有意义的内容。这是一位英国神职人员乔治·帕特森对法贡德斯这次初行的一份评论。我是在1890年出版的《加拿大皇家学会研究文集》上发现这篇东西的。据它认为,法贡德斯曾到过纽芬兰和新斯科舍之间的某段海域。后来他回到葡萄牙,向国王禀告了自己的事迹,并因此得到了国王的诰封,将他所到之地封为他的采邑。[2]这一采邑南到西班牙的势力范围(当时发现的北美土地,大抵都属于西班牙),北面则到了科尔特-雷亚尔家族宣称发现的地方,也就是今天的纽芬兰岛。西班牙国王还郑重其事地以诏书形式明文赐给法贡德斯一处奇怪至极的房产:"此外还以愉悦之心,以等同于其他颁赏之相同方式,赐予前述岛上建于陆地上的黑白皂房,并同时赐予法律拥有权和世代继承权。"这一房产的葡萄牙原文是"Saboarias, brancas e pretas",直译过来就是"黑白肥皂屋"。它们是指什么呢?真是熬制肥皂的地方吗?我琢磨不出来。

此后的历史就不甚了然了。法贡德斯可能又怀着建立永久移民点

---

[1] Morison, *Portuguese Voyages to America in the Fifteenth Century*, 225.
[2] Biggar, *The Precursors of Jacques Cartier*, 127.

的意图，进行了第二次远征。一份写于 50 年后的葡萄牙文报告中提到，法贡德斯在维亚纳地区某贵族的赞助下，率领着两艘船出发，意欲在新大陆的东部地区建立移民点。[1]据该报告说，在这次远征中，船只在北美海岸损毁，法贡德斯和其他人员很可能"在布雷顿角岛的海岸开始折向北行处栖身，这里是一处美丽的海滩，有不少居民，出产也更有价值"。此后，这一行人便没了消息，不知道他们后来又都做了些什么。据信，他们在北美定居的消息是"继续去那里的沿海地带寻找多种货源的巴斯克人[2]带回葡萄牙的。这些人托他们带信回来，说他们现在在那里生活，那里土地肥沃，希望教会派些人来，指引当地十分驯良的土人"。这就是那份写于 50 年后的报告中的唯一关于这批人的信息。

　　文件中提到的法贡德斯定居地点，引起了我的注意。它很符合多芬海岬的情况。文件中所说的"海岸开始折向北行处"，就应当是布雷顿角岛东部的北端海岸向西延伸到头的地方。

　　我认为，假若法贡德斯当真进行了第二次远航，而且他的人马当真在北美定居下来的话，由于他们人数不多，素质也不甚高——两只毁于荒凉海岸的小船，定居后便不通音信，只是让一些巴斯克人传达一个口信，是不可能同我在多芬海岬的尽头处发现的道路有什么关系的。对此我是确信的。从那条道路的规模上判断，单靠来自两只小船上的人手也是修不起来的。在 16 世纪时——其实，直到 19 世纪后期时都是如此，欧洲的任何一家私人企业都不能进行这样大的工程。实现这样的项目，一是得由政府下令，二是得动员很大一部分建筑力量；而这势必造成外交人员向本国送出报告，而且会不止一份。

---

[1] Biggar, *The Precursors of Jacques Cartier*, 195.
[2] 是生活在西班牙和法国毗邻比斯开湾一带的民族。——译者

布雷顿角岛地图。图上标出了建在七处原始海滩上的移民点，多芬海岬就位于报告中所说的"折向北行处"

第四章　兄弟先后失踪

前面提到的那处文字——国王诏书中所说的"黑白肥皂屋",导致后世的历史学家认为,法贡德斯有意在新大陆上熬制肥皂。对此我实难苟同。我将这份诏书重读了一下,觉得文中所指是十分清楚的:它并非表示法贡德斯打算开展某种新营生——既不是建新厂房,也不是搞新产品。"黑白肥皂屋"应当是几处建筑物,一些是黑色的,其他是白色的,原来就已经有了,但不知道是干什么用的。诏书中所说的,并不是准备制造肥皂,而是说原来的房产所有权。法贡德斯只是取得了这些建筑的产权而已,这就是诏书中所提到的"法律拥有权和世代继承权"。尽管我未能查找出有关这些房产在法贡德斯接手前的来龙去脉,但理解成产业是足够现实的,也是会在诏书中提到的重要内容。

要说只是来自两只遭毁的葡萄牙小船的不到百人,就能定居下来、维持生息并兴旺起来,而且更发展到要求教会给定居点派人来执行宗教事务的程度,这可是同我了解到的来新大陆移民的普遍状况太不一致了。最早的一批新大陆移民,只在北美过了一个冬天,便被疾病和饥饿折磨到了潦倒不堪的地步。几处能有人熬过来的地方,都留下了不少生活记载,有的甚至是卷帙丰富的本册。因此,单凭50年后时过境迁时写出的一份文件,并不足以说明当年的确形成了一个兴旺的葡萄牙移民点,更难相信还能经过多年努力发展成很大的居民区,因此有可观的建筑遗留下来。对此我是有充分把握的。如果法贡德斯等人确实建立了移民点,它也会类似于17世纪时北美出现的最早移民区,充其量是个建在海岸的小小村寨,在第一个冬天里死去的人竟会多过活下来的,弄得人心惶惶、亟亟思归。但在这个50年后出现的故事中,也的确第一次出现了岛上修有建筑的内容。它们并不像以往对七处市镇的描绘那样壮观,但却写进了对建筑物的第一次具体描述:报告中的建筑风格不是当地原住民的——它们是黑色和白色的"肥皂屋"。更重要的是，报告不是以讲述传说或神话的形式写成的，它们是以真实建筑的面目出现的。法贡德斯就得到了这些建筑，而且是堂而皇之地写进国王的诏书中的。也就是说，在一份葡萄牙的正式国家级文件中，具体写进了不具当地原住民风格的建筑，而时间则是在欧洲开始移民之前。

因此，葡萄牙人看来也和早些时候来到北美的英国人一样，在布雷顿角岛上发现了某些非同寻常的东西。

第五章

葡萄牙人之后

　　16世纪的新一代欧洲航海家相信，世界是可以认知的。而在这个有待全面认知的地球上，最吸引人的地方，还是在大西洋的彼岸。就在哥伦布和卡伯特进行过他们的伟大航行后，西班牙国王紧接着便责成本国的宫廷地图测绘师胡安·德拉科萨，将这两位大航海家宣称的新发现标到地图上。于是便有了1500年的德拉科萨地图问世。这是欧洲人第一次以探险家的真实报告为依据，并以精确与合理的方式体现为地图的努力。在许多情况下，德拉科萨的材料不得不取自口头叙述，而它们又往往含混不清，不过，幸运的是，他另外还有两个直接的信息来源。

　　卡伯特在航行结束返回后，曾动手画过一幅地图，还根据自己的发现做了一个地球的小模型。在雷蒙多·迪松奇诺于1497年12月写给米兰大公的信中（此时，卡伯特的航行刚结束四个月），是这样提及这件事情的："这位卡伯特先生用一幅地图和一只圆球来讲说世界。这两样东西都是他自己做的，他的所见都标记在上面。"[1]

　　大概是为了减轻大公的怀疑和担心，这位迪松奇诺又特别说明，卡伯特"以他的方式，将这一切都讲得清楚明白，让我不得不相信他所说的内容。而更重要的，是自他返回以来，睿智明断的国王陛下批

---

[1] Biggar, *The Precursors of Jacques Cartier*, 17.

准给他以相当高的待遇。这证明了对他的信任。我是听到卡伯特先生亲口对我这样说的。"

卡伯特的地图和地球模型的复制件，于第二年7月被西班牙驻伦敦大使送呈给西班牙国王，然后又被转交给了德拉科萨。卡伯特自己制作的地图和地球模型，可能都在1498年秋时到了德拉科萨手中，但后来都不见了；送到西班牙王室的这两件物品的复制件也都下落不明。不过，那幅德拉科萨地图如今尚存，是1833年时在一家古玩店重见天日的。这是目前现有的第一幅反映出卡伯特实际发现的地图，研究欧洲早期地理发现的人们，自然会仔细研究它。德拉科萨的地图上给出的并不是一座岛屿，而是七座市镇——图上写出的是西班牙文 *Citra Setemb*（七座市镇），它们并不坐落在海岸线一带，而是进入了较深的内陆。在这幅地图上，德拉科萨在对应着布雷顿角岛和纽芬兰岛的大致位置上，画出了一段略带弯折的曲线，又加上五面英王的标志旗，表示卡伯特曾五次登上海岸。在一段海岸线上，也就是后来被定为布雷顿角岛的地方，德拉科萨标上了 *Cauo Descubierto* 的字样，依照一些人的理解，是"所发现的海岬"的意思。[1] 我翻遍了能够查找到的资料，而所有的结论都是同一个：这个"所发现的海岬"应当就是布雷顿角岛——至少是如今的布雷顿角岛的一部分。但与此同时，我也特别地惶惑不解：在这幅地图上，七镇岛被挪离开卡伯特所说的位置，移到了另一处地方，而且被标注为"所发现的海岬"。难道德拉科萨不曾注意到卡伯特发现七镇岛的宣称不成？

这么说，中世纪广为流传的葡萄牙移民市镇的传闻，看来同卡伯特的发现不应当是一回事。对于形成这一认识，这幅德拉科萨地图起

---

[1] W. F. Ganong, *Crucial Maps in the Early Cartography and Place-Nomenclature of the Atlantic Coast of Canada*（Toronto: University of Toronto Press with the Royal Society of Canada, 1964), 150.

了不小的作用。卡伯特本人自然知道，他并没有发现什么由来自葡萄牙的主教及其教众形成的移民点；他不曾提到那里有长期与亲属不通音信的移民，回来后也没有向政府报告那里居民的处境。看来，布雷顿角岛的居民根本是另外一回事儿。

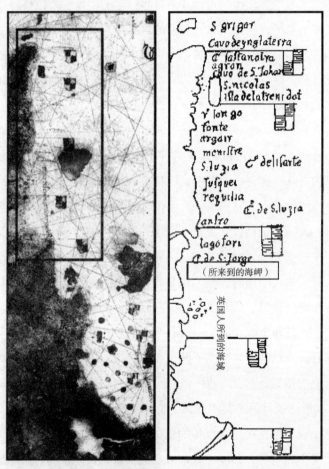

左图　1500年的德拉科萨地图。该图反映了克里斯托弗·哥伦布和约翰·卡伯特在新大陆上的发现

右图　左图内小方框部分的简化图示，上面标出了卡伯特的五处登陆点，各以一方英国王旗表示。这就是布雷顿角岛，图上方框内给出的文字 *Cauo descubierto* 是西班牙语，意思之一是"所发现的海岬"，但也可理解为"所来到的海岬"

不过，我还想到了一个问题，就是德拉科萨在地图上所写的"所发现的"，可能还有另外的含义，而且含义有重要不同。我注意到这个词，是因为萨缪尔·埃利奥特·莫里森在他的《葡萄牙人15世纪的美洲探险》一书中特别指出了这一点。[1]据这位对该时期的研究颇负盛名的历史学家说，*descubierto* 一词是指"所见"，但它却包含两种有所不同的意义。其一是"去找并见到"。德拉科萨在绘制地图时，就是用到这一含义的——*mar descubierto por inglese*——英国人去找并且最先找到的海域。然而，这个西班牙词语还可用于指代见到先前已被发现的东西，也就是说，见到别人已在过去发现的事物。如果是用于这一情况，也就是 *mar descubierto por inglese* 只表示英国人所进入的海域，那么，*cauo descubierto* 也就应当理解为"所来到的海岬"，那就意味着卡伯特只是带领一群人踏上了一片过去已被发现的地方。葡萄牙人就是按后一个含义来理解的。这正有助于形成一个信念，就是在卡伯特之前，葡萄牙人已经在美洲建起了移民区。这正如莫里森所说的："葡萄牙和巴西的史学界名流都这样宣称，这两个国家从小学到大学的课堂上都这样宣讲，受过文化教育的人也都这样相信。"[2]

我觉得，他的这一解释可能相当重要。认为葡萄牙人早就在美洲建有移民点的观点未必能站得住脚。不论是科尔特-雷亚尔兄弟，还是法贡德斯，他们的北美之行都发生在传说出现之后，除此之外又找不到什么葡萄牙人进行其他远航的佐证。不过，对 *descubierto* 一词带有倾向性的解释，还是给出了一种可能性，就是卡伯特当初真的只是到了一处早已被别人发现的地方。

---

[1] Morison, *Portuguese Voyages*, 3—10.
[2] Idid., 3.

仔细研究一番德拉科萨地图就能发现，上述说法还能得到进一步的支持。卡伯特表示，他曾沿着他来到的海岸行驶了一个多月的时间，一路上看到不少地方。这些地方都在地图上清楚地标了出来，有海湾、有河流，也有小岛。地图上还画出了五面小旗，分别标在据信对应着卡伯特登上陆地、插上表示英国王权的旗帜的地点。除了这五面小旗，图上还有十数处地名，都标在海岸一带。它们都是同一种文字，字体大小和字形风格也一样，而且都与那个 cauo（海岬）相仿。根据地图绘制学的具体做法可以认为，这个词和他后面跟着的部分，其实只表示许多地点中的一个，而这些地点，都是卡伯特在这片新海岸所曾来到之处。[1]

从这幅德拉科萨地图判断，与卡伯特有关的这处海岬，未必是卡伯特发现的，也未必是葡萄牙人发现的。我认为还是应当认为，这位伟大的卡伯特的确有所发现，只不过不是这一带的全部地域。他将自己所发现的内容告诉给了德拉科萨，而这位地图绘制师又尽其所能，在自己的地图上反映了出来。从他在地图上的这一部分所标出的文字来看，这是块特殊的地方，是一处经外人前去发现了的地方。那么，从这个意义上，即接受这是一个已在先前被发现的地方来说，布雷顿角岛是不是第一次以真实存在的地位进入地图呢？可以断言的是，这幅地图上的这个小岛，是北美整个新大陆上最早被确定位置、判明性质和绘进地图的地方。

在约翰·卡伯特代表英国宣布了自己的发现后，地图测绘者们便开始将这个岛称为布雷顿角岛了[2]。在1516年的一幅地图上，标在

---

[1] 多年以来，学界一直试图将约翰·卡伯特的符号与塞巴斯蒂安·卡伯特在一幅1544年的地图上标出的拉丁文 prima vista（第一处所见）联系起来。然而，塞巴斯蒂安对自己父亲的航行经历和对新大陆的了解，再往好里说也只是未必可信。——作者原注

[2] Ganong, *Crucial Maps*, 168.

该角处的文字是 C. dos Bretoes。在整个 16 世纪，这个地方曾被不同的地图标记为 C. de berton、C. de bretton、C. del breton 和 C. breton 等——都有相同的词根。

叫这个名字也好，那个名称也罢，布雷顿角岛从进入欧洲人的知

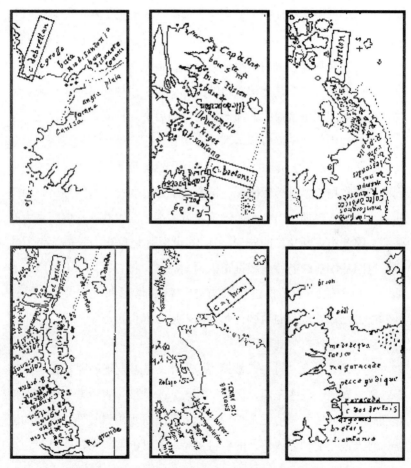

出现在六幅欧洲早期地图上的布雷顿角岛。绘制者和绘制日期分别为（从左上角起按顺时针排列）：乔瓦尼·达·韦拉扎诺，1529 年；约内·罗茨，1535 年；尼古拉·德理安，1541 年；洛波·奥梅姆，1554 年；皮埃尔·德塞利耶，1546 年；哈利安，1542 年

第五章　葡萄牙人之后　　71

识范围时起，便不是个默默无闻的地方。先是卡伯特宣称的发现，接着是科尔特-雷亚尔兄弟和法贡德斯的探险，使得这个地方上了地图。于是，还在北美大陆的其他地方不曾为欧洲人探知时，布雷顿角岛已经成为这个新大陆上一处外人频来光顾的落脚点。到了1524年时，也就是韦拉扎诺指挥着船只扬帆驶到如今的美国海岸一带时，布雷顿角岛早已出现在地图上，并为欧洲的广大航海家和地图测绘者知道数十年了。

布雷顿角岛或许确有值得注意之处，但我有一点弄不明白，那就是德拉科萨为什么会在他那幅地图上标出含义模棱两可的字样来。卡伯特是受英国国王派遣的，那他就理应向后继的探险者提供证据，从而使后世的历史学家们得到英国与布雷顿角岛早期关系的证明。科尔特-雷亚尔兄弟和法贡德斯的航行，也没能对葡萄牙人与它的关系起到应有的作用。早就有传闻说，这个岛上有过葡萄牙来的移民，但传闻是否属实，与那里当年有因逃难来自葡萄牙的主教这一传闻又大有关系。因此布雷顿角岛的归属，在16世纪时是莫衷一是的。韦拉扎诺在返回法国前的航行中经过布雷顿角岛时，将它称为"不列颠人之地"。[1]但他后来又说这个地方是"路西塔尼亚人之地"，是一处"过去已被发现"的地域，而路西塔尼亚人是西班牙和葡萄牙人中的一部分，这就有些乱套了。[2]

说布雷顿角岛"过去已被发现"，可又是谁发现的呢？在这个岛上，倒是发现了一些东西，但几乎都被新来的探险者断言为先于他们登陆的一批人留下来的。卡伯特一批人留下了那副银耳环。岛上的废墟，有人说是葡萄牙人留下的。科尔特-雷亚尔家族呢，不但得到认

---

〔1〕 Ganong, *Crucial Maps*, 189.
〔2〕 路西塔尼亚又称卢西塔尼来或琉息太尼亚，是古罗马帝国的一个行省，就在今天的西班牙和葡萄牙两国疆域内。——译者

可，成为纽芬兰的发现者，还将两个大活人兄弟留在了那里。至于法贡德斯呢，是巴斯克人带回了见到他们的消息。但他们是否有人在那里长期生活过，我们并没有实在的证据。

1533年时，法国对当年教宗通过《托尔德西里亚斯条约》所确立起的西班牙和葡萄牙的海上垄断地位表示了异议。法国认为，该条约仅能适用于当时已被发现的领土，而所有新发现的地方，其所有权和物产权均应靠探险过程、发现经过和占领情况而定。这一吁请获得了成功，教宗克雷芒七世同意将海洋向探险活动开放，法国马上积极利用起来。1534年，法国的一位相当优秀的航海家雅克·卡蒂埃，航行到了圣劳伦斯河口，并沿河上溯到今天的加拿大魁北克省一带。他以法国国王的名义，宣布位于北美北部的这一带地区为法国所有，并在几处登岸地点树起十字架为记。十字架是欧洲人能力的表征，也是基督徒力量的象征。法国人就将这些高达10米的十字架立在圣劳伦斯河岸一带，而这里已经是印第安人所形成的强大的易洛魁联盟[1]的势力范围了。

翌年，卡蒂埃又率领三艘船共110人，来到北美后来称为新法兰西[2]的地域，试图在这片少有人烟的魁北克地方建立一个永久性的移民区。就在他们于北美度过的第一个冬天里，卡蒂埃所带的人中有25人死于坏血病。这样高的死亡率，再加上准备不足——欧洲早期移民往往如此（这也正是我认为科尔特-雷亚尔兄弟和法贡德斯未必如葡萄牙人所说的那样，能在北美建立移民点的根据之一）。到了春

---

[1] 由五个印第安人的大部族组成的联盟，分布地区在今日美国的纽约、宾夕法尼亚、俄亥俄和加拿大的魁北克等地。——译者
[2] 法国在北美洲开辟的移民区，最大时北起哈德逊湾，南至墨西哥湾，包含圣劳伦斯河及密西西比河两大流域，前文提到的阿卡迪亚和纽芬兰都在其内。——译者

天时，卡蒂埃带着如今用两艘船便能搭载的残余人马回到了法国。他一跛一跛的行走姿态，便充分反映着欧洲人未能准备好应对加拿大从11月到转年3月漫天飞雪、冰冻三尺的严酷冬季。1535年，卡蒂埃又进行了第二次北美之行，这次他到了布雷顿角岛，而且是他到达布雷顿角岛的唯一一次。[1]他在这里的探险活动，可能只是沿着岛的北端兜了一圈，至于他有没有登陆，我查不到任何记载。

1541年5月，卡蒂埃进行了他的第三次也是最后一次新大陆之行。这一次的船队共有五只船。他再度沿圣劳伦斯河逆水而行，而且到达了距他第二度探险时的露营地不远的地方。这一次，属于易洛魁联盟的印第安人对这些新来者十分警惕了。他们围住了卡蒂埃的营帐，整整一个冬天都不时对这批人——其中有不少人仍然得了坏血病——进行突袭。到了1542年春季时，这批人中据信已有35个人被属于易洛魁联盟的印第安人所杀，这使卡蒂埃认识到，即使再待下去，也不会有什么结果，于是便放弃了营寨，沿圣劳伦斯河返回，经过纽芬兰后回到法国，从此不再履足新大陆。

17世纪初期时法国人在阿卡迪亚所建立的第一个移民点，也和卡蒂埃一行人的遭遇相同。不过，这些法国人毕竟进入了北美的腹地。卡蒂埃的发现打开了在这片大陆探险的门扉。在沿布雷顿角岛的海岸一带航行时，卡蒂埃注意到，这里"地特别高，水特别深，海潮也特别汹涌"。此外，他便认为这里没什么可说的了。在报告中，他并没有提到任何以往移民的信息。到了17世纪中叶，人们除了知道布雷顿角岛是一块已被发现之地外，就再也不知道有什么值得注意的地方了。这个岛屿已成了旧闻。

---

[1] H.P.Biggar, *The Voyages of Jacques Cartier*（Ottawa: Printed by F. A. Acland, 1924），237.

布雷顿角岛虽然已经不再受到探险家们的注意，但该岛的东南沿海却成了不少欧洲渔民的第二家园。约翰·卡伯特的观察是准确的："海里的鱼多得连网都用不着，用桶都能打上来——只要加块石头让桶能沉下去就成。"[1]看到西班牙已经从南美的秘鲁一带，从它征服的印加帝国弄到了1.3万磅黄金和两倍于此的白银，法国也属意从这片寒冷的北地捞到类似的经济收益。要想获得黄金，就得往南去，但鳕鱼却大量存在于这里的沿海一带，而且从长远处着眼，渔业其实未必不如淘金和贩奴划算。在15世纪之前，欧洲的鳕鱼主要靠北欧的冰岛供应，但进入16世纪后，那里的渔场已经枯竭，[2]而天主教会的严格斋戒律令，继续使得鳕鱼干是欧洲市场上的抢手货。这时的鳕鱼，主要就是靠布雷顿角岛和纽芬兰岛供应了。这种状况维持了几个世纪。

到了16世纪初时，英国、葡萄牙、西班牙和法国的渔船，都会在每年春天驶往纽芬兰岛和布雷顿角岛一带，捕上三个月的鱼，然后带着足够满足欧洲市场需求的收获扬帆而归。如果是在近海捕捞，这些水手基本上就住在船上，打上来的鱼当场切剖、当场腌制。不过，如果是在陆地上收拾干净，在阳光下慢慢晒干后再行腌制，就可以少加些盐。这样的话，回到欧洲就能在市场上卖得更好的价钱。因此，船员们在岸上建起加工点，将当天捕到的鱼送回来处理。每处加工点都建有码头、盖起储棚，再修起用原木铺成的卸鱼台，又在岸边搭好风干架，好使近岸海风将鱼慢慢吹干，制成的就是上等货色，能够卖

---

[1] "Second Dispatch of Raimondo di Soncino to the Duke of Milan, 18 December 1497." H. P. Biggar, *The Precursors of Jacques Cartier*, 17.
[2] 对布雷顿角岛一带早期鳕鱼捕捞业的扼要介绍，见 H. P. Biggar, *The Early Trading Companies of New France: A Contribution to the History of Commerce and Discovery in North America* (Clifton, N.J.: Augustus M.Kelley, 1972), 18–37。

出好价钱。到这里捕鱼的，财力最足的也只是些小渔号，但已足能满足欧洲年复一年的需要。在圣安斯湾那里，如今的英吉利敦就被法国人开辟成了渔场，而不远的那道沙洲，就是他们加工鱼干的地方。北美最早的季节性移民点，就这样顺应着欧洲对鱼的需求而成功出现了。

就是这样的移民点，形成了欧洲人和当时岛上唯一定居者——米克茂人的最初沟通。由于这些移民点只在夏季有人，布雷顿角岛还基本保留着移民点出现之前时的风貌。不过，欧洲人虽然没有定居，对岛上的情况却一清二楚。到了16世纪末时，在岛屿东面和北面长达150公里的海岸线上，已经开辟出了四处季节性港口——四个欧洲国家各开辟出一处，一个是英国的英吉利港，一个是西班牙的西班牙人湾，再加上法国人在圣安斯湾和葡萄牙人在尼加尼什附近的海湾开辟的两处渔场。在岛的南面和西面，也同样开出了两处季节性港口，即圣彼得斯和谢蒂坎普（后者在18世纪成了阿卡迪亚的一部分）。此外在与圣彼得斯隔海相望的大陆上，还有一个重要海港坎索。加起来，在欧洲人向北美发展渔业的初期阶段，这个布雷顿角岛一带共有七处海港。不少人知道这七个地方，它们也建得很不错。在16世纪中叶的最重要的地图绘制者中，有一个是葡萄牙人，名叫洛波·奥梅姆。因有机会在里斯本的档案收藏馆接触到了不少反映新大陆情况的地图和其他图类，他据此完成了一幅地图，将北美的新发现地一一画了出来。他将布雷顿角岛标为 *C. des Bertois*，意即"英国人的海岬"，还画出六个米克茂人的海港。据信，这是第一次在北美地图上沿用米克茂人所使用的地理名称。[1] 频繁的捕鱼活动，使得该岛的早期历史越发混乱，更不易理清究竟是谁发现了这片土地，又有谁留

---

[1] Ganong, *Crucial Maps*, 165.

下了哪些标记。

一开始时，欧洲人与当地原住民还是和平交易的。米克茂人很希望得到金属器皿和布匹。欧洲人先是看上了鱼，接着又盯上了毛皮这一最新的北美商品。布雷顿角岛、纽芬兰岛，再加上雅克·卡蒂埃新近进入的内陆，都成了向亟望得到裘皮这一奢侈品的欧洲市场敞开的大门。欧洲自产的野生毛皮，由于经年消耗在服装的衬里和镶边上，最优质的已在中世纪时便断了档。产于新法兰西的海狸，由于生有分叉的毳毛，制出的帽子极为美观。狐狸、松鼠还有鹿，也都是这里的丰富出产。为了说动法国人不要放弃这块寒冷的北地，卡蒂埃在1534年首次赴北美之行结束返回欧洲时，还带回了不少的毛皮。到了16世纪中期，新法兰西已成为向大胃口的欧洲人提供裘皮和鳕鱼的量大而价廉的来源。

在此期间，欧洲人的地图和文字记载也不断地对布雷顿角岛表现出好奇。一幅16世纪的地图，给这个岛屿标上了"人众之地"的名目[1]，但它却没有给出任何说明——其实，这里的人绝对不比整个海岸上的其他任何地方多。1584年，英国历史学家理查德·哈克卢特编写了布雷顿角岛上一处"近百户人家的屯落"的发现经过。[2] 其实，布雷顿角岛是米克茂人的故乡，米克茂人是当年在沿海地区生活的唯一人口。上述地图和历史报告并不符合人们对这一民族的了解。米克茂人没有形成大型居民点的习惯。他们是游牧族，以家族和近亲为基础结群而居。他们立木杆为支柱，覆桦树皮为帐，搭起金字塔形的篷包，搬迁时便将它卷起，由妇女背负到新的营地。因此前面

---

[1] Ganong, *Crucial Maps*, 146.
[2] Richard Hakluyt, *A Discourse on Western Planting Written in the Year 1584*. Ed. Charles Deane (Cambridge: Maine Historical Society, 1877), 122.

所说的"人多之地"和"近百户人家",都是值得商榷的。

到了 16 世纪末时,经过驻扎在新墨西哥的西班牙军队的搜寻,证实那一带并不存在什么七座市镇。这一传说也就不攻自破了。与此同时,卡蒂埃在北美大陆内地发现了一处更大、也更有价值的地方。圣劳伦斯河给人们带来了进出的便利,拥有土地成了比捕捞海产更重要的目标。然而,要想在北美建立起一个能够实现有效管理的帝国,需要确立一处战略门户。布雷顿角岛正是合适的地点。哈克卢特在 1584 年提醒本国政府说:"虽说我们率先在纸上谈过兵,但别人却抢先动了手。如果我们英国人迟迟(在布雷顿角岛)没有动作,法国人、诺曼人、布列塔尼亚人、荷兰人,或者别的什么人,就会不单将我们拦阻在大有舟楫之利的圣劳伦斯河之外,还将夺走我们已经发现的土地(纽芬兰岛)。"〔1〕

可以看出,布雷顿角岛是个军事要地。它不仅能向欧洲的市场提供商品,架设起大炮来,就又是一处有战略意义的海岸。原先由谁发现的史实之争,如今已被实际占有和控制的政治争夺所取代。约翰·卡伯特时代的居先权啦,曾经流传过的传说故事啦,都是时过境迁的老黄历了。

在阅读威廉·伽农的《加拿大东海岸地图测绘史中的重要地图及命名》一书时,我发现其中提到了一名舵手所写的文件。此人原是法国人,名叫让·丰特诺,后来娶了一名葡萄牙女子为妻,便从了女方的姓氏,从此成了让·阿尔丰斯。他写的东西出现在伽农的著作中,让我回想起几个月前也曾在莫里森的《欧洲人发现美洲:公元 6 世纪至 17 世纪的北地航海探险》(1971 年)一书中,见到过阿尔丰斯这

---

〔1〕 Richard Hakluyt, *A Discourse on Western Planting Written in the Year 1584*. Ed. Charles Deane(Cambridge:Maine Historical Society, 1877), 102.

个姓氏。当初我并没有注意这个人，但他如今又出现了，而提到他的两位作者，都是知名度很高的学者。

这位阿尔丰斯因从事导航工作，在16世纪里跑过世界许多海岸，去过遥远的非洲、中东和日本等地。1542年，他受聘为雅克·卡蒂埃导航，遂参加了这位航海家最后一次远征新大陆的活动。这位阿尔丰斯看来是位探险家，在参加卡蒂埃的航行之前，便已去过北美的许多地方，还是第一个深入北地直到巴芬岛[1]的法国人。这种探险精神使我怦然心动。作为导航员，他负责记录水手们的各类报告。他的第一本著作《让·阿尔丰斯探险记》于1559年问世，其中介绍了去往世界许多地方的航路，其中就有新法兰西、被欧洲人刚发现不久的圣劳伦斯河和新大陆北部水域的信息。

就在这本探险记中，阿尔丰斯提到，北美大陆上可能有一处葡萄牙人的移民区，位置在圣劳伦斯湾一带。[2]他表示，根据他的了解，"葡萄牙人最初是在低处陆面上居住的，但当地人结束了这一局面——将来人全部杀掉。"这句话再次提到了葡萄牙人的移民点，但至少同时又给出了结局——烟消云散、好梦难成。阿尔丰斯还给出了前往七镇岛的方向：出海航行200里格即大约950公里，即可来到一座大岛上，"据称岛上曾有人居住"。它很可能就是卡伯特当年宣称来到的地方；而在1559年时，该岛的传说还不曾完全湮没。

阿尔丰斯提到的第三个地点最不寻常。在此之前，七座市镇和葡萄牙人的移民点之类种种传闻，我已听得有些麻木了，认为它们无非是些报告中的不实之处而跳过不理。因为于理不合，历史学家和其他学者自然也都不予理会。然而，这位阿尔丰斯却称这第三个地方为"鞑

---

[1] 加拿大位于北极圈内的岛屿，是加拿大第一大岛。——译者
[2] Ganong, *Crucial Maps*, 365.

鞑靼地"。在 16 世纪时，欧洲人在提到鞑靼时，都是指中国人[1]。我又读了一下阿尔丰斯给出的方位，到地图上量了量。他先是沿着圣劳伦斯河向下游方向航行，一直到了圣劳伦斯湾，这就到了布雷顿角岛的西海岸。就在这一带，即从卡蒂埃所发现地方的最远端，向内陆方向"走不到 400 里格"，就到了阿尔丰斯所说的那个地名有些古怪的地方："鞑靼地"——不是指中国，是指有中国人的地方。阿尔丰斯曾游历过世界，也去过亚洲。他是位出色的航海家。我对他的话是理应相信的。我年轻时曾在加拿大的最北端待过一个冬天，对于不但能在极地的酷寒、永夜的艰难环境下生存，而且还能在这种美丽但却危险的地方征战的人，我一概都怀有敬意。然而，我不得不说的是，看到这一段话后，我却不能再对他一味苟同了。葡萄牙人、七座市镇、中国人的居民点……而且足足占了两页的空间！阿尔丰斯在这本《让·阿尔丰斯探险记》里所说的这点内容，实在是无法让我相信。

1569 年，地图测绘师赫拉尔杜斯·墨卡托完成了一幅据称"经改进后特供航海界应用，对世界进行更完美新反映"的地图。在这幅地图上，墨卡托使用水平线表示纬度，又使经度成为处处等距分开的直线。对地图的这一革新，使航海者得以将自己在弯成球面的海洋上的航线以直线标绘出来。对海洋的探测因此得到了简化，欧洲人的扩张宏图得到了增强。韦拉扎诺当初所提的那处"过去已被发现"的土地，已经成了一处说法杂七杂八的地方被人们遗忘了。布雷顿角岛即将成为法国人再度表现出壮志与豪情的象征。

---

[1] 鞑靼本是汉民族对鲜卑这一游牧民族中的一支的称呼。鲜卑人的生存区域与蒙古人混杂交错，但并不是蒙古人，也不是汉人。但中世纪末期的欧洲人对于亚洲的情况了解相当有限，又因成吉思汗时期蒙古帝国对欧洲的大入侵，继而元朝又是汉族沦于蒙古族统治的时期，而马可·波罗的游记又在这一时期在欧洲造成轰动，遂使鞑靼这一名称成为欧洲人心目中的蒙古人、中国人和其他一些亚洲少数民族的统称。——译者

第六章

法国人进入北美

我所走过的这一研究历程或许漫长，但方法却相当简单。我的出发点是一片崎岖不平、天高地远、原始未凿——这最后一点最关键——的荒蛮之地。我在这片土地上小步小步地耐心走着，希望有朝一日能发现一份当年的造墙者所留下的文件。我自认目前已取得进展，锁定了一些可能性相当大的对象，但还没能做出肯定的结论——其实，我也不曾想真能走到这一步。但我也没能预想到，自己能有朝一日解开这个纠结的谜团而拼成这个有如此众多小块的拼图。

进入17世纪后，大大小小的渔船队便纷纷来到纽芬兰大浅滩作业，其中多数来自英国和法国西岸的港口。

纽芬兰大浅滩位于布雷顿角岛和纽芬兰这两个岛的外围，是由一片海底高原形成的长条浅海区。富含养分的墨西哥湾暖流在这里与温度较低的拉布拉多冷流逆向相遇，大量养分被析了出来。其后，改变了方向又降低了速度的墨西哥湾暖流便在开阔的大西洋展开，而得到丰富养分的这片近岸浅水，便成了极理想的鱼虾栖养地，使纽芬兰大浅滩成为地球上最大的食用鱼集中地。

纽芬兰大浅滩的捕捞业在17世纪肇始时，便已形成一种风险小而获利丰的产业。一艘小型渔船，备上30名人手，就能在一个渔季后满载20万条腌制好的鳕鱼干回家。因此，每到夏季临近结束时，就会有上百条实现了这一收获量的渔船,借着在此季节发生的北大西洋顺向洋流,离开纽芬兰岛和布雷顿角岛的海岸,驶上不远的航程返回家园。这里的鳕鱼出产,不但为天主教徒的斋戒提供了食品,还成为鲜肉出产不足的国家蛋白质的新来源。法国当时的人口为1800万,对这种只需要捉来、刮鳞、切块、加盐、风干即可出售的食物极为欢迎。对于捕鳕业,法国政府是要收税的,因此,咸鱼虽然不是黄金,也不是昂贵的香料,但同样是国库岁入的可靠来源。随着这一捕捞业的发展,欧洲人对布雷顿角岛越来越关注。法国人尤其如此。

约翰·卡伯特当年曾宣称这里应属于英国,雅克·卡蒂埃也在这里立起过巨大的十字架。因此,这两个国家都在争夺这块好地方的主权。在成立移民点方面,法国人着了先鞭。但这就意味着,法国政府要将移民从欧洲送到这里来,给他们提供一定的生活手段,还应每年春天前来给他们补充给养。除了履行这些责任的行之不易,从安宁舒适的巴黎组织到这边的艰难探险,也不是能够轻易做到的事情。虽说要想得到北美这里的土地所有权,需要得到王室颁发的诏令,但最早的移民,却并不是政府组织来的。17世纪时由法国向北美的移民行动,是由私人机构运营的,需要由个人投资,也要由个人承担风险。布雷顿角岛在这一时期的发展历史,就是这些小企业的冒险历史,更是进入移民行列、亲身体验这种没有充分准备的新生活的一个个新北美人的历史。

1603年,法国国王亨利四世授皮埃尔·杜加德蒙为北美殖民军司令,统领法国在北美新大陆北纬40°—46°间所占领土的一应事务。[1] 这一地域覆盖了如今南到费城,北到蒙特利尔,东起大西洋海岸,西

---

〔1〕 W. J. Eccles, *France in America*（Markham, Ont.: Fitzhenry and Whiteside, 1972）, 14.

至圣劳伦斯河源头的北美大地的东北部，阿卡迪亚——它从如今的美国缅因州一直绵延到加拿大的新斯科舍和布雷顿角岛——是其中的一部分。纽芬兰岛当时基本上为一家英国公司控制，因此法国的地盘相当有限。葡萄牙则一点儿也没占到。

杜加德蒙和他手下的一伙人，得到了法国政府批准的为期十年的毛皮贸易的特许权。这比捕捞和加工鳕鱼利润更可观，得来也更轻松。他们从卡蒂埃的报告中得知，圣劳伦斯河一带的冬季漫长而艰难，对于移民十分不利，因此希望发现较为温暖的地带。杜加德蒙他们决定在大西洋沿岸建立自己的第一处移民点。这个移民点给许多人带来了发达的机会，是许多人的滚滚财源，也是一小批人心目中天高皇帝远的福地。

这第一处移民点的 79 名移民，在一个叫作圣克洛伊岛的地方熬过了整整一个冬天。到头来，有半数人死于坏血病。冬天过后，幸存者们移到了一个新地方，它在新斯科舍半岛上，位于海潮起落所形成的肥沃的芬迪湾的南岸。他们给这个新家起名罗亚尔港。

罗亚尔港并不单纯是个季节性的捕鱼和加工渔产品的基地。它是人们发动智慧特地营造的一处实验点，目的就是了解一下，在这片新大陆上究竟能形成什么样的生活方式。这些移民们在罗亚尔港形成了社会团体，大家相互沟通，彼此砥砺。这批人中有两位佼佼者，一位是萨米埃尔·德·尚普兰，一位是马克·雷加波[1]。他们写的作品，后来在法国相当流行；他们绘制了地图，反映自己体验到的这片新土；他们还写了报告，描述这里的地理环境和原住民情况。德·尚普兰出身军旅家庭，本人也从过军，赴北美前被法国国王委任为宫廷

---

[1] Champlain, *The Works of Samuel de Champlain*.
Marc Lescarbot, *The History of New France*. Trans. W. L. Grant（Toronto：Champlain Society, 1907）.

地理师。马克·雷加波是交际很广的律师和作家。他是为了躲避巴黎的繁文缛节来到罗亚尔港的。他写了一部剧本，名叫《海神的祝福》，移民们还将它搬上了舞台。这是在北美写成又在北美演出的第一部戏剧。

罗亚尔港的这处移民地，一直维系到杜加德蒙的毛皮垄断许可证被提前吊销、这里的 40 名毛皮商回到法国的 1607 年。这处移民点虽说只存在了短短的三年，但其意义非常，因为它证明，在新大陆上能够形成出色的庄稼和蔬菜的生产能力，因此能够使移民实现自给自足。

德·尚普兰和雷加波回到欧洲后不出数年，他们所写的有关新法兰西的文字发表了，但对布雷顿角岛着墨不多。在他们发表的地图上，这个岛位于阿卡迪亚半岛部分的最北端，而居中的布拉多尔湖占去了好大一块。无论是外围的海岸，还是岛内的湖岸，都有众多的海湾、河口和近岸小岛，使整个地形显得十分复杂而峭险。他们两人都将布雷顿角岛描绘为环绕着一块不小水域的若干岛屿。我将雷加波所画的地图与哥伦布的那张画有七镇岛的地图进行了比较（用德·尚普兰的地图也会差不多）。此时的航海家们已经用具体的纬度表示地点了。德·尚普兰就是这样写的："布雷顿角岛的纬度为 45°加 1°的四分之三"〔1〕——45°45′。一百多年前的约翰·卡伯特在用波尔多河口的位置与七镇岛对比时，给出的也是同样的结果。

我发现，德·尚普兰和雷加波都提到了布雷顿角岛上有一处以往的居民点。德·尚普兰认为，那是一处葡萄牙人待过的地方。他具体是这样说的："葡萄牙人曾经尝试在此地定居，希望度过一个冬天，但这一季节的严酷条件，迫使这些人放弃了自己的移民点。"〔2〕看

〔1〕 Champlain, *The Works of Samuel de Champlain*, vol. 1, 466.
〔2〕 Ibid., 468.

德·尚普兰所绘制的法国在新大陆所占据地域的地图,该图是他在芬迪湾内的罗亚尔港这一移民点度过一个冬天后完成的

来,德·尚普兰曾经听到或者见到过什么,表明那里过去有人居住过,但又不是米克茂人,因此认为应该是葡萄牙人的遗留。雷加波则提到岛上存在有某种遗址。据他认为,该遗址是法国人在 1541 年留下来的。他在《新法兰西史》中说,卡蒂埃和当年受法国王室指派督管卡蒂埃第三次航行事宜的让—弗朗索瓦·德拉罗克·罗贝瓦尔殖民

军司令"在布雷顿角岛修筑军事要塞,建筑痕迹至今尚存"。[1]

德·尚普兰和雷加波在罗亚尔港的一处用木料搭筑的要塞里相处了 12 个月。说是要塞,其实同哨所也差不多,而且除了他们两个,另外还有 38 个人。大家在一起聊天,内容自然离不开布雷顿角岛。这些人很可能也同那些先他们而来的探险者一样,觉得岛上说不定会有些什么特别的、遭人丢弃不久的东西。至于这一"至今尚存的住处残迹"出自谁人,这两位可是各执一词。他们一致的看法是,这里存在过一段历史。而这段历史是与近数百年来若干代人都曾来北美探险的事实一致的。这座岛上曾有人居住过,而且就在不远的过去,因此有残迹留了下来。

对于以往布雷顿角岛上的来人,大家真是莫衷一是——有的说是来自葡萄牙的渔民,有的说是传说中的七个市镇,有尼科洛·泽诺告诉给意大利人的传闻,有传言中法贡德斯以失败而告终的努力,有韦拉扎诺发表过的报告,还有让·阿尔丰斯指出的航行方位。如今又有了德·尚普兰和雷加波的两种不同的见解。他们的看法都写成书印行,为很多对法国在新法兰西这块新土地有浓厚兴趣的人所拜读。这个布雷顿角岛,给 17 世纪的法国人造成的印象是天涯海角、贫瘠荒凉、大山耸峙、林深水茂。然而,对新法兰西的文字描写,也如同一个世纪前绘制的第一批北美地图一样,加强了欧洲人的一个观念,就是认为这里"过去已被发现",也就是说,这里"当年便已被发现"。这些文字告诉人们,在新大陆发现之始,布雷顿角岛上便已经存在着以往居民的痕迹的说法,欧洲人是相信的,只是对于痕迹的性质看法不尽一致。与此同时,从欧洲还不断驶来此国或彼国的船舰,每隔十来年,法国和英国对北美的主权之争,都会从头再演一场。布雷顿角

---

[1] Lescarbot, *The History of New France*, 187.

约翰·戈登和威廉·亚历山大和招募移民的宣传小册子的封面

岛在所有的欧洲国家眼中都是一块肥肉。不去理会先前的遗迹,那自是不难做到,因为倘若真的追索一下,说不定结果反会对自己不利呢。

就在法国人放弃罗亚尔港这一移民点时,英国人却正在弗吉尼亚开辟新天地。在其后的数十年间,英国和法国对东北海岸一带大大小小地域的控制权之争,从来就不曾停止过。布雷顿角岛也是其中之一。1621年,英王詹姆斯一世将由圣劳伦斯河、大西洋和西面的圣克洛伊岛三个方向围起的地域,封给了苏格兰贵族威廉·亚历山大[1]。这片土地得名为新斯科舍,原文是拉丁文 Nova Scotia,意思是"新

---

[1] 有关这些早期移民点情况的介绍见于 George Pratt Insh, *Scottish Colonial Schemes, 1620—1686* (Glasgow: MacLehose, Jackson and Company, 1922)。

苏格兰"。英王将这块土地交给亚历山大全权治理,目的是以此换得后者对英国王室的效忠。亚历山大又将治理布雷顿角岛的任务,委托给了手下的一名高超剑客、来自苏格兰洛欣弗的年轻贵族约翰·戈登。到了1626年,英国政府将布雷顿角岛定名为新盖洛韦,戈登散发传单,为自己得到的这片领地做广告,希望吸引投资者和移民。他在广告中说:"属意于来美洲之新盖洛韦发展者,均可得到本人给予的种种优惠。"然而,还未等到有人前来,约翰·戈登便撒手尘寰,发展新盖洛韦的计划也无果而终。

约翰·戈登死去两年后,威廉·亚历山大和他手下的经商人员又推出了新的一轮从苏格兰移民的计划。结果是拥有奥希尔特里勋爵头衔的詹姆斯·斯图尔特得到了英国王室批准,筹措到了用于开发新盖洛韦的500金镑。[1]1629年春,60名移民乘船来到北美。船上还装载着材料和军火。奥希尔特里勋爵也同亚历山大的船队一起来到新斯科舍。7月里,他将这批新移民送到了布雷顿角岛东海岸英吉利港(后来又更名为路易堡)附近一个名叫巴里纳的小海湾安身。这里是一处岩石遍地的荒凉海岸。移民们只用数周时间,便在岸边建起了一座木制城堡,然后,沿海一带便有了渔业和商业。然而,当英国人宣称此地属他们所有,并开始追捕从法国来的渔民,向他们征索什一税时,麻烦就开始了。奥希尔特里勋爵的强硬手段,招致了法国的反击。

到了8月间,也就是奥希尔特里勋爵和他招募来的移民到来两个月后,若干法国战船跨越大西洋来到巴里纳湾,沿着海岸摆开了阵势。这支船队先前驻扎在圣安斯湾,并准备进入魁北克,以"向德·

---

[1] David Laing, *Royal Letters, Charters, and Tracts Relating to the Colonization of New Scotland, and the Institution of the Order Knight Baronets of Nova Scotia, 1621—1638* (Edinburgh: Bannatyne Club, 1867), 54.

尚普兰先生和其他驻防和生活在新法兰西魁北克的法国人提供帮助和物资供应"。[1] 这支队伍的指挥官是来自法国北部港城迪耶普的海军舰长查理·达尼埃尔。在到达圣安斯湾后，达尼埃尔舰长开始履新。他派出一只小船，船上有10个人，沿着海岸向渔民了解情况，调查他们是否知道，在这片土地上，政治形势已不同于以往。他们带回了奥希尔特里勋爵这个英国人强行进入法国人所在地并向法国渔民硬性征税的报告。尽管奥希尔特里勋爵确实是最早在这个岛上定居的，但达尼埃尔认定一个理儿，就是布雷顿角岛是法国的地盘，因此必须采取果断行动。他带领人马袭击了苏格兰移民的定居点，将奥希尔特里勋爵和苏格兰移民关进了班房，还将英国人修建的军事设施全部拆除。

这位达尼埃尔舰长相信，法国人需要留在这里。拆毁苏格兰人的建筑、占有苏格兰人的财物，使他手里有了充足的建筑材料和军火储备。他决定建造自己的城堡，来保卫法国人的地盘。他要建的就是圣安妮要塞。这个计划定得很突然，事先并没有酝酿过。当达尼埃尔决定建造它时，船队进港还不足三个星期。他下令将苏格兰移民、苏格兰人所建城堡的残留部分，还有全部枪炮军火，都弄到他的营地。这处营地就在今天的圣安斯湾，在那条沙洲的对面——就是今天的英吉利敦。

达尼埃尔成立了一支军事小分队，负责海岸警戒，守卫他认为属于法国的领土。他将城堡建在大海港的狭窄入口处，架设在这一要冲地点的大炮，足以牢牢控制住整个海湾。1635年，一名法国天主教传教士朱利安·佩罗（Julien Perrault）来访后，写下了这样的观

---

[1] 尚普兰的信函见 Champlain, *The Works of Samuel de Champlain*, vol.6, 153, 信件标题为"The Narrative of the Voyage Made by Captain Daniel of Dieppe"。

感:"圣安妮要塞建在扼守西北海岸的山顶上,直对着一处海湾,下面便是海港入口。城堡所占地势绝佳。据懂得军事常识的人说,只要在这里架设 10 至 12 门火炮,无论来多少艘敌船,都势必葬身海底。"[1]在历数了近百年间来过这一带的水手对此港口的看法后,这位教士又说道:"就连走南闯北去过多少地方的老水手都说,这处海港可真是头挑儿;大小没得说,进出条件也极佳。"多少年来,圣安斯湾都是船只在北大西洋航行的重要目的港。进入 17 世纪后,它更成了法国控制其海外属地的重地。

我萌生了一个感觉,就是这个问题的解答终于临近了。我大概快要发现隐藏在所有有关以往居民和奇特遗迹传闻后面的事实了。这里就是我即将揭示出一项真实建筑工程的所在地,也就是说,我即将揭示出,多芬海岬那里的路必定是法国人修的,而法国人在北美的历史,就是 1629 年在达尼埃尔舰长带领下从这里开始的。从那条道路的规模可以断定,它应当是在兴建路易堡的时期同时修造的。但是,有关达尼埃尔的传说告诉人们,在圣安妮要塞建成后,他又下令开始了新的大型建筑工程。如果这是指在要塞附近修路,倒是个明智的决定——先建要塞,再修进出要塞的陆路。不过,达尼埃尔是没有条件在多芬海岬那里筑路的,它远离圣安斯湾,位于海岬的另一侧呢。

据在巴黎发现的德·尚普兰所写的一份题为《1629 年达尼埃尔舰长的新法兰西之旅》的报告证实,在达尼埃尔的手下人将苏格兰移

---

[1] 佩罗教士的信函见于 Rueben Gold Thwaites, ed., *The Jesuit Relations and Allied Documents: Travels and Explorations of the Jesuit Missionaries in New France, 1610—1791. The Original French, Latin, and Italian Texts with English Translations and Notes*, 74 vols., vol. 8 (Cleveland: Burrows Brothers Company, 1898), 157, 信件标题为"Relation of Certain Details regarding the Island of Cape Breton and Its Inhabitants"。

民在巴里纳湾的居民点"连根拔除"之后，就将那里的建筑材料用到了自己的工程上。[1]法国人所修的圣安妮要塞大体上也同英国人先前所建的罗亚尔港相仿，四面用高高的木栅围起。城堡内用木料盖起一间供50个人居住的大棚屋、一座教堂，还有一个不小的军火仓库——从巴里纳湾掠来的苏格兰人的军火都在里面。为了给军人提供新鲜果菜，法国人在城堡的木栅之外开垦了菜园，据说不远处还辟了一处苹果园。这就是最早的移民点的特点：麻雀虽小，五脏俱全；岸边修建，遥连故园。此时的移民建筑，并不是那种在山上依势而建、凭借盘旋的道路与海边连通的类型。

1629年11月初，达尼埃尔舰长留下40人在当地过冬，其余的便由他率领回欧洲。他先是到了英国，送回了奥希尔特里勋爵当年招募来的移民中的大部分。然后，他便押解着18名他认为当属政治犯的人员回到法国，奥希尔特里勋爵也在其内。

圣安妮要塞与苏格兰人在巴里纳湾修起的那种因陋就简的建筑不同，是欧洲人在这座岛上兴建的第一个永久性居民点。就在这座城堡中，欧洲人第一次捕捞季节过后仍没有离开。这座城堡留下的零星物品，是这座岛上的最早遗迹，也都能寻根溯源到欧洲。而多芬海岬那里的道路，如果以渔夫们只来这里一季为由，解释他们没能理会山上石头的来源，多少还能够说得通，但进驻圣安妮要塞的这批移民就不同了。他们并不是为捕捉和加工鳕鱼前来只忙上一阵子就离开的。他们之中有动笔杆子的人，是观察人生的人。再者说，从圣安妮要塞这个小小的法国式社会向外跨上一小步，就会来到多芬海岬。

圣安妮要塞也与耶稣会有关。耶稣会是最早前来新法兰西的教会机构。在达尼埃尔1629年返回欧洲时留在圣安妮要塞的40个人中，

---

[1] Champlain, "The Narrative of the Voyage Made by Captain Daniel of Dieppe", 159.

有一名是35岁的天主教神父巴泰勒米·维蒙。这位维蒙神父受过良好的文化教育和技能训练。19岁时，这个从不曾踏入荒蛮世界的年轻人成为耶稣会修士。另外一名耶稣会神父亚历山大·德·维厄篷，在前往罗亚尔港就神职的途中航船毁于暴风雨，结果也来到了圣安妮要塞，比维蒙晚些。维厄篷在船只遇难时被一艘前来的巴斯克人的渔船救起，后来又遇到了一位米克茂人，从他那里听到了达尼埃尔建造城堡和开拓发展的消息。这位米克茂人还将维厄篷送到圣安妮要塞。据同维厄篷一起乘船遇险的另一名耶稣会神父拉勒芒向法国本土的上级教会机构报告说，维厄篷有志"同这名虽未开化，但实在不可多得的土人一起留在这一带海岸"。[1]维厄篷是接受过传教训练的，他为驻防的法国士兵布道，向新皈依的教众讲授基督教教义，为他们举行受洗仪式等。从历史记载和有关报告中可以看出，耶稣会逐渐形成为法国控制这里的一支不可小觑的重要力量。

达尼埃尔舰长在离开圣安妮要塞之前，组建了一支精干的军事小分队，又留下了精良的装备——其中包括从奥希尔特里勋爵那里"接管"的八门大炮。士兵们建起了一座教堂，耶稣会开始欢迎米克茂人参加教会活动。所有这些行动并非经过事先谋划，而是水到渠成的结果。达尼埃尔离开时，将这处面对大海的荒原，交给一名贵族出身的法国人克劳德·德·博韦负责。

就在当年冬天，圣安妮要塞发生了新法兰西的第一桩凶杀案。一名姓戈德的军官，在同他的副手一起用过晚餐后，向后者胸部开了三枪。戈德被关押起来，但又逃脱掉，匿入布雷顿角岛的森林，从此杳无踪影。他没有受到审判，但所发生的事情，军方和耶稣会都有报

---

[1] "Letter from the Reverend Father l'Allemand to the Reverend Father Superior, at Paris," November 22, 1629.Thwaites, ed., *The Jesuit Relations*, vol.4, 235.

道。这一罪行看来波及情感成分：共发三枪、近身击发、亲密用餐、嫌犯失踪。无论是在法国、在欧洲，还是在新法兰西、在阿卡迪亚，在布雷顿角岛，行凶杀人的军官也好，乘船遇险的教士也好，自然都比山上的一条陈年旧路来得动听。至少就我的调查结果而言，在我翻过的这一时期的种种报告和信件中，根本就找不到哪怕是一条关于古老遗迹的内容，看来，即使多芬海岬那里过去有过什么、又发生过什么，1629年时也都被人忘光了。

圣安妮要塞所在的这片海湾，米克茂人一向称之为"希波"。达尼埃尔来到后不久，就将它改成了圣安妮这一欧化名称，以颂祝法国国王路易十三的王后、婚前为奥地利公主的安妮。[1] "希波"这个名称，看来已被米克茂人沿用多年了。[2] 不知道有没有更早的记载，反正在1597年时，这个名称已经出现在英国人对该地方的叙述文字中了。1629年，也就是达尼埃尔带人第一次来到圣安斯地区时，就知道这是一处"印第安人叫'大希布'的有河的地方"。[3] 当年的耶稣会修士也在书信中称这个地方为"希布"——多芬海岬的最北端有两个岛，都是小不点儿，当地人用"伯德双岛"来称呼它们，其中的一个如今的正式名称还是希布岛。看到这里，我突然想了起来，我在研究七镇岛的传说消失的原因时，曾经见到过"希波"这个词。

在约翰·卡伯特宣布自己的发现四十年后，因为西班牙人在新墨西哥一带的活动，人们又表现出对七镇岛的兴趣。这一轮兴趣是由一个西班牙词语"希伯拉"（Cibola）引起的。希伯拉是传说中一个重要市镇的名字。西班牙人中流传着七座市镇的传说，并为之搜寻了将

---

〔1〕 它在今天的正式名称是圣安斯湾，位置最靠内的一部分即为圣安斯港。——作者原注
〔2〕 Nicolas Denys, *The Description and Natural History of the Coasts of North America*（Acadia）. Trans. and ed. William F. Ganong（Toronto: Champlain Society, 1908），182；n.3.
〔3〕 Champlain, "The Narrative of the Voyage Made by Captain Daniel of Dieppe", 156.

近十年。据说，这七座神秘的市镇富足无比。西班牙人是从当地原住民那里得知这些消息的。这七个市镇中，最重要的一个就是希伯拉。原住民说，要去这个希伯拉镇，得"向北走上30天"。[1]居住在卡伯特称之为七镇岛上的米克茂人中，也有"希波"这个词语；在16世纪30年代，西班牙人在提到七座市镇时，"希伯拉"这个字眼总会出现，而这个词又是他们向祖尼人直接借用的。关系并不密切，但也不能说不沾边儿。

达尼埃尔将地名从"希波"改为"圣安妮"，这只是使这个地方供欧洲人使用、发展和改造的整个过程中的一部分。从欧洲来的人，特别是其中的耶稣会修士，经常将各种关于布雷顿角岛情况的报告之类送回欧洲。一连四个世纪，圣安斯湾这里都有历史记录送出。但在所有的记录中，好像都没有谁想到要提一提多芬海岬那里的工程。

---

[1] George P. Hammond and Agapito Rey, *Narratives of the Coronado Expedition*, 1540—1542（Albuquerque：University of New Mexico Press, 1940), 140.

第七章

法兰西两兄弟

至此，法国人已经紧紧地咬住了北美新大陆，我想，再接着弄下去，就该看到揭示那条神秘道路的信息了吧？对此我确有收获。

1627年，法国的红衣主教黎塞留在巴黎开办了"新法兰西公司"。这是一家从海外捕捞和毛皮贸易攫取利润的私营公司。达尼埃尔带着无能的英国俘虏奥希尔特里勋爵回到法国后，又在两年后的1631年春，受此新法兰西公司的头领派遣，带着货品返回圣安妮要塞。据德·尚普兰所记，达尼埃尔的船上"装满了各种物品，凡是那里需要的，船里都带上了；而那个地方也真好，坐落在那一带海岸的最好港口的入口处"。[1]除了给士兵带去食物和弹药外，达尼埃尔还带去了耶稣会新派遣的神父，以接替应招返回法国的维蒙和维厄篷两人。1629年冬，岛上出现诸多例坏血病时，他们都曾努力照拂病人。这次随同达尼埃尔前来圣安妮要塞的两名神父，一名是安布鲁瓦兹·达沃，还有一名是船长本人的弟弟安托万·达尼埃尔。

这两名年轻的耶稣会神父到来后，努力吸收当地原住民皈依天主教。后来也有其他修士继续这样做。他们定期向法国报告自己的工作，这些报告从1632年起逐年在巴黎编辑出版，直到1673年止，这

---

[1] Champlain, "The Narrative of the Voyage Made by Captain Daniel of Dieppe", 200.

就是《耶稣会会刊》。[1]虽说这一刊物是宗教性的，但也收进了新法兰西地区若干有价值的史料。就当时而言，新法兰西这一地区是指圣劳伦斯河以北（又称加拿大）、阿卡迪亚，再加上最东端的一个不大的岛屿布雷顿角岛。一些报告是他们在布雷顿角岛过冬时写的，反映出了在这个充满敌意的严寒世界里的种种最严重的困难，也揭示出早期来到这片新大陆传教的神职人员坚定的宗教信仰、智慧造就的无畏，以及行伍般的纪律。这些教士头脑敏锐、行动积极，能够将这里的情况准确地报呈。一些最早的信息，就是由圣安妮要塞的修士提供的。我仔细地研究了这些报告，但从 1629 年开始有神父进驻圣安妮要塞时起，直到十几年后传教使命结束为止，所有的报告中都不曾提到城堡一带和邻近的多芬海岬那里发生过什么特别事件。

维蒙神父在圣安妮要塞只领导了那里一个冬天的教务便返回法国。他在耶稣会中的职务升迁得很快。1635 年，他四十刚出头，便被派到法国西部的海滨重镇迪耶普，负责教民的宗教事务，以他的年龄而论，这是相当高的神职了。1639 年，他又返回新法兰西，并在那里生活到 1659 年，其间参加了蒙特利尔市的创建，并成为举足轻重的社会人物，对权势人物的影响也不断加深。然而，他从不曾提到在圣安妮要塞之外，发生过任何不同寻常的事件。他的继任者也是如此。

1632 年维蒙返回法国，接替他的是安托万·达尼埃尔。但他只干了一年便离开了圣安妮要塞，向西沿圣劳伦斯河上行，来到休伦人[2]中间。这是个危险的荒凉地方，此地的原住民对白人的态度很不稳定。1648 年他 47 岁时，易洛魁联盟下属的一支原住民部族发动突袭

---

[1] Thwaites, ed., *The Jesuit Relations*.
[2] 又称怀安多特人，是美洲土著居民的一支，曾居住于加拿大安大略东南锡姆科湖周围，现在人数已很少。——译者

将他杀死，还放火烧了他建起的教堂，又将肢解了的安托万的尸体丢进火中。安托万的不寻常的生命历程，得到了详细的记载。1930年，他被追认为圣徒。而但凡成了圣徒的人，生平都会得到详细记录。但是，从有关安托万生平的记录中，无论是他本人的，还是其他会内同道的，我都未能发现任何有关多芬海岬的内容。可要知道，这个多芬海岬，也就是米克茂人称之为"希波"的地方，是他们最崇敬的英雄克鲁斯凯波的故乡啊。

1634年春，圣安妮要塞的一名耶稣会神父朱利安·佩罗，写下了题为"布雷顿角岛及其居民关系的若干详情"的报告[1]，介绍了圣安斯湾的环境和传教的形势。报告的主要内容，是向法国的天主教廷汇报这里取得的成绩，其中也详细叙述了教士们在一处叫"希布"的地方所开展的工作。它是第一份使欧洲人多少了解到一些米克茂人特有文化的尝试，其中提到了米克茂人顺应季节的生活方式、体貌特点，以及衣着和生活习俗等。在这些方面，佩罗是客观的，但当涉及宗教方面时便不复如是了。为了更多地争取法国富有教众的捐助，他不无夸大地宣传了这些生活状态还很原始的"蒙昧人"如何诚实、认真、勤劳，如何"从善如流"等。佩罗还表示，"这些人所缺少的，是还不知道上帝的存在，不懂得如何服从上帝的意旨"。他还在报告中表达出一个看法，就是耶稣会很适合向米克茂人传递这些知识。

佩罗认为，他在圣安妮要塞的这段时期，是生活在"无知和野蛮之中"。这表明这些修士们对教堂之外的世界，是何等地缺乏注意。佩罗也好，其他耶稣会成员也好，都没能对这片土地说出什么有真知灼见的话来。即便在欧洲人来到之前，米克茂人曾对这片土地上发生过的大事有所知晓的话，也只会糅入他们对自己祖先的记忆。对米克

---

[1] Thwaites, ed., *The Jesuit Relations*, vol. 8, 157.

茂新旧传说的记载，对该族人信念的传承，欧洲来的传教士们是不会有什么兴趣的。

耶稣会的教士们在《耶稣会会刊》中曾数次提到他们在圣安妮要塞的使命。一般的反应都认为，法国人和米克茂人之间的关系还是不错的，传教士在当地人中也很有人望。在圣安妮要塞工作的耶稣会教士，最多时曾达到七名。然而，到了1641年时，当地原住民的人数已下降到传教与否都意义不大的地步。阿卡迪亚的大部分地区都生活有米克茂人。布雷顿角岛地处最东端，这里的米克茂人是远离本族人主体的。耶稣会的决策人员认为，派人去布雷顿角岛布道和开展其他活动，效果都不会显著，因此召回了该岛的传教士，改派到了内陆的新地点；在那里驻防的小分队，也被调往了纽芬兰——那里的渔场十分优良，法国方面要加强对虎视眈眈的英国人的防范。达尼埃尔当年用木材建起的那个圣安妮要塞被放弃了，一任在大自然中圮毁，从此又添了一重"往昔移民的遗迹"。我越往下读这些报告，就越能看出它们之间的交织缠结。它们讲出来的，是布雷顿角岛这里成为又一个不成功移民点的故事；它们提供的，是又一些有待下一代人解释的证据。至于我自己，则是决定集中精力，对付我自己的研究课题，廓清有关的事实。

我在研究耶稣会在布雷顿角岛传教时期的材料时，不断地记了些笔记。通过一段时期的积累，我认为可以断言说，考虑到这些传教士的共同特点——聪明、上进，又在欧洲受到堪属上乘的良好教育，应当会全心全意地执行交给他们的宗教任务，不会将时间花在探究荒野中的废墟上，也不肯去了解米克茂人中的传闻。不过，我已经掌握到的证据，都指向同一个简单明确的方向，就是我所发现的这条道路，与17世纪初期并不搭界。所有资料中都不曾提到过这条道路。因此我又认为，它可能是法国政府后来下令修筑的，而且可能就在建设路易堡的同一时期——18世纪初。然而,路易堡这一巨大的工程项目处在施工阶段时,布雷顿角岛上又出现了另一批参与者。

当耶稣会教士们还在圣安妮要塞一带传教时,布雷顿角岛上出现了政治动荡,影响到了该岛的未来。此时,阿卡迪亚的地盘已大半落入英国人手中。不过,到了1632年,根据《圣日耳曼条约》的规定[1],英国人撤出了罗亚尔港,将阿卡迪亚归还给了法国政府。黎塞留红衣主教的新法兰西公司指派伊萨克·德拉齐利来北美主管贸易和渔业的经营。德拉齐利去世后,接管他的职务的两个人严重不和。这两个人都是新法兰西早年历史中的重要人物,一个是理查·梅努·德·沙尔尼赛,一个是查理·德·拉杜尔。为了调解矛盾,法国国王在1638年将阿卡迪亚分开,二人各管一处。不知什么缘故,法王决定将布雷顿角岛单独划出来,不归他们两人中的任何一个管辖。这样一来,该岛在欧洲政治和历史中的作用,就变得越发难以说清楚了。刚一分开时,布雷顿角岛是由一个名叫尼古拉·德尼的人负责。他是渔夫出身,时不时地也插手毛皮交易,是德拉齐利在阿卡迪亚时的商业首脑人物之一。

从1632年起,尼古拉·德尼就在阿卡迪亚经商。[2]他一直希望在布雷顿角岛设立贸易据点,但苦于夹在德·沙尔尼赛和德·拉杜尔之间,他的抱负长时间无法实现。他也力图在阿卡迪亚建立居民点,但又没能吸引到愿意前来的移民,致使两度被对手排挤掉,回到

---

[1] 历史上的《圣日耳曼条约》先后有四个,均因签署地点在法国巴黎近郊的圣日耳曼而得名。本书中涉及的这一条约是第二个,内容是英国同意归还其在1629年从法国手中夺去的北美殖民地领土。——译者

[2] 尼古拉·德尼在阿卡迪亚的作为摘自他本人所著的 Description and Natural History, Ganong's translation。

了巴黎。到了巴黎后,他成功地向新法兰西公司买下了圣劳伦斯河南岸、纽芬兰岛和布雷顿角岛的几处土地。布雷顿角岛当时处于法国治下,但在行政区划上并不是阿卡迪亚的一部分。1653 年,法王路易十四任命尼古拉·德尼为这一新归属法国领土的督理和驻军司令。布雷顿角岛不是阿卡迪亚的一部分,魁北克又因离得很远而鞭长莫及,这一来,一连 20 年,这里便成了尼古拉·德尼的天下。

在尼古拉·德尼任内,北美的法国移民和英国移民一直冲突迭起。在阿卡迪亚,最先来的移民已经安居下来。我的先祖居永·夏亚松,就是在这时来到芬迪湾的。也就是在这时,英国人看上了阿卡迪亚的这片既开阔又肥沃、极适于发展农业的潮汐平原。阿卡迪亚在政治和经济上都成了颇具吸引力的地方,但布雷顿角岛还处于原始未凿的状态。尼古拉·德尼在这里,还是维持着原来的季节性捕鱼和毛皮贸易的经济方式。他和他的兄弟西蒙·德尼努力在岛上建立移民点。西蒙将移民点选在了达尼埃尔当年在圣安斯湾修筑、如今已无人使用的圣安妮要塞,尼古拉则选中了岛南端的圣彼得斯。这里要比圣安妮要塞离阿卡迪亚新建立的移民点更近些。他还将贸易站设在该地地处大西洋和布拉多尔湖群中陆地最狭窄的地点。在他治理期间,圣彼得斯逐渐发展成为一处重要的贸易区,主要经营海产和皮货。他在这个岛上前前后后共生活了 15 年,也修起了一座城堡,城堡也用木料造成,只是规模小些,就建在圣彼得斯港附近。在一篇发表于 1885 年、作者为新斯科舍第一位历史学者托马斯·钱德勒·哈利伯顿的儿子罗伯特·哈利伯顿、题为"分析北欧人和葡萄牙人将地盘输给英国人的原因"的文章中,我发现了这样一条值得注意的附注:"米克茂人中至今还流传着早期移民时代的一则传闻,就是在布雷顿角岛的圣彼得斯,有一些法国人到来之前就有的石头墩,是白人堆筑起来的……我是从我父亲那里得悉这一情况的,他时常前去布雷顿角岛,至少一年去一次，有时会去两次。"[1]

在圣彼得斯这里，有一处石砌建筑的遗迹。它建在一处能够俯瞰港口的山坡坡顶上，占据了一块细长的矩形地面，有些像是营房建筑。它的建造时间，似乎先于尼古拉·德尼在湖与海之间筑起的那处不大的木制城堡。这使历史学家和当地官员大惑不解。而更难以解释的，是尼古拉·德尼自己曾说过，他令人在山坡顶上开出了一片地供种植用，面积为80阿邪。在17世纪时，欧洲人一般只开垦整个小菜园什么的，而80阿邪就差不多是80英亩，是很大的一块地了。当时岛上到处都覆盖着茂密的森林，因此，想开一英亩地都很不易。即便德尼写错了，将8写成了80，这8阿邪的面积，也是相当可观的。

像圣彼得斯这样的小型港镇，在布雷顿角岛上很有一批——谢蒂坎普、尼加尼什、英吉利敦[2]、西班牙人湾、英吉利港。另外还有一个坎索，位于隔着一道窄窄海峡与布雷顿角岛相望的大陆本土岸边。自从欧洲人来到后，圣彼得斯已发展成一个与米克茂人做买卖的重要贸易中心。欧洲人跨越北大西洋，来到北美的东北角后，可以沿着两条路走，一条是去罗亚尔港，这就到了阿卡迪亚；一条是跨过布雷顿角岛和北美大陆之间的海峡，然后沿圣劳伦斯河上行，前去日益

---

[1] R. G. Haliburton, "A Search in British North America for Lost Colonies of Northmen and Portuguese", *Proceedings of the Royal Geographical Society and Monthly Record of Geography* 7（1）（1885）: 25–38.

[2] 原文为圣安斯。从历史上看，布雷顿角岛上有这个名字的市镇经历了许多改变。目前叫这个名称的小镇位于圣安斯港最南端偏西处，是1817年一批苏格兰移民，在诺尔曼·麦克劳德牧师的率领下逐渐形成的。这在本书第十章有所介绍。在此之前，圣安斯是指法国人治下的圣安妮要塞，后又改称多芬口，英国人接手后又改名为英吉利敦的市镇。这几个名称都对应着圣安斯地区的大致同一个地域即圣安斯湾东岸，即多芬海岬所在的小半岛上。为避免混淆，凡涉及的是与多芬海岬有关的圣安斯，本书按有关年代，分别称之为圣安妮要塞、多芬口和英吉利敦，少数具体时间不详的情况，则一律用如今的称法英吉利敦。——译者

第七章　法兰西两兄弟

兴盛的魁北克移民区。圣彼得斯地理条件优越，建成此港，堪称德尼兄弟的大功一桩。在原来的圣安妮要塞，西蒙·德尼也因当地水果稀缺而坚持种植苹果树，在渔民中立起了很好的口碑[1]。

1672年，尼古拉·德尼回法国小住。在此期间，他出版了两卷集著述《北美海岸地域的自然环境与历史》，书中对阿卡迪亚和布雷顿角岛进行了描述。这是对那里的最早介绍之一。他以17世纪中叶时欧洲人的眼光，详细介绍了这一带的种种情况。这套书共分36章，其中有一半是谈渔业的。他写这本书的目的在于促进商业，而与此同时是对新大陆的鳕鱼捕捞加工业做了最出色的介绍。德尼还用五章的篇幅叙述米克茂人的日常生活，衣着饰物、婚丧嫁娶、房屋建筑等诸方面，他都一一提到。他还在书中描绘了阿卡迪亚的地理状况。对于这一带的每一处海岸，他都一一进行了描述，说这里有"美好的土地和森林，优质的鸟兽和鱼虾，还有其他各类出产"。我很高兴地看到，他有一章是专写布雷顿角岛的。这一章的章头概要是这样几条词语："布雷顿角岛—港口河流—近岸小岛—自然状况—林木种类—渔猎资源—其他出产"[2]。我在这一章里搜寻有关道路的文字——说不定当年的法国人看出，海岬这一带很是个易守难攻的防卫地段，因而有意修一条直通山顶的道路呢。说不定德尼在书里就提到了这个打算呢。

尼古拉·德尼对布雷顿角岛的叙述从圣彼得斯开始。这里也正是他开展鳕鱼捕捞管理业务和开设毛皮贸易站的地点，也是据说他令人开出80阿邪田地的地方。他用笔带领读者沿着海岸巡行，逐一参观

---

[1] 苹果中富含维生素C，常食用可预防坏血病，对医治此病也有疗效。种植苹果树可使当时在北美生活的欧洲人得到有保障的经常供应。(更有效的水果是柠檬和柑橘，但它们都不能在寒带种植。)——译者

[2] Denys, *The Description and Natural History*, 175.

《北美海岸地域的自然环境与历史》
法文原版的封面（第一卷）

各处颇为简陋的港口。他使读者认识到，虽说许多人已经到过这里，但仍然是个地广人稀之地。对于岛上的非海岸地区，也就是布拉多尔湖地区，还有他称之为拉布拉多的地方，书中所用笔墨不多，只说那里都被山脉包围着，土地说不上肥沃，不过，他叙述的重点是海岸。他告诉人们，这里有良好的渔业环境，又指出哪些地方鳕鱼特别集中，哪些海湾特别适于辟为港口。在谈到圣安斯湾的入口时，他用的是"大希布"这个名称。他第一次见到这个海湾时，就和以往来到这里的人一样，认为这里可以建成极好的港口，足以停泊一千艘船只。他还诉说了此地鲑鱼、鲭鱼和贝类资源是何等丰富，从这里入海的淡水河溪是何等众多，"大雁、野鸭和其他种种猎物"是何等唾手可得。

然而，尼古拉·德尼不曾提到那座俯瞰海湾入口的山头，不曾提到山坡上有路，不曾提到路边砌有石块。他在提到多芬海岬时并没有用很多的笔墨,只是说它是"一个一路延伸到尼加尼什的巨大海湾"的起点(他说的尼加尼什,就是今天的英戈尼什)。他所用的具体描述方式,也同他介绍几处东部海湾时差不多,都只说是某个欧洲国家自16世纪初起便有大队船只在夏季前来捕鱼的地方。他所谈到的,都是自己知道的又感兴趣的一样内容:鱼。可能由于这种单打一的旨趣——以前来这里的耶稣会教士也是这样的人,使他没能注意山上的道路和废墟。但我也不排除另一种可能性,就是德尼在这里时,那条道路还没有修起来。这两种可能性各是半斤八两。德尼自己是绝不可能下令修这条路的。那么,它就应当出现在下一个世纪,即18世纪初时有关路易堡历史的文献中。

但我也注意到,尼古拉·德尼在介绍圣安斯湾的情况时,提到了两种矿产。我注意到这一点,是因为它们在20世纪该岛的经济发展中,起到了重要作用。一种是石膏。德尼提到,在港口的南端,立着一座石膏岩峭壁,"山头般巨大,牛奶般洁白,大理石般坚硬"。将石膏岩磨碎,便是很有用的建筑材料。另一种是更有用的煤。德尼在第一卷的导言中,就写进了这样的字句:"在我受命治理的这片地域内,以及海岸的周边地带,都有煤的蕴藏。"

他还特别提到了一个名叫"小希布"的地点,说那一带的煤炭储藏特别丰富。这个"小希布"就离多芬海岬不远,地处海岸一带。后来,这里就开发成北美东海岸最重要的露天煤矿之一。煤层在这一带有不少露头,许多地方都可以从地面上直接看到夹在岩层中的又黑又亮的煤炭。然而,在早于德尼的德·尚普兰的著述中,却根本没有提到它——这可能是他不知煤为何物之故罢。在德·尚普兰的时代,欧洲还没有将煤用做重要燃料。然而,到了德尼的年代,它已经进入欧洲的工业生产,开始变得十分有用起来。德尼认识到煤的经济价值,相信这里的黑色"石头"和一色纯白的石膏石岩,都应当属于他的管辖范围。1677 年，他成功地说服魁北克的行政长官雅克·迪谢努瓦，明令未经德尼批准，"任何人不得在上述地点采挖煤炭或凿取石膏"，而凡采凿任何一种矿物，均得向德尼付税。由此可以清楚地看出，矿藏是德尼看中的渔业之外的又一个有经济价值的资源。[1]

圣安斯湾这里受到重视，可能就是由于这里的矿藏丰富，又有受到可靠保卫的港口之故。这里或许未必合喜欢探险的法国贵族的胃口，但对于寻找海外殖民地的人，特别是其中了解煤炭价值的人，德尼笔下所给出的一切，都无比地合乎理想。

尼古拉·德尼在圣彼得斯建起的贸易站，被 1668 年冬的一场火灾夷为平地，而且后来再也没有重建。火灾发生前，德尼并没能吸引来移民。因此，贸易站毁了，只是一个建筑物的消失，移民状况原来什么样，火灾后也依然故我。这一事件只是小事一桩——毕竟，它只发生在遥远北美的荒蛮地域，并没有烧坏法国王宫嘛。

尼古拉·德尼没能实现法国王室的要求，在自己负责的地域建起有效运作的永久移民点。他在布雷顿角岛所起的作用，基本上只是名渔夫。他对吸引移民前来缺乏兴趣，导致法国移民都去了其他地方。1688 年，他请求延长管理期的申请被拒绝。这时他已年近九十，仍然住在阿卡迪亚。他就在同年去世。我查阅了他的全部材料，但没能发现任何线索，表明他曾在多芬海岬修建过道路或者表明他有原因这样做。

在此之后有一个时期，布雷顿角岛上再没有来过欧洲的新移民。

---

[1] "Oidinance of M. du Chesneau, Intendant in Canada in the Interest of Sieur Denis", August 21, 1677. Denys, *The Description and Natural History*, 57.

进入 18 世纪后，这种形势才得到扭转。在欧洲诸国争夺北美控制权的棋局上，阿卡迪亚是一枚打头阵的卒子，而布雷顿角岛这里，由于被看成是意义不大的孤立之地，便在很大程度上得以游离于这场控制战之外。每年到了季节便从西欧到来的船只，再加上如今从北美南部新英格兰一带来的船只，只是需要这里沿途的鱼类加工站和港口保证能够提供一些木柴和淡水，如此而已。达尼埃尔建造的那个圣安妮要塞，在耶稣会教士撤走后，就再也没有发挥什么作用。在那里驻防的士兵，也在 1641 年调到了纽芬兰。从此，布雷顿角岛便没了欧洲人，就连米克茂人也走了一大半以上。

1671 年，阿卡迪亚的人口开始得到精确统计。就是在这时，我的老祖宗居永·夏亚松的名字，出现在了官方的人口花名册上。彼时他已结了第二次婚，他的 12 个孩子也都册上有名。1687 年，布雷顿角岛也被纳入了人口调查的范围。一名姓伽加斯的档案官受命来到罗亚尔港，统计在荒凉海岸上星星点点地分布着的小小移民点里的稀疏人口。他还负有其他任务，就是清点这里的士兵人数、核发兵饷，命令士兵平时不得将子弹上膛，并监督他们将子弹上缴入库。当所有的士兵都领到兵饷、子弹都存入库房后，这位伽加斯还以极其认真的工作精神，将所有数据清晰工整、一笔一画地记了下来，不但注明了是男是女、成人儿童，还具体登记了实际年龄、信仰状况、是军人还是平民、是否为米克茂人等。他还对建筑按其功用类别——如是否为医院（这一数字为 0）、是否为原住民住的篷包等——一一统计造册。他还统计了家畜数字，按是成年马匹还是马驹、是役用畜还是供毛畜等进行分类。对于土地，他则统计了开垦地块的大小和种植类别。对于武器，他则调查了每一支长枪、每一管短枪和每一把佩剑。他就这样调查了阿卡迪亚的 48 处大小不等，但总体而言都不大的移民点。对于布雷顿角岛，伽加斯得到的统计数字是：全岛上共有六名欧洲人、50名米克茂人——也许比实际数少了几个、一处欧洲式住房、10个原住民居住的篷包。至于农场：零处；家畜：零头；耕地：零块。此外还有九条枪。只有六名法国移民，只有一处欧洲式住房。[1]在这种环境下，尼古拉·德尼建在圣彼得斯的贸易站也好，圣安妮要塞的传教点也好，自然都无法存在下去。

这种情况在1713年发生了根本性的转变。因为在这一年，欧洲人签订了《乌得勒支和约》，英法间重新划定了在北美的势力范围。法国将在其势力范围内的阿卡迪亚——其中的部分边界尚未划定——又给了英国，不过英国人也允许这里的法国移民继续留下来，条件是这些人（他们得到了一个新名称，叫中立法兰西人）必须表示愿意遵守英国法律，并不参加拥护任何一方的战争。英国方面也同意他们有继续讲法语和继续信奉天主教的权利。法国政府同意撤走驻守在纽芬兰的法国驻军而作为补偿，英国承认法国享有圣让岛（就是今天的加拿大省份爱德华王子岛）和布雷顿角岛的主权。

这一条约的签订，使新斯科舍半岛和纽芬兰岛都归属于英国。与北美内陆的联系，当时只能靠圣劳伦斯河，这样一来，布雷顿角岛就成了法国在圣劳伦斯河河口处的唯一落脚点。与此同时，法国要想保护自己在北美海岸的利益，也只剩下布雷顿角岛这个据点了。因此，《乌得勒支和约》签订后，布雷顿角岛就上升为法国外交政策的中心点，并从此得到了正式的名称——王室岛，德尼为开贸易站而建起的圣彼得斯变成了图卢兹港，英吉利港更名为路易堡，以表示对路易十四的敬意，达尼埃尔的那座颇有年代的圣安妮要塞，也用路易十四长

---

[1] William Inglis Morse, ed., *Acadiensia Nova* (1598–1779): *New and Unpublished Documents and Other Data Relating to Acadia* (London: Bernard Quaritch, 1935).

子的头衔命了名,有了多芬口[1]这个名字。

当法国对布雷顿角岛重新产生兴趣时,欧洲人已经来此探查和生活了二百年了。最先来的是英国人,然后又有了葡萄牙人前来的说法,接下来又是英国人,现在则是法国人在此。此外,这里一直是有欧洲渔民光顾的。因此出现了许多种故事,都是与布雷顿角岛有关的,但每个故事都有自己的开头和结尾,而这些开头和结尾又都落在不同的历史年代。结果就像是一栋老宅子,经过了多代人的一再装修,而每代人都按照自己的审美观行事,到头来,某一处到底是房屋的最初格局还是后加的变化,都弄得无法考稽了。布雷顿角岛很快就成为法国海军在大西洋北端的最重要的驻地。除了军事意义之外,布雷顿角岛还是欧洲和西印度群岛之间的国际贸易枢纽,繁忙、富足而又大气。我的那条道路的建造者,看来就应当属于这个时期吧。

---

[1] 路易十四的长子也叫路易,"多芬"是他的贵族头衔。"多芬"的法文为"dauphine",是海豚的意思。14世纪时的法国有一支伯爵家族,他们的贵族纹章上装饰有海豚形象。该家族的最后一个伯爵无后,遂在死前将此头衔归还法国国王,但希望有继承王位资格的王子使用这一纹章。自此,直到法国大革命之前,法国的王子都采用饰有海豚的纹章,并被称为"法兰西多芬"。——译者

第八章

灵机一动，思路急转

2003年2月的一个星期四，我和我的朋友贝丝在我们常去的"吉尔达酒吧"聚会。贝丝是安大略省卫生部的一名律师，言辞犀利，批评起人来不留情面。她刚从外面进来，还在抖去身上的落雪时，便一眼看到了我带来的黑色文件夹，于是问道："今儿个你要露什么宝呀？"

"科罗内利地图。"

"听起来跟一个意大利人有关噢。"

"你一准儿喜欢它——因为这是证据哟。"

"我就是喜欢证据嘛。"

我是在研究乔瓦尼·卡西尼的工作时，看到这幅科罗内利地图的。卡西尼是天文学家，曾于17世纪60年代在教宗手下供职。在航行过程中，要得知船只所在的纬度，只要观测北极星——对北半球而言——就可做到。而经度即船只在地球上沿东西方向的位置，测量起来就棘手得多。卡西尼设计出了一种十分高明的方法，就是根据木星各个卫星的位置，从一系列表格中查出经度来。[1]不久前问世的望远镜，使得这一天文观测成为可能。天文学界为表彰卡西尼的贡献，

---

[1] 从理论上提出这一方法的是伽利略，但卡西尼使之成为在船只上实际可行的常规做法。——译者

将土星光环间的缝隙定名为卡西尼环缝——能得到这种纪念方式，委实是巨大的荣誉。卡西尼的同时代同胞、苦行派修士温琴佐·科罗内利，立即看出了这一方法的重大意义。这位全欧洲知名的地图测绘家、百科全书的编纂者、欧洲第一处地理学会的创建人，还是一名思考宇宙结构的哲学家，便迅速根据由这一方法提供的精确经度数据订正地图，从而使得陆地和海洋不再是形状粗糙、边界相当含糊的形体，从而得到了与现代地图相当接近的结果。法国政府注意到了科罗内利的新地图。1669年，他被请到巴黎，谒见了法王路易十四，并应后者之托，精心制作了一副地球仪和一副天球仪。它们是科罗内利最为世人所知的成就。

过了若干年，即在1692年时，他又根据西方当时最可靠的数据，制得了一部地图集，名叫《地理概貌》。在这部集子中有一幅北美洲东北海岸的地图，标名是"北美洲：加拿大东部"。它反映出了两个世纪来由返回欧洲的航海人提供的信息。

我从文件夹内拿出一张科罗内利的地图让贝丝看。

"这张地图并不十分精确，"我向她解释说，"他在做简化处理时，将一些地方弄错了。"

"没关系，我能看懂。画的都是哪儿，我看得出来。"

"一点不错。地图上的布雷顿角岛是根据当时的最新数据绘制的。还记得哥伦布的那幅七镇岛地图吗？记得那张图是怎么画的吗？"

"画成几个小岛。"

"没错。你能够从这张图上看出来，科罗内利也画了几个岛屿出来：一个大的，两个小的，比例、轮廓和方向都对头。不过，科罗内利的地图所根据的信息，是让·阿尔丰斯、德·尚普兰、雷加波、达尼埃尔和尼古拉·德尼这些人带回来的。"

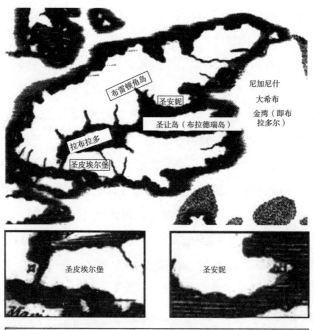

上图 1692年科罗内利所绘地图的一部分。图上有两个地方标有小图符。一个在多芬海岬上的圣安妮,另一个在圣皮埃尔堡(即圣彼得斯)

中左小图　上图下左方框的放大图

中右小图　上图中间方框的放大图

下图 1697年,科罗内利又绘制了一幅地图,在这幅地图上,他将自己刚刚在五年前的地图上所标出的小图符去掉了

第八章　灵机一动,思路急转　　111

"是啊。这么说，欧洲人当时就认为，布雷顿角岛是这个样子的啦？这个'当时'是指什么时候呢？"

"1692年前后，也就是法国派兵来到新大陆之前没有多久。"

"这是张好地图，保罗。"

"谢谢你啦，贝丝。但我希望你再仔细看看。"

"我早料定你会这么跟我说的。"

"在科罗内利的时代，地图绘制师之间并没有什么共同的标示约定。有主见的地图师会用自己发明的符号标记代表这种或那种存在。比如，一个小方框，可能就表示某个区域内的一座小城堡。至于看图的人是否会这样理解，绘制人只好寄希望于其悟性了。在科罗内利所表现的布雷顿角岛上，也就是在这张1692年的地图上，就有两个这样的小标符——看到了没有？"

"清清楚楚。"

"在他标为圣皮埃尔堡的地方，也就是尼古拉·德尼建过贸易站的位置上，科罗内利画了一个带叉叉的小框圈——这应当代表一座小城堡。"

"有道理。"

"就是嘛。看来，他的符标系统还是起作用的。再看看这儿。在多芬海岬这里，他也画了个东西。就在这个半岛的顶尖儿上，他画出一个建筑物，还连带着一座塔楼。他这并不是俯视平面图，只有前面的一半是。这后一半是个前视图。"

"对，对，对。这是一座塔楼。"

"这个图形，让我联想到了圣吉米尼亚诺堡楼。"

"你是说意大利托斯卡纳地区的那个要塞小镇？"

"一点儿不错。"

"那里简直都快让旅游者踩成平地啰。"

我在意大利的佛罗伦萨住过一年,因此不喜欢设想圣吉米尼亚诺堡楼被旅游者弄毁的样子。不过,回想一下我曾经见到过的意大利古城堡,就会浮想出一个矩形寨楼,旁边立着一个塔形附属建筑的形象来。这是典型的意大利式城堡。科罗内利是意大利人,如果将这种形象简化一下,再借用一下17世纪初时达尼埃尔建造圣安妮要塞时所用到的称法圣安妮,来叫这处建有这一建筑的海岬,应当是很自然的做法。

"那么,这是否指达尼埃尔当年所建的那处城堡?"贝丝说。

"不,不是的。那座圣安妮要塞位于海湾往里走的深处,而且半个世纪前就已经不存在了。"

"是吗?那它可能就跟另一个法国人有关——就是那个跟鱼打交道的人。"

"那是尼古拉·德尼。其实在半岛上动土的是他弟弟西蒙。可他都干成了什么呢,无非是盖了一间木头棚屋,再种了几棵苹果树而已。像科罗内利这样的优秀地图大师,未必会在世界地图上,将一间棚屋标成一座城堡的。"

"的确,的确。很有道理。这值得再干一杯。"

"且慢。咱们先得集中精神。马上要讲到绕脑子的地方了。"

贝丝将手指指向地图上相当于今天的圣安斯湾的地点:"这儿是个什么呢?"

"他写的是'大希布'。这是米克茂人对圣安斯湾的称法。在大希布的下面,他写的是——"

"金湾。"

"正是。这帮人总是想着金子。金湾也就是布拉多尔湖的入海口。不过要知道,科罗内利的作风,是只将他认为自己确知的内容画到地图上去。"

"那他都确知些什么呢?"

"问题就在这儿。我不知道他究竟都知道些什么。"

"真是的。"

"不过跟你说,贝丝。有这么一件事,值得好好琢磨。科罗内利绘制了两幅布雷顿角岛的地图,属于两个版本。这是一张,还有另外一张——"说着,我又拿出了第二张地图,"是《韦内托地图集》中的一幅。出版时间晚了几年。在《韦内托地图集》里,他为布雷顿角岛单立了一章。这一章不太长,不过有一幅大比例尺的地图。"

"看来,这是个挺重要的地方嘛。"

"值得琢磨的,是前一幅图中的那个城堡形状的符号,就是多芬海岬那里画在离圣安妮要塞和金湾不远处的那个小图符,在那幅大比例尺的图上却没有出现。另外一处,也就是建过贸易站的那里,也找不到有什么城堡的标记图符。"

"我说保罗,说不定他只是忘了添上呢。没有这些图符,简化的效果会好一些。"

"能是这样吗?打个比方吧。你的当事人被指控用斧头砍了对方40记。可当你进行调查时,注意到他没有胳臂。你会在法庭上忘掉提出这件事实吗?"

"得嘞,保罗,我明白你的意思啦。"

"为什么你不会忘记呢?"

"要是好律师,就不会忘记自己的当事人没有胳臂。"

"说的是。好的地图测绘师,也不会忘记城堡。科罗内利知道布雷顿角岛那里有点儿什么,因此特别在第一次标记上了,也特别在后来不去标它了。"

"这真是个谜。"

"我同意。"

随着1713年《乌得勒支和约》的签署，法国人开始从纽芬兰岛撤出，转移到布雷顿角岛去。军事当局立即开始了对布雷顿角岛的详细测绘和规划。当年秋天，路易堡搬来了纽芬兰岛的一批法国移民，共有116名男子、10名妇女和23名儿童。[1]在随后的七年间，法国对拟辟为军事要塞的地点——图卢兹港（德尼所辟的圣彼得斯）、多芬口（达尼埃尔所建的圣安妮要塞）和路易堡（渔民所说的英吉利港）逐一进行了考察。1720年，法国政府做出决定，要集中力量加强新起市镇路易堡那里的防卫。就这样，路易堡发展成了18世纪规划得最出色的要塞。附带提一句，我儿时曾在路易堡那里已变为废墟的要塞遗址上玩耍过。

由于科罗内利修士和他那一代地图绘制者的工作，使得路易堡的规划得以精确进行。如今画到地图上的，山就是山，河就是河，海岸也就是海岸。以这样的地图为依据，工程师虽远在巴黎，但他们设计出的小到城垛、大到建筑群乃至整个市镇，都能保证位置、大小和比例的准确，也确信他们设计成什么样，将来建成后也是什么样。此处头脑中的设想，如今会在彼处土地上落实。这一成就是工程建筑史上的里程碑。法国的工程设计、船舶营造和要塞规划，都开始步入先进行列。在整个北美新大陆，布雷顿角岛是这三项事业的最大受益者。

就在法国人将路易堡建成要塞的同时，英国人也开始了对选择继续生活在芬迪湾和纽芬兰的阿卡迪亚人的统治。一些希望离开英国占领当局的阿卡迪亚人，便到布雷顿角岛来寻找落脚处。但他们对这个地方的印象是："整个岛上都没有适合家庭生活的地方。找不到足以

---

〔1〕 McLennan, *Louisbourg*, 12.

放养牲畜的草地，而牲畜却是一家人生活的主要依靠……离开盖好的住房，放弃垦出的土地，重新去开发荒地，又得不到帮助和补贴，去了只能有饿死一条路。"[1]

但到了最后，这些想留在原处的阿卡迪亚人还是被迫离开了家园。英国人瓜分了他们的财产，烧了他们的房屋，为的是断绝他们回来的念想。英国人还对杀米克茂人的移民给予奖赏——按剥掉的头皮计数。许多阿卡迪亚人藏了起来。我的祖上雅克（居永·夏亚松的孙子）在1750年躲到了圣让岛。在此之前，他生活在新布伦瑞克和新斯科舍交界处的博巴桑镇。那是一个重要的贸易点，地处希格内克脱湾南岸，一边是芬迪湾，一边是诺森伯兰海峡和圣劳伦斯河，但离前者更近些。阿卡迪亚出产的农产品，就从这里走15公里陆路运送到海边。那里有来自英国、新英格兰和法国的船只，用他们带来的工业品交换这些农产品。博巴桑镇的贸易开展得一直很兴旺，但到了1750年，英国人在这里屯了一支重兵。阿卡迪亚人都是法裔，讲的是法语，信仰的也是天主教，因此英国人不喜欢。英国人不肯讲法语，也普遍嫌弃天主教，执起法来又带有任意性，就使这里的阿卡迪亚人没有了安全感。因此，已经不再年轻的雅克，便带着全家人，从诺森伯兰海峡渡海，迁到了法国治下的圣让岛。布雷顿角岛就在附近，也属法国政府管辖，但在那里的沿岸一带找不到适宜的草场和便于开垦的土地，因此除非万不得已，阿卡迪亚人是不愿前去定居的。但到了后来，英国人又将圣让岛也占了去，我们夏亚松一族就分了开来，星散到了大西洋东北海岸的不同地方，也就是今天的加拿大大西洋诸省。

与此同时，法国军方又希望阿卡迪亚人能移到布雷顿角岛来，以

---

[1] Faragher, *A Great and Noble Scheme*, 139.

有助于为计划中将在路易堡驻防的上千名士兵提供食物供给。为了能向移民提供适合的落脚地，法国政府在拥有该岛主权的期间，前后对全岛进行了五百多次勘察与测绘。[1]有关人员将结果整理成详尽资料，无论是荒无人迹的原野，小型移民点的布局，还是大型要塞的设计，都一一存入文档。路易堡内和附近的情况，都是测绘工作的涉及范围，许多地方更是做得巨细无遗。

在一些历史类出版物中，以插图形式刊登了一些最重要要塞的地图。我既看到过路易堡的，也看到过布雷顿角岛总体的，都是在多伦多参考图书馆的地图部查阅到的。不过，我还需要看一看，在多芬海岬那里，历史上都建造过什么。法国人测绘过图卢兹港（圣彼得斯）和多芬口后，都提出了建造要塞的建议。对于图卢兹港，法国人更是具体拟订好了修建城堡的计划，选址就定在尼古拉·德尼当年修起的贸易站，计划也一再修订，但始终没有兑现。我的研究进行到2003年3月时，特别需要看到这样的地图，但就是找不到。这样一来，唯一的希望就落在了1990年的一期《新斯科舍历史评论》杂志的一篇文章上，从文章的题目——"法国人在1713—1758年期间对布雷顿角岛非要塞地域的测绘"[2]来看，似乎会有我需要的内容。多伦多参考图书馆有这期杂志，但属于读者不多的一类，因此并不开架。要想阅览，得从四楼的期刊服务台调出。我在等待时总是不够耐心，馆员们都已习惯了我在等候时来回踱步的表现。如果在这里还查找不到有关多芬海岬修造工程的材料，我可能就得去路易堡、渥太华或者巴黎等地的资料馆，要求借阅那里的馆藏了。当时我的看法是，尽管我

---

[1] John Fortier, "The Fortress of Louisbourg and Its Cartographic Evidence", *Association for Preservation Technology Bulletin* 4（1-2）（1972）：2-173.

[2] Joan Dawson, "Beyond the Bastions: French Mapping of Cape Breton Island, 1713-1758", *Nova Scotia Historical Review* 10（2）1990：6-29.

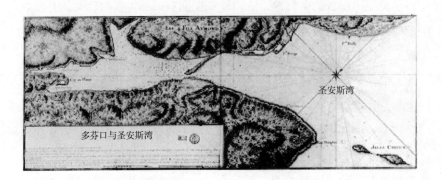

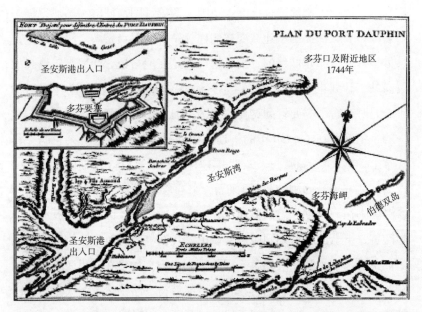

上图　1733年左右的圣安斯湾地图。此时正为法国人初建路易堡的时期,图中的多芬海岬上并没有建筑标识

下图　1744年时的地图。法国此时已在路易堡站稳脚跟,图中沙洲的对岸已经标出了一处工程,看来是准备修建要塞屯兵(但实际上从未建起)。从这幅图上看,多芬海岬那里仍然没有工程迹象

看到的那条路理当是法国人修的，但我还是要查到由巴黎的工程师设计的这条路的图纸。我是搞建筑这一行的，需要了解这条路是何时设计和如何设计的，也需要得知为什么要修这条路，以及它都通到什么地方。

我知道，法国人针对这个地区提出的规划，应当是在从 1713 年至 1720 年期间，也就是据信修建路易斯堡的同一期间做出的。当我需要的这期《新斯科舍历史评论》终于从库里提出送到前台时，我第一眼注意到的是杂志封面上的短短一句话："图尤胜文"。我太希望这句评语属实了，因为在我已经读过的历史文献中，无论是对多芬海岬的道路本身还是对修路的理由，都没有多少文字谈及。也许图真的"胜文"能够提供较多的信息呢。我先大致翻了翻附图，就觉得我可能是"一镐刨到狗头金"了——在这篇文章里，附有许多幅路易堡的地图。这一幅接一幅的地图，画得很清楚，也很认真仔细，都达到了测绘水平。我在其中也找到了图卢兹港和多芬口的设计规划。我坐下来认真研究这些地图时，简直觉得连气都有些喘不赢了。

没有。什么也没有。多芬海岬那里没有任何人工造物。我花了好几天时间，用放大镜在地图上来回查看，想找到以前可能遗漏的内容。地图上的多芬海岬表现得十分清楚，也非常准确，但就是没有道路。它的三面环水的形状、多山的地形、嶙峋的海岸，简直都和现代地图上一模一样。但总体而言，这里只是一大片森林遍布的野山。固然有人也对此地提出过若干改造建议，但都将目标集中在圣安斯湾的军事工程上，地点都在达尼埃尔当年修在沙洲对岸的城堡一带。

从我看到过的所有这一地区的测绘报告和地图上，显然都能够看出一点，就是对这块地方，新上任的督理菲利普·帕斯图尔·德·柯斯特白尔是十分重视的。他希望尽量给前来的移民——他们是法国人而非阿卡迪亚人——创造良好的条件。他原是法国政府派驻纽芬兰

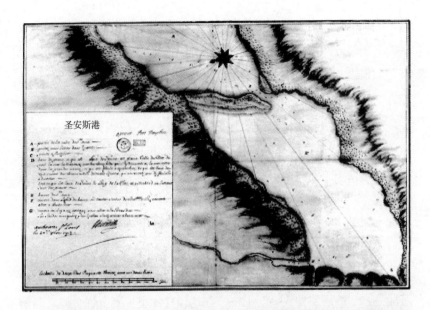

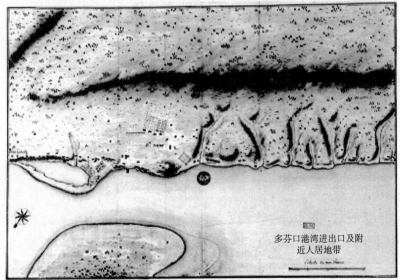

上图 1713年的圣安斯港地图,绘制者为负责在岛上建设新法国移民点的雅克·莱尔米特工程师
下图 多芬口的一处移民点的地图。当时,法国政府正考虑在这里建造一处要塞

的督理，来到布雷顿角岛后仍担任同样的职务。对这里的第一轮测绘工作，就是他下令进行的，目的是要修建军事要塞。1713年，他派法国工程师雅克·莱尔米特归纳岛上的种种条件，完成一系列综合报告。这位曾在军队里当过少校的莱尔米特，曾在纽芬兰的带有军垦性质的普拉森舍移民点担任过第三把手。他在这份报告中对圣安斯湾写有这样的考语："从地形和林木两方面来看，这里都可以成为最上乘的港口，此外还有石膏岩和煤炭两大出产。从商业角度衡量，这里是上选之地，从控制角度着眼，这里又可扼守海港入口。由于后面为陡峭的山壁环绕，也不存在从陆地受袭之虞。"[1]

莱尔米特有关布雷顿角岛的第一批报告和地图于1713年送呈巴黎。报告中认为军事要塞应当横向建在沙洲处，这样会有利于封锁住湾内沙洲以里的港口。他的勘测结果表明，整个圣安斯湾除了那一道每年会有季节性渔民前来这里准备捕鱼的沙洲外，其他地方都是深水。勘探者和测绘者都没有提到海岬另一侧"陡峭的山壁"那里的情况。

1714年，布雷顿角岛又接受了一次测绘。主持测绘的是魁北克的海军领航员约瑟夫·居永。他认为圣安斯这里的海湾兼有如下的优良条件：

> [这里的海湾]有一个很窄的入口，宽度只略超过滑膛枪的射程，而且易于修建工事。海滩很大，滩头铺满鹅卵石，足以让三四十艘船利用这里晒鱼干。在这里捕捞鳕鱼，收获量也会超过岛上其他所有地点。周围一带的陆地都很平坦，适于种植各种谷

---

[1] George Geddie Patterson, *Patterson's History of Victoria County, Cape Breton, Nova Scotia*（Sydney: College of Cape Breton Press, 1978），30.

物。西蒙·德尼先生曾在这里生活过,种了许多苹果树,现在还能结不少果。[1]

居永对这处海湾的看法,是同他的前任们一致的。但他也增加了一点意见,就是可以沿着海湾向南拓展,开发那里的农牧业。对于这一建议,法国移民没有采纳,而一百年后来到这里的苏格兰新教徒却这样做了。

大约就在这两份报告先后问世的同一时期,出现了另外一件事。安家在罗亚尔港移民点的尼古拉·德尼的孙子,向法国政府投书,支持在圣安斯湾建港的动议,认为应当在这里兴建"世界上最好的港口"。[2]受到这几份正面建议的鼓舞,时任布雷顿角岛督理的菲利普·帕斯图尔·德·柯斯特白尔和新法兰西总督菲利普·德·里戈·德·沃德勒伊都向法国王室提出建议,要在多芬口建立一处新的军事基地。当时,那里已经自然形成了一个小小的移民点,有了几栋住房、一口石灰窑、一间铁匠棚,还有火药库、士兵营房和小菜园等,但是没有修筑道路。除了上述三份报告,还有其他人也提出过在多芬口设立军事防务点的建议。不过,从1733年的一幅标题为"多芬口和圣安斯湾"的地图上可以看出,这里除了由几处不大的建筑物组合成的一个小居民点外,并没有其他人为建筑。也就是说,那里就不曾出现过任何大规模的建筑工程。

有几幅地图中画进了多芬海岬,但都没有标出任何山上的道路或者石墙来——那里没有任何人工造物的标记。在18世纪的法国人眼中,多芬海岬只是一片外缘围着一圈陡峭岩壁的高地,高地上除了林

---

[1] George Geddie Patterson, *Patterson's History of Victoria County, Cape Breton, Nova Scotia*, 30.

[2] Ibid., 30.

木一无所有。

看着这些地图,我又失望又不解。我发现的那条路,既不在地图上,也不在报告内,修建者更不知其谁。看来可以认为,法国人在多芬海岬那里没有搞过什么建筑,所搞的不多一些,也都集中在沙洲一带。

2003年的春天一天天过去,我的心情有些恶劣起来。从法国人搞的测绘资料中我一无所获。大失所望之余,我觉得应当给自己一个休整的机会。接下来,三弟杰拉尔德打算重新装修他家的一层住房,就同妻子德布拉邀我去那里,帮助设计和督工。借着这一机会,我既能同家里人多聚一聚,又能发挥我之所长。他们也安家在多伦多,住在威拉德花园街。在前几个星期里,每逢周末他们全都在家时,我总是尽量管住自己,只字不提我的研究。我帮助侄女劳拉完成学校布置的一项手工作业:制作台伯河上著名的米尔维奥大桥[1]的模型。我按比例尺的要求,削出一个个小木块来,代表砌桥的石块。劳拉的工作,则是用胶水将它们粘到一起,做出一个个桥拱来。整个模型有一张课桌那样长。我是喜欢教书这项工作的。尽管我弄不明白,为什么学校要让十来岁的孩子,去造罗马的一座桥的模型,但我觉得,至少在此过程中,她会了解拱形的构造,也会知道为什么位于拱形中间的那块拱心石是关键成分。在这几个星期里,我是二伯父,是建筑师保罗。

然而,不管我怎样努力控制自己,那条道路总是盘踞在我的脑海中。一天,我正在帮助劳拉搞一些小小的支架,好托住她刚刚粘到位置上的木头桥拱时,杰拉尔德走了过来,站在我的身后看我们干活。

"我说,杰拉尔德。还记得我在多芬海岬那里看到的那条路吗?

---

[1] 公元前3世纪建在罗马的一座多拱石桥。——译者

它不是法国人修的。"

"你的那条路吗？不是法国人修的？那又会是谁呢？"

"这正是我要搞清楚的。这条路修了很久了——足有好几百年。我曾经认为必定是法国人在这里时修的。但我查过了法国人的官方资料，都没有提这条路的事儿。为什么法国人的测绘人员都不曾提起它呢？如果法国人真修了这样的工程，以这些人的职业素质，是不会不去注意、也不会注意到了却只字不提的。所以我现在开始想到，这条路会不会是早于法国移民时期而建的呢？如果真是如此，那它就会比约翰·卡伯特去那里的时间还要早——因为我敢打保票，从15世纪末到18世纪末，这里从不曾修过任何东西。我可是什么资料都查到了。"

看着侄女轻轻抚摸着那座刚粘起来的小桥，我突然冒出了一句话："我真高兴当初爬到了那座山上，真高兴亲手触摸过那打凿出的边棱。除此之外，我所见到的，全都是它根本不存在的证据。"

我将法国殖民时期的重要资料都复印下来，在我的公寓里摊得到处都是。从这些资料可以肯定，法国人最终还是放弃了建设多芬口的计划，中选的是路易堡。这是由于法国人不得不放弃纽芬兰，从而失去了该岛上的重要渔港普拉森舍，而出自渔业考虑，路易堡是更为重要的地点。从这里到达鳕鱼最厚的渔场，要比多芬口近20公里海路，而鱼就等于金钱。路易堡建成后，进出港口的船只数量激增，布雷顿角岛也因此成为大西洋北端至关重要的国际贸易中心。从欧洲、新法兰西、阿卡迪亚和新英格兰来的船只都经由此岛。墨西哥湾暖流的存在，也将加勒比海地区的法国殖民地与这里紧紧联系到了一起。

加勒比海上的一些岛屿，同新法兰西共同组成了法兰西帝国的海外省份。这些岛上有许多从非洲运来的奴隶。贩卖奴隶当时是一桩大生意。到17世纪末时，法属加勒比地区的奴隶已达到2.7万人，超过了当地有自由身份的法国人数。过了五十年后,这里的奴隶数量又翻了几倍,达 25 万以上。这里生产的蔗糖和朗姆酒,不但满足了法国本土的大部分需要,还行销整个欧洲。这些岛屿还是棉花、烟草、靛蓝、可可的输出地,咖啡也有出产。这些产品都是要运到法国去的。[1]墨西哥湾暖流是世界上最强大的洋流,它从加勒比海附近经过,一直流到布雷顿角岛,由是在这两地之间形成了强大的天然联系。航海家便充分利用它,从加勒比海轻松驶到布雷顿角岛。多少个世纪以来,这股暖流都在布雷顿角岛拐弯。而去欧洲的船只都泊在这里,等着顺风来到,好乘风顺流返回家园。

直到这时我才清楚地了解到,洋流对船只在海上的航行起着很大作用;而布雷顿角岛之能成为 18 世纪时期北大西洋的商贸重镇和国际性海港,都是因为墨西哥湾暖流的存在。[2]还有一点,就是我觉得,布雷顿角岛从前曾一度很受重视,究其原因,也可能与这一洋流有关。

法国人希望路易堡实现自给自足,从而在那里形成欧洲式市镇、无敌的海上堡垒和稳固的殖民政权。但到头来,这一切可以说全都成了泡影。路易堡倒是修成了一个大要塞,然而,尽管规模很大,城墙也又高又坚牢,打起仗来却不大能发挥作用。1745 年和 1758 年,英国人两度前来攻打,路易堡竟也两度失守。不过,它虽然未能有效地成为法国人在圣劳伦斯河上的强大军事前哨,但作为大商港仍是成功的。贸易与捕捞给它带来了越来越多的财富。到了 1752 年时,路易堡的居民数接近 5000,已跻身于大西洋东岸规模最大、供应最充足、

---

[1] Eccles, *France in America*, 168.
[2] John Robert McNeill, *Atlantic Empires of France and Spain: Louisbourg and Havana, 1700—1763*(Chapel Hill: University of North Carolina Press, 1985).

国际色彩最浓的市镇之列。整个市镇划分为商业区、军事区和居民区，开设了旅店、商店、面点铺和酒馆——许许多多的酒馆。镇上还盖起了仓库和作坊。富人修起了公馆，渔夫也搭起了棚屋。此外，这里还建起了一家新型医院，一处坚固的碉堡和一座石砌的灯塔。都是融入了法兰西风格的18世纪新古典主义建筑，也都修得结实地道。整个市镇的街道和建筑物都符合法国市政当局为保护市镇房地产主权益而制定的工程标准。

大尽管大，牢也尽管牢，面对1758年夏英国人的围攻，路易堡守了七个星期后还是陷落了。当时，面对人数十倍于己的法国军队，英国人选择了从薄弱的陆地一面突袭的战术。开战两个星期后，他们用一支小分队，兵不血刃地占领了多芬口附近的一个小村庄，取得了这场战争的胜利。[1]

到了18世纪中叶，布雷顿角岛的大部分地区已得到精细的测绘。此时岛上的居民仍十分稀少。30年代的多芬口还只是一个由法国移民组成的小渔村，除了捕鱼，还兼营打造小船只和开采石灰石。1744年，又有人重新提出在多芬口修建要塞的建议，但依然没有结果。1745年英国人第一次从新英格兰前来这里打仗并且取得了胜利，在此期间，多芬口被纵火焚毁。1758年英法在布雷顿角岛的又一仗，使这个岛成为英国人的战利品。这使多芬口再次成为无人看重之地。1752年的一次人口调查表明，多芬口这里的居民还不足20人。[2]

除了多芬口，这一带还有另外一处法国移民的产业，而且是唯一

---

[1] Patterson, *Patterson's History*, 37.
[2] Sieur de La Roque, *The 1752 Census of Isle Royale（Known as Cape Breton Island）as a Result of the Inspection Made by Sieur De La Roque*（Pawtucket, R. I.: Quinton Publications, 1997), 42.

的一处。它位于多芬海岬之东，中间只隔着作为布拉多尔湖入口的一道窄窄的海峡——也就是尼古拉·德尼称之为"小希布"的地方。从这里穿过海峡，就是一个狭长的小岛，法国人曾一度称之为威尔德隆岛，如今的正式名称是布拉德瑞岛，是为了纪念一名姓布拉德瑞的军人而改名的。这位军人的头衔加全名长得可以，是布拉德瑞骑士路易·西蒙·德·圣奥班·普佩。他移民来到阿卡迪亚后，先后在罗亚尔港和路易堡服役。1719年，一次难得向私人开绿灯的土地许可，使他置得了一块不大然而肥沃的土地——这也就是今天承载着他的姓氏的这个小岛。他于1748年死去，小岛由儿子安托万继承。1755年，这位继承人在路易堡进行的土地交易会上告诉人们，他在自己的这块产业上花了心血，雇来手艺人和农夫为他工作，还增添了新的产业，其中包括一所庄园、若干农场房屋、一座水风两用磨坊，还有一处果园。1758年路易堡失守，布拉德瑞岛上的人跑光了，产业无人经营看管，后来被英国人纵火烧毁。布拉德瑞岛上的经营者，也不曾对海岬对面山上的道路留下只言片字。

  英国人拿下路易堡后，曾一度以它为进攻魁北克的据点，但时间并不很长。当他们建成哈利法克斯这一根据地后，便决定干脆毁掉路易堡。英国人在其宣布的规定中是这样说的："对上述城堡以及堡内全部建筑和港口处的防卫设施，都将予以有效的完全夷毁。"[1]结果是，堡内的工事和主炮台的护墙都被炸掉，不过镇上的建筑还是保留了下来。随着英国人的胜利，王室岛也根据1763年的《巴黎条约》改名为布雷顿角岛，并正式划归为新斯科舍的一部分。法国在北美的殖民地，几乎全部落入英国的掌握，成为大英帝国的领土。建在沙洲口上的多芬口，即原先的圣安妮要塞，也得到了个新名称英吉利

---

[1] McLennan, *Louisbourg*, 290.

敦，周围一带也改成了英国式的叫法——圣安斯地区。

　　由于英国人将军事力量集中到了哈利法克斯，从 16 世纪初以来就是战略要地的布雷顿角岛便失去了一向的重要地位。岛上的法国人不是逃走，便是被遣散。英国政府对这里很少投入财力，也没有开发的打算。1766 年对新斯科舍进行一次普查表明，全岛的人数（米克茂人不包括在内）只有七百出头。[1] 又过了八年后，时任美洲北大区总测绘师的英国人塞缪尔·霍兰，又对该岛做了一次统计调查。他的结论也和以往前来的欧洲探险家一样，认为"在整个北美，都难找到像布雷顿角岛这样利于商业和渔业发展的好地方"。对于不久前被英国人破坏的路易堡等法国军事据点，霍兰的看法是"法国王室将太多的财力，无端花在了岛上最不适合的地方"。他认为多芬口——他对那个地方的称法是康威港——"是该岛上最好的港湾，整个北美都罕有其匹"。他还在报告中提到，多芬口那里原先建有以木桩围成的护栏和营房，如今虽已被毁，但房屋的残迹犹存，果园也仍在。这里土质好，当年的牧场虽已野化，但不难重新恢复。霍兰建议将这里辟为一处小镇。"多芬海岬"这一称法，也在霍兰的报告中第一次正式出现。他是在谈到海湾外围部分时提到这一名称的。他报告说，这一带地区"地势很高，尤以多芬海岬和赫特福德角为甚，两者都不易开发"。[2] 这位英国人也没有在调查报告中提及那里的山上有任何特别的存在。

---

[1] Samuel Holland, *Holland's Description of Cape Breton Island and Other Documents* (Halifax: Public Archives of Nova Scotia, 1935), 10.

[2] Ibid., 63.

第九章

天荒地老，人烟稀少

在英国人塞缪尔·霍兰写于 1774 年的报告中，多芬海岬这个词并没有按英文的习惯写成"Cape of Dauphin"，而是沿用了法国人的写法，多了一个字母"e"，即写成了"Cape of Dauphine"。这正说明在布雷顿角岛这里，英国和法国的势力是来回拔河的。阿卡迪亚人似乎熬过了一次又一次拉锯战生存了下来，只是活得惨兮兮的。

1763 年上，我的家族中有不少人从爱德华王子岛出逃，来到不远处圣劳伦斯湾的法国属地圣皮埃尔和密克隆群岛。也就是在此期间，出身英国属地泽西岛（离法国的圣马洛市只隔着一脉海水）的一支以罗宾家族为首的胡格诺派教徒，将布雷顿角岛的谢蒂坎普开发成了一处新渔场。

罗宾家族定居的这块地方，米克茂人是知道的，欧洲人也曾来过。只是由于这里地处布雷顿角岛西岸，迟迟没有移民定居。等到阿卡迪亚人前来此处移民时，只剩下一些没有被英国人占去的残存地盘。尼古拉·德尼在他那部发表于 1672 年的著作中，对这块地方是这样介绍的："舍狄这里是个很深的海湾，水深达两里格。在海岸的尽头处，是一片海滩，有沙，也有海水冲磨成的卵石。海滩的前面是海，后面是一汪咸水。海湾的陆地部分和这两片水之间，都各隔着一道岩石屏障。这里的海岸并没有形成良好的港湾，但成群的鳕鱼仍吸引了捕捞的渔船冒险前来。"舍狄——也就是后来的谢蒂坎普，可能是沿用了米克茂人的称法。而舍狄这个名称第一次在地图上出现的时间是 17 世纪。[1]

罗宾一家人是新教徒，但又讲法语，因此在英国人治下的新斯科舍处于一般人所不具有的有利地位。这个家族在查尔斯·罗宾率领下，沿着谢蒂坎普的海岸建起了晒鱼点和船泊码头，又招来一批阿卡迪亚人和法国人前来安家和工作。这一批人共有 14 家，就是后人写进乡土历史教材的"十四老户"。由此可以看出，这些创业者的社会背景有很大的不同。

阿卡迪亚人被英国人赶出家园后，意欲迁至新英格兰，然而非但没能成功，还坐了一段班房。其中的一批人来到了法国的圣马洛。这批人本来就渴望返回家园，恰好圣马洛又与罗宾家族的故乡泽西岛只是一水相隔，便同查尔斯·罗宾搭上线，同意接受后者的雇用。而且不但是他们自己返回北美，还将一些亲属也拉了进来。他们在谢蒂坎普的定居，使几代阿卡迪亚人重新聚到了一起。

在这"十四老户"中，有三家人姓夏亚松，家长分别是保罗、巴西尔和让，其中两人都娶了布德罗家族的女子为妻。[2]布德罗家族成员已经四散十多年，一部分定居阿卡迪亚，一部分住在圣马洛。在圣马洛姓布德罗的人家中，有一位名叫伊莎贝拉、父母曾坐过五年英国人大牢的女子，她随一家人从圣马洛移居到谢蒂坎普，她本人也嫁给了让·夏亚松，另一个姐妹也嫁到了夏亚松家。这两姐妹的一位姨妈又成了保罗的太太。没过多久，婚姻就在家族间结成了纠结纷乱的关系网，将不同国家中的好多代人联结到了一起。无论遭到何种境遇，阿卡迪亚人对家族和亲人的忠诚始终不渝。阿卡迪亚人的家庭之

---

[1] Denys, *The Description and Natural History*, 185n. 2.
[2] Sally Ross and Alphonse Deveau, *The Acadians of Nova Scotia: Past and Present* (Halifax: Nimbus Publishing, 1992), 106.

大，成员间的亲情之重，给英国人留下了深刻印象。就是这些原本五代人都生活在阿卡迪亚、但被逐出家园来到圣马洛却终又返回故土的人家，和我的几家祖先走到一起，形成了谢蒂坎普的开山族——"十四老户"。在随后的五十年间，原来的阿卡迪亚人家又不断从北美其他沿海地区和法国前来。到了19世纪中叶时，谢蒂坎普这个布雷顿角岛西端最美丽的起伏海岸地区，已形成了一个与众不同的法式区域。人们操着18世纪的老式法语，遵守的是18世纪的旧习俗。从这些人的根来看，从这些人的自成一家来看，他们都很像是在路易斯安纳安置下来的那些被称为"卡金人"[1]的原阿卡迪亚人。

在阿卡迪亚形成的初期，法国移民曾得到过米克茂人的很大帮助。英国人占据这里之后，阿卡迪亚人和米克茂人被驱赶到不同的地方，遭遇也有所不同。谢蒂坎普的这些原阿卡迪亚人，孤零零地生活在与世隔绝的环境中，米克茂人则又返回深山老林，结果是没过几年，九成人都死光了。在欧洲人最初登陆这片土地之前，据估计这里有大约35000名米克茂人。然而，到了17世纪初，据一份法国人的报告认为，剩下的已不足3500人。1611年在新法兰西传教的耶稣会神父皮埃尔·比亚尔，就是最早指出米克茂人口急剧减少这一现象的欧洲人之一。他援引米克茂人的一名重要领袖门伯图酋长的话说，在他年轻的时候，米克茂人多得"有如自己的头发"[2]。这名酋长向比亚尔神父及其继任传教士解释说，原住民人口的锐减是欧洲人造成的。按照门伯图的说法，米克茂人是从16世纪中期开始减少的，而

---

[1] 英文为Cajun或者Cajan，原为阿卡迪亚人，后因遭英国人驱赶，辗转移居到今天的美国南部路易斯安那州，周围都是讲英语的民族，但并没有被同化，而是形成了自己独特的习俗和文化，又反过来吸引和影响了英语地区。该州的新奥尔良市就是其代表。——译者

[2] Thwaites, ed., The Jesuit Relations, vol. 1, 177.

欧洲人就是在这时开始了可获得巨额利润的捕捞业和毛皮贸易的。今天有不少人将原住民的大批死亡，归因于欧洲人带去的疾病源。但我并未能发现米克茂人罹患欧洲人疾病的证据。在尼古拉·德尼于1672年和天主教传教士皮埃尔·马亚尔神父于1755年完成的报告中，都认为欧洲渔民用带来的大量酒精饮料交换当地出产的物品，是造成米克茂人大批丧生的重要原因。[1]正是酒精和大量涌入米克茂人生活的陌生用品，造成了家族凝聚力的消失甚至个人的自暴自弃。米克茂人本来形成的和谐社会，被弄得彼此反目成仇。

还在路易堡被英国人攻破之前，米克茂人就已经迁到了内地。到了18世纪末布雷顿角岛划属于英国人时，整个岛上就只留有一些阿卡迪亚人了。1778年，有五六家英国人在多芬口安了家，还将这里改名为英吉利敦。不过此地一直没有很大发展，始终只是个小村落。1784年，出于将魁北克的拥戴英国王室的人向东分流的考虑，英国殖民政府将布雷顿角岛从新斯科舍分了出来，成为单独的行政体，并任命了一名本地人出身的行政长官。英国人本希望以此形成一个自给自足的移民区，但原打算吸引来5000户人家，实际上却只搬来140户。这里原来有个小镇，叫作西班牙人港，英国人将它改成了悉尼镇，并将政府设在此地。由是，布雷顿角岛就有了一个相当粗陋的移民区，一个"小集镇，总共只有五十来间破墙烂椽子小屋……什么产业也没有，镇上的人靠卖烈酒给大兵谋生"。[2]

至于圣安斯湾一带，更是直到19世纪初才有了定居的人家。他

---

[1] Denys, *The Description and Natural History*, 445.
Antoine Simon Maillard, *An Account of the Customs and Manners of the Micmakis and Maricheets Savage Nations* (London: Hooper and Morley, 1758), 49.

[2] Philip A. Buckner and John G. Reid, eds., *The Atlantic Region to Confederation* (Toronto: University of Toronto Press, 1998), 190.

们多数来自苏格兰，是被英格兰人从苏格兰高地赶出来的。他们觉得这个新家园与原来的故乡有些相似，便将它定名为新苏格兰，其拉丁语是"Nova Scotia"，新斯科舍的叫法即来源于此。

1817年，一批虔诚的苏格兰移民，在诺尔曼·麦克劳德牧师的率领下来到了新斯科舍。他们先是到了新斯科舍半岛北端一处叫皮克图的地方。但这位牧师认为，那一带已经形成的其他苏格兰教会的力量，会对自己所带领的这批人产生不利影响，于是又领着他们移居到圣安斯湾。[1]他的这一妄自尊大、自以为是的决定，实在给他的教民留下了可悲而又可笑的印象。这可以从这批人的书信和其他材料中看出来。麦克劳德牧师的最初打算，是乘船走海路，将这批人带出皮克图，沿大西洋西岸南下，先来到墨西哥湾，再沿密西西比河上行，直到无法行船为止，然后再走陆路，最后到达现在美国中西部的俄亥俄州。然而，当麦克劳德和这批"别动队"在途经圣安斯湾时，也和原先来到这里的移民一样，看中了这里的草地、鱼群、林木和堪称第一流的天然港湾，于是决定就在这里安家。这样，多芬海岬的这一处有着复杂历史荒蛮的地方，又增添了一道苏格兰人的积淀。

要查找那条路的信息，麦克劳德是我的最后一条线索。阿卡迪亚人自给自足地生活在布雷顿角岛的最西端，与外界不通音信；米克茂人又都走光了。这群苏格兰移民数量虽少，却是布雷顿角岛的最后一批重要移民。如果这批人不曾修这条路，看来就只能做出此路为原住民所修的结论了。可我知道，米克茂人从不造大房子，也从不修路。我的研究很可能以剩下更少的可能性告终。

当我发现，这位麦克劳德牧师只率领着二百名移民前来，而且其

――――――――――
[1] 麦克劳德牧师的生平简述摘自James B. Lamb, *Hidden Heritage*, Chapter 3。

中还有妇孺后，便断定这根本不足以形成修那条路所需的劳动大军。这些男人们只勉强能盖起简陋的住房，生产最基本的生活必需品。他们不得不靠马铃薯和鱼果腹。为了捕鱼的方便，他们都将家安在了岸边。就是要出门，也无非是走过将彼此的小木屋连接起来的小路。据资料记载，他们在此居住期间所搞成的最大的建筑，是建起了一座教堂。这批人是1820年春季乘自己打造的船只到此的。他们感兴趣的只有一个地点，就是位于圣安斯海湾西岸的这一小块地方，对海湾对面的多芬海岬并不感兴趣。这些人还一如在苏格兰时一样，以云杉树干盖起结构简单的木屋，用铺在树皮上的带泥活草皮苫做成屋顶，再拿大块石头砌起烟囱。几年过后，他们又弄起了锯木作坊，这样，他们的住房又增添了木板和木瓦。凡是他们自己不能生产的，就去岛上唯一有商店和集市的悉尼镇那里，用自己生产的东西交换。在麦克劳德牧师的领导下，圣安斯地区成了"全岛上酒喝得最少、活干得最多、规矩守得最好的地方"。他们沿海开垦的田地出产甚丰，鱼也源源不绝而来，整个移民点日子过得相当丰足。

只是有一点，就是麦克劳德牧师十分专断。据资料所记，1823年时，他将自己封为治安官。1827年，他又任命自己担任移民点唯一一所学校的校长。1830年时，他盖起了一栋三层楼的住宅自住。1840年时，全体居民共同为他修起了一座大教堂，因为是当地唯一一处像样的建筑——甚至可以称之为19世纪整个布雷顿角岛上的唯一像样的建筑，故人们在提起时就只说一个"堂"字以代之。"堂"长20米，宽13米，占地面积相当于一个网球场。以布雷顿角岛当时的标准而论，与海湾一带的其他建筑相比，的确既宏丽且雄伟。麦克劳德治下的所有农田、他自己的住宅、他当校长的学校，再加上那个"堂"，都建在多芬海岬对面位于圣安斯海湾以西和以南的海岸地带。

在这些移民眼中，多芬海岬无非是位于他们栖身的这块美丽海湾对面的一个荒凉地块，如此而已。对于建在那里的道路，即便他们也曾议论过，也只会是说说的，随即便丢在脑后了。

这一带森林繁茂，移民们便兴起了小小的造船业。他们的事业成功兴旺，不但造出了舢板一类的普通船只，甚至还造出了可以远航的帆船。19世纪40年代，从建在"堂"旁边的船坞里，他们自己造成的一艘大帆船下了水。由牧师的儿子唐纳德·麦克劳德任船长，一路驶回了苏格兰。

这一记载是我搜集到的第二份布雷顿角岛造出具有当时世界先进水平航船的信息。第一份信息得自1733年法国人的一幅地图，该图上有一行字写着，此地海湾居民，为法国国王打造了一艘船。[1]这委实有些不同寻常，因为布雷顿角岛上并不出产适合造船的木材。岛上岩石遍布，只覆盖着浅浅一层表土，因此树种大多矮小，木质也不够坚硬，很难用来造成像样的大船。但在圣安斯地区——而且只在圣安斯地区，却生长着适合造船用的几种枫树、橡树和高大的松树。这是为什么呢？如果不是已经知道有一条上山的道路的话，我大概根本不会注意到这些造船的信息的。这些树木会不会是——早在法国人来到之前——就已栽种生长在那里了呢？栽种这些树木，是不是因为先看上了这里的海湾，准备在这里造大船的缘故呢？如果当真，这不也是一项大工程吗？

麦克劳德牧师的那个船长儿子唐纳德后来去了澳大利亚——不知道是不是为了远远躲开其专制的老爹。他从那里给布雷顿角岛人写信来，介绍了这个地球上离布雷顿角岛最远地方的气候、土地和资源情况。这封信到达时，恰值圣安斯地区马铃薯歉收，人们正担心会挨饿受苦。麦克劳德牧师便拿定主意，要带领这批人走出前途未卜的布

---

[1] Dawson, "Beyond the Bastions", 12.

雷顿角岛，投奔美好的澳大利亚。1851 年 10 月，一批自 1820 年起便在圣安斯地区生活的移民，乘坐他们自己打造的航船"玛格丽特"号驶离海岸，绕地球航行了半周后，来到新西兰安家。在以后的八年间，又有五批人离开圣安斯地区前来，合并到麦克劳德牧师的新移民队伍之中。从第一艘船"玛格丽特"号起，到 1859 年的最后一艘船止，从布雷顿角岛共有将近九百人迁至新西兰。在那之后，圣安斯地区的人口就再也没能超过一千。

麦克劳德带领的人马搬走后，很快又有新移民搬了进来。新移民也都来自苏格兰，而且都来自高地一带。到 19 世纪末时，圣安斯地区已经形成了一个说盖尔方言的农业区，成员居住分散，但基本上都是麦克劳德那批人的后裔和新从苏格兰来到的移民。在这一时期，从多芬口的废墟上重建起来的英吉利敦，也有了 23 户人家。我的外祖父一家就在其内。

由麦克劳德牧师带领的第一批苏格兰移民所开创的造船业，一直在不断地发展。圣安斯地区的手工造船，曾一度成为新斯科舍的一项世界闻名的产品。然而，19 世纪 90 年代铁路运输在北美的出现，将圣安斯湾的木船制造业推到了末路上。1894 年，这里制造的最后一艘帆船下水后，造船业就转向了新型的汽船生产。在圣安斯湾南岸，有一个叫作"船厂点"的地方，就是当年船厂所在地，那里至今能看到造船的遗迹。不过，这个地点距多芬海岬并不是很近。

还有不多的几根稻草了。我紧紧地抓住了它们。1862 年时，在多芬海岬另一端的东岸上开了一座小煤窑，它正对着一个世纪前法国军人安托万·布拉德瑞落脚的那个细长的布拉德瑞岛。从煤窑往下没多远就是一处海湾，海湾不大，但水很深，很适合辟为港口，将这里的煤运往海外或者南运至北美的各个市场。这座煤窑是一个姓坎贝尔的苏格兰人兴办的。他从两处煤层起挖，然后不断扩大，矿山也随之发展成为一个小镇，得名为新坎贝尔顿。1864年进行的一项地质勘探认为，煤矿的矿脉还一直延伸到岛的东面濒临布拉多尔湖的地带。根据这一结果，这里修起了一条小铁路，从新坎贝尔顿通到附近的一处小海湾。布雷顿角岛的煤很有名气，因此这一带共开了十几处煤矿。

在这些煤矿中，有的与那条路只相隔几公里。因此，我翻阅了有关这些煤矿的资料，希望查到能与该路有所关联的内容，但是仍没能发现。煤矿工人们就住在矿区，走的只是从坑口到海岸的路。人也好，煤也好，其他物品也好，都是从海上进出的。在各个小煤窑通向海边的道路之间，都是连绵数里的没有道路的海岸，而它们的后面，则是一色的陡峭山坡，一直延伸到山顶。

1864年，一位职业测绘师对布雷顿角岛进行了大比例尺度测绘。他将对圣安斯湾海岸和港口一带的所有地块，按其位置、面积大小和所有者的姓名一一记录，结果是几乎所有的名称都是苏格兰式的，只有一个例外，那就是位于最北端的多芬海岬。在那里的整个半岛上，无论是东侧还是西侧，沿海的所有道路都在接近北端时中断（那里直到目前也没有修起道路来）。由于多芬海岬的沿海一带从来不曾有过移民，那里的一小段海岸线上也就从来不曾有过道路。1864年的那一次测绘，也如同法国人先前进行过的几次测绘一样，将最北端处理为荒无人烟的高地：没有道路，没有居民，没有农田，没有建筑，只有一块"不宜花费气力"的空旷荒原。多芬海岬就这样被所有的测绘师抛置一边，空荡荡地单独面对北大西洋。然而，我很清楚，我在那里见到过一条道路。

1901年的又一次调查结果表明，英吉利敦的人口数为359。新坎贝尔顿为391。这两个小镇的人口数在整个20世纪都没有多少改变。多芬海岬以南的地方，居民仍然基本上都是苏格兰人，而且寻根溯源，许多人都是麦克劳德带来的那批移民的后代。移民们还是种地为生，圣安斯湾还是一处风景名胜。谢蒂坎普还是阿卡迪亚人的村寨。米克茂人还是分散在布雷顿角岛和新斯科舍的若干小区域内，并参与着当地的经济活动。米克茂人和年长移民中，也还是流传着种种古老的传说。

在这些传说中，有一则是我还得继续思考、继续破解的。

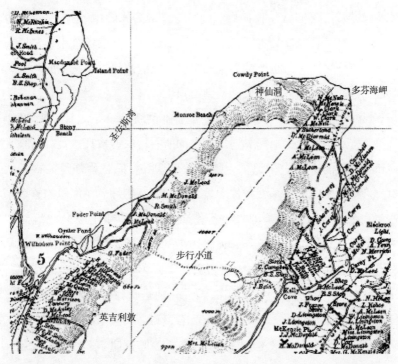

标出地块所有者姓名的地图。绘制于 19 世纪中叶。从该图上能够看出，多芬海岬是一处荒无人烟的高地

第十章

米克茂人之谜

就在我一条条地梳理历史记录、一点点地积累布雷顿角岛移民的知识、一步步地接近道路建筑者之谜的时候,艾滋病病毒也一天天地在我的血液中增多。不过,到了 2003 年夏天时,我的病情虽不见好转,但至少实现了稳定,进入了差强人意的"高原地势"状态。既然人力无法改变现状,我便决心索性不去想它,而是集中力量,争取解决那个简直让我中了魔的问题。这条道路的建筑者,如果不是葡萄牙人,不是法国人,也不是英国人——包括苏格兰人在内,那又会是什么人呢?此时,要想回多芬海岬去,再爬上山顶寻找线索,身体状况已经不允许我这样做了。不过,我还有一条在纸上跋涉的路可走,还有一支民众可资调查。这就是米克茂人。对于这支生活在大西洋海岸的原住民,来到新大陆的欧洲人是有详细记叙的。从这些记录中可以看出,米克茂人的文化包含着若干与其他北美原住民不同的基本元素。在欧洲探险家来到北美之前的数百年间,他们一直基本上生活在如今加拿大的东海岸一带。率足先登的欧洲人留下了不少有关米克茂人的记载。其中最详尽的,当推法国罗马天主教传教士克里斯蒂安·勒克莱科神父于 1691 年在巴黎出版的著作《加斯佩半岛上的新关系》。[1]这名神父是圣方济会下属的一支厉行苦修的隐修派成员。这一支人相信,受苦受难对自己的修行非常重要,而领悟基督教义,

---

[1] Chrestien Le Clercq, *New Relation of Gaspesia with the Customs and Religion of the Gaspesian Indians*. Trans. and ed. William F. Ganong(Toronto: Champlain Society, 1910).

是一个艰难而危险的过程。做一名传教士，更是冲在艰难困苦最前面的尖兵。勒克莱科在 1668 年 27 岁时加入圣方济会，七年后被派往新法兰西，先后在几个地方布道，向住在沿海地区季节性居住点的米克茂人宣讲基督教义——真是一项孤独寂寞的使命。勒克莱科在米克茂人中生活了 12 年，足迹踏遍阿卡迪亚区域中相当于今天的新布伦瑞克、加斯佩半岛〔1〕、爱德华王子岛、新斯科舍半岛和布雷顿角岛诸地。他泛称在这一带生活的原住民为加斯佩人。其他一些早期研究者也曾给他们安上了苏里克瓦人这个叫法。

NOUVELLE RELATION DE LA GASPESIE,

QUI CONTIENT

Les Mœurs & la Religion des Sauvages Gaspesiens Porte-Croix, adorateurs du Soleil, & d'autres Peuples de l'Amerique Septentrionale, dite le Canada.

DEDIÉE A MADAME LA PRINCESSE D'EPINOY,

Par le Pere CHRESTIEN LE CLERCQ, Missionnaire Recollet de la Province de Saint Antoine de Pade en Artois, & Gardien du Convent de Lens.

A PARIS,
Chez AMABLE AUROY, ruë Saint Jacques, à l'Image S. Jerôme, attenant la Fontaine S. Severin.
M. DC. XCI.
AVEC PRIVILEGE DU ROY.

克里斯蒂安·勒克莱科神父所著《加斯佩半岛上的新关系》(1691) 一书的封面

---

〔1〕 魁北克最东部的地区，地处圣劳伦斯河南岸河口一带。——译者

勒克莱科神父所写的这本《加斯佩半岛上的新关系》，并不是在法国出版的唯一谈及米克茂人的著述。萨米埃尔·德·尚普兰和马克·雷加波都在17世纪初介绍过米克茂人的情况。一些耶稣会传教士也在写信向法国的领导机构述职时提到过他们。在各种著述中，以雷加波所著的《新法兰西史》问世最早。作者在罗亚尔港这座用木桩围起、周围都有米克茂人的要塞里生活过一年后，于1609年写了这本书。它为后来法国人介绍米克茂人的著述定下了基调。律师出身的雷加波，将他的所见所闻组织到一起，写出了二十多章的一部书，每一章讲述米克茂人的一种习俗。"婚姻""喂养孩子""对后代的关爱""丧葬"是其中四章的标题。"语言"和"服装与头饰"是另外两章，内容比较具体。"是非标准"和"社会交往"所涉及的则又相当抽象。雷加波的这部著作发表后，又陆续有其他人发表了同类著述。这就给研究米克茂人提供了丰富资料，也构成了了解北美的最早知识。勒克莱科神父写于17世纪末的这本书，是此类著述中比较重要的，原因在于这位神父学会了米克茂人的语言，这便使他进入了其他作者无法达到的层次。他将自己的所闻所见写了下来，还对外面荒蛮世界中的一些奇特事物做了记录。他写出的内容，是米克茂人日常生活最真实的证据。这些原住民向他讲述了自己民族的历史，诉说了他们在欧洲人到来之前——很久之前——的生活。我读着勒克莱科的书，便自然想起了克里斯托弗·哥伦布的地图和约翰·卡伯特告诉人们的七座市镇的传说。勒克莱科这样记录下米克茂人对他所说的外来者的情况：

> 这个新世界里，来了一些跨洋过海寻找异域以期建立殖民地的外来人。他们不意遭际暴风骤雨，被送上了北美海岸。由于船只不幸遭毁，随船带来的全部家当损失殆尽，就连最贵重的也难幸免。船只已毁，他们完全失去了返回故国的机会，便努力工

作起来，打鱼捕猎，以求生存。这两样工作，他们都干得非常出色。他们没有衣服穿，而需要为发明之母，便想出了好办法，剥下捕猎物海狸、驼鹿等动物的皮遮蔽身体。[1]

这一段记载——船只、外来人、建立新移民点等，大体上和细节上都同15世纪欧洲人的那个有关七座市镇的传闻相近。它呼应着这样一个说法：布雷顿角岛上曾在很久以前存在过移民点，只是不知其为葡萄牙人或英国人还是法国人所辟。

在勒克莱科的这本书中，最难理解的部分是讲述米克茂人宗教行为的内容。由于他学会了米克茂人的语言，又善于进行观察，因此提供了许多细节。如下即为一例：

再有一点，就是有相当的理由认为，这些人已经得到了我们的崇高信仰中神圣教谕的指引。他们甚至能读会写，有自己的文字。在他们居住的地方，会不时来一些既有学识又乐于助人的人物。他们前来，是向这里的人传授——既传授完全属于人世间的知识本领，也传授基督教教义与信仰中最根本的箴言。只不过，他们的宣讲虽尽心尽力，听者却听而不从。久而久之，上帝的存在、文字的使用、本族的源起，都渐渐湮没无闻。他们的后人也就无缘再了解这一切。

这支米克茂人有孤军奋战的习俗，独自生活在三面背水的荒原之中，几乎与外界完全隔绝。然而，在这些人中，勒克莱科不但发现了一

---

[1] Chrestien Le Clercq, *New Relation of Gaspesia with the Customs and Religion of the Gaspesian Indians*. 85.

度曾接触过基督教教义的成员,还得知他们"甚至具备文字能力",不过也要说明一下,传教士往往都有类似的报告。在其他一些地方的传教士也曾提到,在他们去那里之前,基督教教义便已经神秘地存在着了。

我又惊奇地发现,勒克莱科提到了生活在米克茂人所生活地域中的另外一支人。他称这些人为"Porte-Croix",意思是"敬十字形者"。我曾经在美国天主教大学开过宗教建筑这门课,对于图形的象征作用略知一二。要想了解人们为什么会用图形反映自己的信念,又如何实现这一目的,就必须掌握许多相关的基本内容:神学知识、建筑学知识、信息沟通知识等。据勒克莱科所言,这些"敬十字形者……相信十字会起到宗教的作用,对它有着长期的崇拜习俗"。每当举行重要集会时,这些人都会立起一座很大的木制十字架,大家围着它形成圆圈。他们的身上和衣物上也都佩戴着十字形饰物;出行时都会随身携带着;立重誓时会用手指交叉成十字形。他们的墓地也会竖起十字形标记;还会在屋内外放置十字形物件,以表明自己"有别于加拿大的其他人"。显然,他们让十字架——在集会、起誓、入葬时——派上用场,这是与基督徒十分接近。勒克莱科相信,这些人对十字架的虔敬态度,肯定地证明着其根源在基督教的《圣经》之中。这是有象征学上的根据的,也是得到神学观点支持的,因此我同意勒克莱科的这一观点。勒克莱科告诉读者的不是神话传说,而是真人实事。不过,米克茂人早在法国传教士到来之前就形成的对于作为基督教象征的十字架的虔敬,又会是从何处得来的呢?

勒克莱科所指出的另一事实即米克茂人经过多年的"漠然和蜕化"后,已经对前人传下来的《圣经》教谕浑然不知了。从历史上看,象征性的东西往往会向这个方向发展。过了一段时间,尽管人们还是保留着这种象征,还是在墓地上或者起誓等场合用到它,但对其就里却早已不甚了然。一个本为某个特定群体信奉的东西,其内涵会消失,但外在形象却越发鲜明。这就是象征的特点。

有关米克茂人的资料中，确实存在着值得注意的线索。

我还发现，勒克莱科并不是将米克茂人曾接触过基督教的消息告诉世人的唯一作家。近年来经学者证实，基督教很早便传入米克茂人之中，并一直构成着其文化的中心成分。米克茂人曾于1997年印行了一本小册子，旨在廓清米克茂人与罗马天主教廷自17世纪初以来便一直存在的关系，并阐明自己的基本信念。这份读物名为《米克茂—梵蒂冈教务专约》。[1] 我从这份专约上看到，它也和勒克莱科的那本《加斯佩半岛上的新关系》一样，提到还在欧洲人到来之前，就存在一支被称为"敬十字形者"的人。这些人是"在三个十字形象的下面"，乘船从中美洲来到加拿大东海岸一带的。来人由于"旅行和与人交往，因此有知识、会语言、懂文化"，被称为"陆地与海洋的收纳者"。就是这些人，将自己所用的"以符号表示的语言"传给了米克茂人。这里提到的为基督教所特有的十字形象，看来的确是深深融入了米克茂人的历史。

勒克莱科的《加斯佩半岛上的新关系》写于1691年，而《米克茂—梵蒂冈教务专约》出版于1997年，其中间隔着三个世纪。但是，它们都提到了基督徒曾和北美东海岸一带的米克茂人一起生活过，而且时间是在欧洲传教士到来之前。这两份资料中都具体地谈到了十字形这一特有象征性形状的出现。据我所知，在勒克莱科撰写他那部著述时，欧洲人在北美还没有形成足够的深入灌输基督教信仰的强大力量。耶稣会派遣的传教士的传教点数量有限且地域不广，勒克莱科所属的隐修派刚刚开始进入北美。他本人更是告诉人们，米克茂

---

[1] James Youngblood Henderson, *The Mikmaw Concordat* (Halifax: Fernwood Publishing, 1997).

人与十字架的渊源形成于欧洲人来到之前。

对于勒克莱科所说的"敬十字形者",大多数历史学家都没有理会。我自己也险些放过了这段内容。但我突然意识到,他所提到的这种表现,可能并非传闻而是事实。有几名天主教宗教作家坚持认为,勒克莱科所看到的绝非十字架,而是某几支原住民的图腾崇拜形象——展开双翼的老鹰。鸟能否被误当作十字呢?我认为这种可能性不大。米克茂人使用这种形象的种种方式,都与基督教徒的传统做法一致:有的小到可套在脖颈上,有的大得可立为大型集会的中心。米克茂人甚至还用它做墓地标志。正如勒克莱科在书中所说的那样:"这一表示敬意的符号,使他们的墓地与其他人有了明显不同,不像是印第安人的,倒是更接近基督徒。"米克茂人的信仰体系是十分一体化的。因此要将十字形解释成鸟图腾,会使有的地方说不通。三个多世纪以来,这个象征形象的由来一直是个谜。如今,我也对这个谜关注起来:到底是谁,将对十字形的敬意传给了米克茂人呢?

对于米克茂人传说中的大英雄克鲁斯凯波,有着许许多多的传说。在欧洲人还未来到之前,这些传说就已在米克茂人中代代相传,并一直流传至今。其中最重要的一则,是说在欧洲人来到之前,米克茂人就得到过一位出色师尊的指教。当我还是个小娃娃时,就在学校里听过克鲁斯凯波的种种传说。[1] 当时,我只是当作童话来听的。

对于这位克鲁斯凯波的传说,欧洲人和米克茂人都有文字记录。

---

[1] 下列著述对米克茂人的传说收入甚丰甚详:
Silas Tertius Rand, *Legends of the Micmacs* (New York: Longmans, Green, 1894);
F. G. Speck, "Beothuk and Micmac"; F. G. Speck, "Some Micmac Tales from Cape Breton Island", *Journal of American Folklore* 27 (107) (1915): 59—69; Wilson D. Wallis and Ruth Sawtell Wallis, *The Micmac Indians of Eastern Canada* (Minneapolis: University of Minnesota Press, 1955).

第十章 米克茂人之谜

我发现来自这两方面的内容有几处竟十分吻合。它们都说克鲁斯凯波并非上界天神，都说他是个血肉之躯的男子，都说他乘船来自远方，而且都说来自西南方向。在欧洲人来到新大陆之前，他就生活在米克茂人之中，并于15世纪末，也就是最早一批欧洲探险家到来之前离开。

我又回炉重读了这些克鲁斯凯波的故事，回想起了小时候便听到过的若干内容。在"克鲁斯凯波和四来客"这则故事里，说起了一群来拜访克鲁斯凯波的米克茂人的所见。在到达克鲁斯凯波的住所之前，他们先"走过一条路，路两旁的树木都在树皮上砍出了记号"，然后来到山顶，从这里可以俯瞰一镜宽阔的美丽湖面。山顶上有一座建得很讲究的篷包。他们见到了克鲁斯凯波。据这几个人讲，这个男子"看上去大约40岁上下，模样很是健壮"。还有两个人同他住在一起，一个是位老妇人，另一个是个年轻男子。这些来客在篷包外面前前后后地看了看，觉得这个住处"美好至极"。"高大的树木撑起浓密的翠盖，处处都有吐芳的鲜花，仰视有大树，俯观有灌木，近看成行，远望成片，无论向什么方向望去，都是树木的天下。这里的空气清新爽神之至，每一样东西都散发出健康、宁馨和幸福的气息。"

这一段描写，令我回想起了对七镇岛的描绘。我又打开了1915年的那期《美国民间文学杂志》，查看了"贝奥陶克人和米克茂人"这篇文章中的地图。这篇文章是美国人种学家弗兰克·斯佩克所写，地图的题头是"新斯科舍地区米克茂人的狩猎范围"。不过，在这幅地图上，斯佩克也标出了克鲁斯凯波的旅行路线。他的最后一个住处就在多芬海岬的山顶上，也就是那条砌有边石的道路通往的地方。

早期记叙米克茂人的作家，往往将他们描写成一群不开化的蒙昧之徒。欧洲人笔下的米克茂人懒惰、贪馋而又粗野，像动物般地活着，吃东西前连手都不洗。雷加波这位浪漫情调十足的巴黎社会党人，也吃惊地看到米克茂人的饭桌上不铺桌布也不准备餐巾。欧洲中、上等人家的用品，米克茂人的篷包里一样也没有。许多欧洲人认为米克茂人简直像野兽一样活着。然而，一旦能够抛开偏见进行观察，客观的叙述就会提供大不相同的见证。

观察最深入的是勒克莱科神父。他认为米克茂人是一支高尚的种族。他们在"友谊的土地"上和平地生活，没有沾染任何不良习惯。据勒克莱科说，他们有高度组织的政府，有长幼有序的家庭，有崇尚信任与平等的文化。另一位法国耶稣会修士皮埃尔·比亚尔神父，对米克茂人的看法也很有见地："他们的平均体格要比我们纤巧些，但长相俊秀，体格匀称。如果我们能将自己25岁时的体态一直保持下来，就会是他们的样子……他们热爱公正，厌恶暴力与抢劫。这在一支既没有立法也没有官吏的人群中委实罕见。他们每个人都是自己的主人，也是自己的保护者。"[1]

我越深入了解米克茂人的情况，就越能看出这支原住民在涉及文化方面的行为和表现上，与其他北美原住民有着许多不同。勒克莱科在讲述"敬十字形者"的一章里，提到米克茂人"具备文字能力"[2]——就是说，他们有阅读能力。起先看到这一句时，我并没有十分理会，只觉得不是作者本人搞错了，就是我没能正确理解。因为据我所知，当第一批欧洲人踏上北美大陆时，所有的原住民都不"具备文字能力"。然而，当我读到后面时，又看到作者进一步给出了其他人亲眼目睹的佐证，还得知其他一些人也支持这一说法。看来米克茂人的确是一支与众不同的原住民，在欧洲人到来之前就具备了读和写的能力。

---

[1] Thwaites, ed., *The Jesuit Relations*, vol. 3, 75.
[2] Le Clercq, *New Relation of Gaspesia*, 86.

在勒克莱科所写的另外一章"对加斯佩人的粗浅了解"中，我看到了这样一句与米克茂人有关的话："我看到一些孩子用木炭在桦树皮上做了一些记号，然后用手指在记号上指指点点，指一个，就说一个什么词，所指的和所说的很搭配。"〔1〕作者的这句话看来是要告诉读者，他是一心要教给米克茂人什么的，结果却发现，这些人能够将听到的内容写下来，然后再复述出来。

这可是第一次在北美原住民身上发现的这一本领。此外，我还已经得知，米克茂人在欧洲人到来之前就信奉了基督教，得知人们提到建有七座市镇的岛屿，得知克里斯托弗·哥伦布在启程远航前，就持有绘着极其像是布雷顿角岛的地图，得知已经流传了数个世纪的难解废墟的传闻。在我积累的这如山的诸多信息的后面，是另外一座山——一座真实的山，山上有一条真实的路。它正是我探寻的起点站。

从此，对那些看来方枘圆凿的信息，我已不再采取那置之不理的态度了。倒是相反，我如今专门注意搜集这样的内容。有关米克茂人的早期情况，我积累了一些材料，而且都是确凿的：这个民族人数不多。当欧洲人到来的时候，他们都居住在海岸一带的季节性小营寨里；营寨多数以家庭为单位形成。由于以狩猎和捕鱼为生，他们需要不时地移居。据民间传说所记，克鲁斯凯波将所有米克茂人分成七支，各自在一定的地域内活动。这七个地区首领各自给自己的属民划定捕猎范围，首领之间并无地位高下之分。各居民点若有共同关心的问题，都会向这几名地区首领提出，并由他们共同做出决断。决断是在一名大首领召集的会议上做出的，而这名大首领，只起一种象征性的领导作用。米克茂人的政府一向都设在布雷顿角岛上，米克茂人的各个部分间有很大不同，与外界更是没有联系。他们生活在人烟稀少

---

〔1〕 Le Clercq, *New Relation of Gaspesia*, 131.

的海岸地带，得不到与其他文化沟通的机会；即便有人来访，也只能走海路前来。米克茂人不建村落，也不造市镇。他们自己处理自己的事务，生活上也自给自足。然而，与北美的其他原住民不同的是，尽管这支人数量很少，过的又是游牧生活，却是有语言的——不但有口头语言，也有书面语言。这固然难以置信，却让我无法置之不理。

当勒克莱科神父于 1675 年到米克茂人中传教时，已经准备好了一套书写教材。这是他根据米克茂人当时沿用的字符改造而成的。他当时的打算，是用自己的发明，教会米克茂人阅读《圣经》。然而，他发明的这套新字母系统彻底失败了。米克茂人自己早就能以木炭为笔，将勒克莱科所讲述的内容，用自己的语言记录到桦树皮上，然后复述给同族人听。接下来，勒克莱科又根据他看到的米克茂人的记录，经抽象化处理后，形成了另外一套文字系统，但还是没能得到接受。

勒克莱科所发明的，是一种脱胎于米克茂人的单个字符系统的象形文字，但不幸改造得并不成功，弄得非但不是米克茂文，而且说不上是任何一种实用的文字；它的规则太少，也没有语法，象形也定义得太随意。勒克莱科所发明的一系列符号——星形啦、叉形啦、从罗马字母表中借用的若干字母啦，彼此无关的长短横竖线条啦，都是让米克茂人死记硬背的东西。

上面一行为米克茂文，下面一行为中文

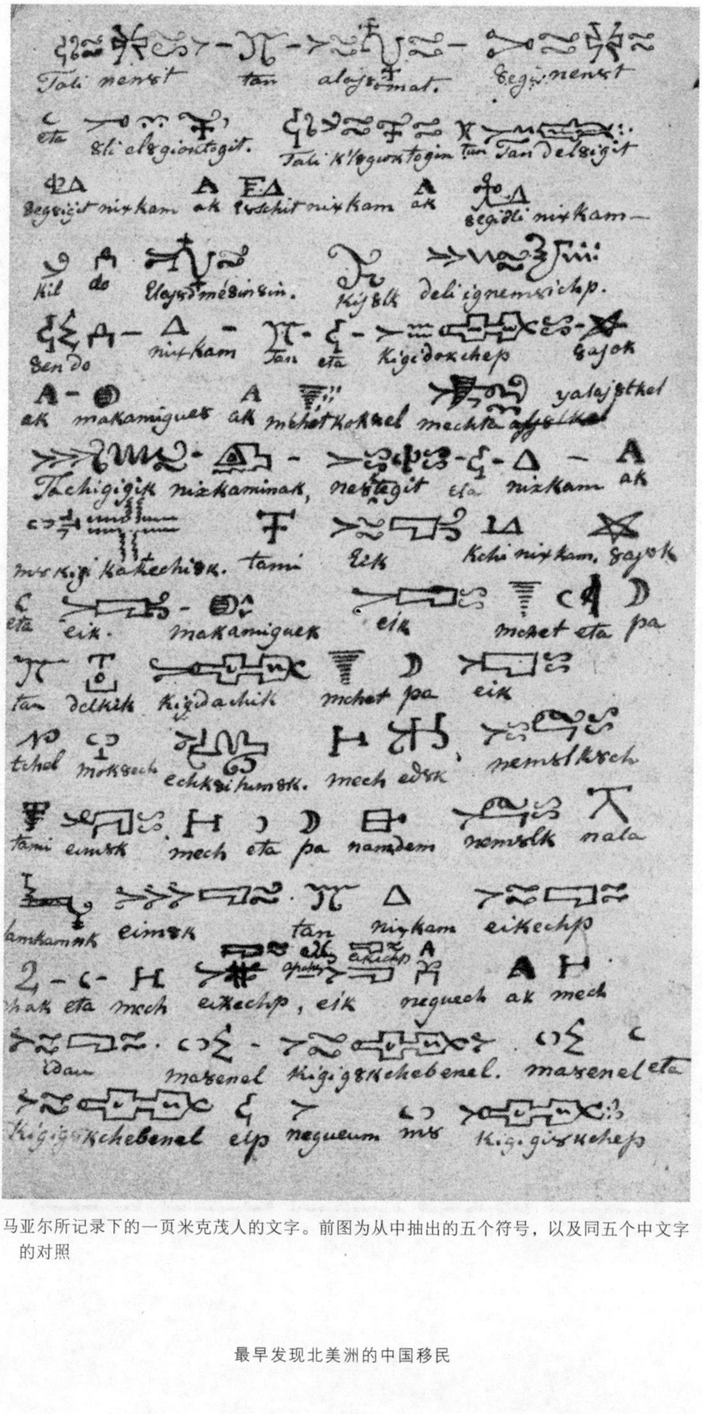

马亚尔所记录下的一页米克茂人的文字。前图为从中抽出的五个符号，以及同五个中文字的对照

勒克莱科前后两次努力，都是为了传播宗教。他的所有符号，都只是用来讲解一些天主教的基本教义，而且只以米克茂人为对象，因此非常狭隘。在他之后的一些欧洲传教士，又搞出了新的象形符号，用来教切罗基人和克里人[1]。这些新的结果比原来的简单得多，但也同样没能奏效。兼具神学家和传教士的后世作家赛拉斯·兰德认为，勒克莱科所发明的那一套，"且不说宗教内容方面错误不少，单就实际运用来看，也是文字领域内前所未有的一场瞎鼓捣乱折腾"。[2] 1737年冬，皮埃尔·马亚尔在对勒克莱科的符号系统进行修改后，向米克茂人推出了一种新的但与原有系统相似的文字。1866年，在得到其他传教士的进一步改进后，用德文注解的这一文字系统在维也纳发表。所有这些系统，都是以勒克莱科的工作为基础的，而勒克莱科的工作，又是对他所发现的米克茂人所使用的文字进行改造的结果。因此，米克茂人中早已存在着书写系统，而且这种系统是由方形字符构成的。这两点应当是没有疑问的。

赛拉斯·兰德——就是那位认为勒克莱科所发明的书写系统"宗教内容方面错误不少"、又是"文字领域内前所未有的一场瞎鼓捣乱折腾"的神学家，本人是一位浸信派牧师，对米克茂人及其语言也所知甚详。他于1810年出生于新斯科舍，父母是在阿卡迪亚人被逐出后迁来的英国移民。他在22个兄弟姐妹中排行老八，后来自己也生了12个孩子。除了传教布道之外，这位赛拉斯还是一位笔耕不辍的作家和享有国际声誉的语言学家，于年近80高龄时逝于一座离自

---

[1] 切罗基人为北美原住民中人数最多的一支，主要居住在现今美国的东南部；克里人曾是北美东北内陆地区人数最多的原住民。这两个部族都有自己的语言文字系统。——译者

[2] Silas Tertius Rand, *A Short Account of the Lord's Work among the Micmac Indians* (Halifax: William MacNab, 1873), 5.

己的出生地仅相隔数英里的小镇。他被认为是研究米克茂人的顶尖权威之一。第一部米克茂语词典就是他编纂的，共收入四万多条词汇，还将许多《圣经》文字译成米克茂文和马莱西特文——米克茂人的近邻马莱西特人所使用的语言。赛拉斯·兰德通晓拉丁语、希腊语、法语、意大利语、德语和西班牙语。此外，他还会米克茂语、马莱西特语和莫霍克语。他认为，在他所研究过的各种文化中，就习俗、民间文学和语言几方面而论，最吸引他的还是米克茂人的。他是最早将米克茂长者讲授的本族传说翻译成英语的人。由于他的这一工作，公众才从 19 世纪起开始接触到克鲁斯凯波的传说等有关米克茂人的知识。

兰德的工作，对欧洲人，特别是对欧洲早期派遣的传教士看待米克茂人的观念有着重大影响。他认为，米克茂人之所以沦落到贫穷地

传教士、语言学家赛拉斯·兰德。他还是米克茂学——有关米克茂人的知识——的权威

步，原因就在于"罗马教廷传来了一套可怕的死硬教条"[1]。他批评前来的天主教传教士，从 17 世纪初期起，就将当地社会紧紧地控制起来。这就造成了许多问题。就是在这个时期，欧洲商人向北美原住民大量倾销烈酒，造成米克茂人的社会开始解体。不过，虽然他们的社会也像其他原住民社会一样开始崩溃，但兰德发现，这个民族的语言仍然保持着自己的表现力和优美性，因此决心研究它。他懂多种语言，而评价最高的就是米克茂语。据他认为，在欧洲移民来到之后的几百年间，米克茂语之所以没有泯灭，本族妇女是功不可没的。当语言的质量面临下降危险时，妇女会起到鼓励语言保持美好的重要作用。兰德还认为米克茂语"是古今各种语言中最美妙的一种——结构严谨，规则性强，又非常成熟"。

我从一位上一世纪专门研究北美东部地区原住民的学者奥利芙·迪卡松的著述[2]中得知，米克茂人认为，他们与其近邻马莱西特人的区别，就在于自己有独特的语言。这两族人的语言均属同一语系，基本成分大体相同。从历史上看，米克茂人和马莱西特人很可能就属于同一个种族，并操同一种语言。不过，当法国传教士前来时，他们已经分化开来，马莱西特人居住到了如今的新布伦瑞克和加斯佩半岛等地。米克茂人自认高出马莱西特人一等，文化上也胜过一筹。法国人习惯将马莱西特人称为"艾契民"，但米克茂人更愿意用前一称法，因为"马莱西特"有说话另类、词不达意、语不成句的意思，而他们自己所讲的米克茂语，则衬托出了自己的优越。他们相信自己的语言很优美，而马莱西特人的则不然。米克茂人嘲笑自己的这支近邻，是因为后者的语言并不符合自己给语言定下的衡量标准。

---

[1] Silas Tertius Rand, *A Short Account of the Lord's Work among the Micmac Indians*, 34.
[2] Olive Patricia Dickason, *The Myth of the Savage and the Beginnings of French Colonialism in the Americas* （Edmonton：University of Alberta Press, 1984）, 104.

为了查清米克茂人使用十字形象征的由来和米克茂文字的起源，我阅读了更多的报告和书籍。其实，即便是米克茂人的口头语言，也以其非同一般的特点，引起了当年许多研究人员经久不衰的兴趣。受过良好教育并很有语言禀赋的皮埃尔·马亚尔，就认为米克茂人"对比喻乐此不疲，就连日常言谈中都比比皆是"。[1]马亚尔对米克茂语看法中最重要的一点，就是认为这种语言充满了优点。这正与当时欧洲人对原住民文化的主流看法相反。马亚尔觉得，他们的一般言谈都"有如诗歌般优美"，他们的句尾总是押韵的。说起话来也是"比喻连连"。他虽然因职务所囿，讲话必须四平八稳，但仍掩盖不住自己对米克茂语的极度赞美之情。兰德也有过类似的评论。他曾在1888年表示说，米克茂人的语言"有这样几个显著的特点：词汇丰富，变化有规律，前后照应强，富于表现力，语音元素简单，发音流畅"。[2]

我还发现，这些早期报告中有些地方提到，米克茂人有着值得称道的技术能力，而且提到的地方还不止一处。这些人固然没有金属工具，又居无定所，以狩猎和采集野生食物过活，但早期来到的欧洲人已经注意到，米克茂人掌握若干天文知识，也掌握了相当的地图测绘本领和航海技术，而且就是以欧洲标准衡量也是先进的。米克茂人能在根本不见陆地的水域中行船，靠星辰确定航向。在听了米克茂人向他解释星空后，兰德确信这些人一定钻研过天文学。他们知道北极星位于天空中的一个固定的点位[3]，能够识别星座，知道银河系的存

---

[1] Maillard, *An Account of the Customs and Manners of the Micmakis and Maricheets Savage Nations*, 3.

[2] Rand, *Legends of the Micmacs*, p. xvii.

[3] Ibid., p. xli.

在，就连叫法也和欧洲人所起的名称——奶汁路（Milky Way）——相近。对于星辰和星座，米克茂人也有自己的神话传说。勒克莱科就在他的那部1691年的著作中提道："他们知道大熊星座和小熊星座，还说有一只独木舟守护着北极星。有三个印第安人进入了这只独木舟，想要追赶熊，但不幸没能成功。"他们所知道的这些知识，可都不是从来自欧洲的渔民那里听说的。

早在欧洲人还不知地图为何物时，早在欧洲人的地形探测和地图绘制技术都还只具雏形时，米克茂人就已经是绘制地图的大师了。勒克莱科就曾亲眼见识到米克茂人"独具匠心地在树皮上画出地图来，大河小溪无不准确到位。"[1]地图上采用的各种标记都容易识懂，位置也都标得很准确，这就使它们得到了米克茂人的普遍使用。凭着这样的地图，可以使一个印第安人走出很远也不会迷路"。他们有时会乘坐装有风帆的大独木舟，进入远离陆地的水域。早在欧洲人来到新大陆之前，米克茂人就已去过纽芬兰岛，并频繁地前去300公里以外的马格达伦群岛。[2]据比亚尔神父介绍，他曾听到有人说，欧洲人来到北美后，米克茂人从法国人那里买了几只小船，"使船的技术不亚于我们最大胆、最能干的船员"。他们被认为是北美原住民中最出色的水手。制作地图和辨识星座，似乎是米克茂人的特有本领，从未有人说过他们的近邻也能这样做。此外，米克茂文化中的这些不寻常的特色，都让我产生了一种感觉，就是它们都是外来文化的改版：十字形来自基督教，象形文字来自以单个字符为基础的某种语言，航海技术和地图绘制技术也给我造成同样的印象。

即便从一部分米克茂人的生活习性中，也可以看出外来影响的痕

---

[1] Le Clercq, *New Relation of Gaspesia*, 137.
[2] Alan D. McMillan, *Native Peoples and Cultures of Canada* (Vancouver: Douglas and McIntyre, 1995), 56.

迹。渔业就是这样的一种。他们生活在水产丰富的地域，从住处附近的岸上钓鱼，再加上季节性的下海捕鱼，足可以得到食用不尽的海味。然而，据1593年的一艘英国船"金盏花"号船长理查德·斯特朗所记，他在布雷顿角岛海岸一带捕鱼时，注意到米克茂人在人工池塘中养鱼。当我第一次看到这里时，曾不相信地将书推到了一旁。这位斯特朗说，他那艘船"沿布雷顿角岛向西又走了四里格，到了一处有许多海豹的地方。由于需要淡水，我们再一次上岸来，这次走得深入了些，结果发现了一些圆形的水塘，是当地土著挖成的，里面都有鱼，还有将鱼捞出来的捞网"。[1]这就是说，至少在1593年时，米克茂人就实施人工养鱼了。

小时候，我经常会在周末去看望我的外祖父和外祖母，当我们一起经过布雷顿角岛的偏僻小路时，就会看到现代水平的人工养鱼场。这个岛可以说无处不是渔民的天堂。岛上有多处小型养殖场，渔民在圆形的水塘里放养鳟鱼和鲑鱼，这样便保证总有鲜鱼上市。我非常喜欢去看这些渔塘。斯特朗所叙述的内容肯定没有错：16世纪时的米克茂人已经在人工池塘中养殖鱼类了。在这里，鱼类的天然供应量是绰绰有余的，因此，人工养殖技术的出现，不应当是出于必须。并不是所有的米克茂人都搞人工养殖。斯特朗是提到这种活动的唯一一人，因此很可能是他所接触的那一支米克茂人刚从别处学来的，因此还不曾为北美海岸的其他同族人仿效。据信，到了16世纪末时，米克茂人已经不再这样做了。至于他们何时何故掌握了这一技术，又如何掌握了这一技术，没有人能够解释清楚。

在了解米克茂人的医药水平时我又发现，米克茂人中操医生职司

---

[1] Ruth Holmes Whitehead, *Nova Scotia, the Protohistoric Period, 1500–1620: Four Micmac Sites* (Halifax: Nova Scotia Museum, 1993), 19.

的人，掌握的医学知识足以使当年的欧洲人吃惊。就连被那个时代的法国医学界认定为不治之症的一些疾病，这些医者也能救治。他们掌握熟练的放血技术，能给身体虚弱不宜再生育的孕妇实施人工流产，还能让癫痫病的发作"有效缓解"；能够医治烧伤和外伤，能够接骨和正骨。[1]据有人观察，这些医者是非常优秀的内科医生和药剂师，又对草药有丰富的了解，而欧洲人对草药则所知甚少。1708年，法国外科医生德·迪莱维尔在他所著的《新法兰西属地罗亚尔港记行》一书中，对米克茂医者的医术大加赞赏，说他们简直有回天之术。[2]17世纪的所有对米克茂人医术的报道，都认为米克茂人的医学水平要高于欧洲人。在草药和偏方两个领域，米克茂人高于欧洲人自是不足为奇。但在其他许多医学领域中，米克茂人都所知甚详甚广，这就很值得注意了。

除了人工养鱼和医药知识之外，米克茂人这支人数很少的原住民还有许多其他难以解释的特点。许多早期的观察都表明，这支种族拥有的技术知识，不但远高于附近的所有部族，与欧洲人相比也未必逊色，而且类别可观，是不能置若罔闻的。随着我对这些观察报道材料的归纳整理，我不得不得出结论说，有一种设想是可以解释这一切的，只是我觉得有些荒唐——欧洲人自己到访新大陆的经历，他们自己都一一记入了历史。莫非在此之前，又有另外一些人自西面前来，但并没能进入欧洲人所记录的史册呢？

---

[1] Sieur de Dièreville, *Relation of the Voyage to Port Royal in Acadia or New France*. Trans. Alice Webster (Toronto: Champlain Society, 1933), 181.
[2] Ibid., 180.

第十一章

曙光现于东方

当 2003 年夏季临近结束时，我已经从搜集到的诸多事实形成一种感觉，就是如果接受对这些事实的现行解释，结果只会导致一系列与人们目前所接受的有关新大陆的主流历史观念不一致的新问题。

我越来越觉得，米克茂人是破解这诸多不一致的关键点。这支原住民与北美其他所有原住民都有所不同。他们能读会写，有高明的航海家，有能干的水手，有出色的地图测绘者，还有高明的医生。有证据表明，还在得到史书记载的欧洲人到来之前，米克茂人中就有了外来成员，而且其中很可能有一小部分基督徒。由于克鲁斯凯波也生活在大约同一时代，米克茂人便将这些外来人传授的知识和改造其社会的功绩，统统归功给了他们的这位民族英雄。

这种种特点，单看其中的一种，倒还能够说成是穿凿附会或纯属巧合。记忆中的所见未必都属眼见为实。但有关米克茂人与众不同的和恰能补充空白与矛盾之处的内容，我掌握到的实在十分充足。这使我不得不回过头来，重新将这些信息梳理一番。这一来，我便不得不考虑一种新的可能，就是某些人曾经来到米克茂人中间，而这些人是来自技术更为先进、文化也更高明的社会，因此不但拥有航海、测绘、医药等方面的知识，甚至还掌握人工养殖技术。根据米克茂人的传说分析，这些外来人既然被附会为克鲁斯凯波其人，那他们当初的落脚之处就应当在多芬海岬。

第一个根据是七镇岛。这个地方显然就是15世纪时的布雷顿角岛。克里斯托弗·哥伦布画过这个岛的地图，约翰·卡伯特给出过它的具体位置。有关七个市镇的传说也好，泽诺家族告诉人们的传闻也好，都提到了大型市镇的存在。泽诺家族告诉人们，据曾经踏上该岛的几名欧洲水手说，那座岛上有图书馆，里面有用拉丁文写的书，但居民们虽然还能够说这种语言，也还认得拉丁字母，但书上的文字已经读不懂了。又过了一个半世纪后，同米克茂人直接打过交道的法国人勒克莱科，又证实了泽诺家族的传言即米克茂人原来是掌握文字的，但"不幸由于时间的磨蚀，后代人已逐渐遗忘净尽"。

再一个根据，是早期的欧洲探险家所提到的废墟。在卡伯特宣布自己的所见之后，便出现了关于布雷顿角岛过去曾经有过移民的传言。然而，没有人知道这些人具体住在何处。这些传言说，前来的移民是葡萄牙人，也有可能是英国人。尽管在究竟为哪国人这一点上说不准，但说这些话的人显然相信岛上曾经有人去过。然而，我是将所有有关这个岛的历史文件都筛读过的，除了几处捕鱼人建在海岸上的简陋小木屋和海湾尽头的一座石砌小教堂外，并未查找到岛上存在任何居民遗迹的线索。

提到有道路存在的只有一个人，就是詹姆斯·兰姆。他是在1975年介绍当地历史时提到的。他说自己"在林木覆盖的山地深处，看到了道路的痕迹。道路很宽，路质很好"。他还提到"当年因采伐开出的空地、经年的石栏，还有隐约可辨的房基旧址"。[1]兰姆认为它们都是法国人留下的。我也曾接受过这一看法，但却发现它到头来说不通。兰姆已过世数年，但我知道他提到的道路确实是存在的。

---

〔1〕 Lamb, *Hidden Heritage*, 34.

我想到一个问题，就是如果从多芬海岬上空观察，地面上的物体得有多大，才能在空中见到。这不难解决——打个电话就成。经索要，我弄到了整个多芬海岬尽头处的航空摄影图：不同地域的、不同季节的、不同年份的，以及不同分辨率的。

从空中观察，看到的景象很像是建筑俯视图，只是视角大了很多。如果有建筑物的话，即便只是废墟遗址，也会表现为与自然环境背景不同的几何形状，因此能够分辨出来。所以我决心认真查一查，看看多芬海岬的尽头处是不是有什么废墟。

我在家里搞起了一套我戏称之为"空中情报检视系统"的设备，使用 Photoshop 这一电脑软件，对照片一一扫描后，叠加成一个包含各种细节的多芬海岬地形图。[1] 这一软件使我得以将细节一一收入图中，并将我认为可能有关的地点一一标示出来。这样，我在观察这幅连绵山地的地图时，就如同手中有了一块放大镜似的。

但是，不停地盯着一大幅林木繁茂、河流蜿蜒的航空地图仔细端详，眼睛会疲劳不堪，树木和溪流会动起来，扭出种种形状，光和影的自然形状，也会变得不自然起来。这样看了几天，我将眼睛弄得又酸又痛。

最后终于有了发现。我看到在一面山坡上，有一条隐约可见、时断时续的细线。看到这条出现在电脑显示屏上的线条，我就回想起了我曾走过的那条路。我还找到了这条线上对应着道路在最后一段上下坡处拐成直角大弯的那个位置。记得我当时开车经过那个大弯时，能感觉到路面一边拐弯一边倾斜的变化。如今在图上看道路在山坡上的

---

[1] 所有的空中摄影照片均由 National Air Photo Library, Ottawa 提供。多芬海岬曾发生过数起森林火情，发生在 20 世纪初的一次特别严重，将此地毁为一片焦土。这一地区的最早航空照片摄于 1929 年。在后来摄得的一些更接近地面的照片中，能够看出墙壁和房舍的痕迹。

全貌,我便能沿着它向山上一路搜寻过去。在许多地方,道路的线条被植物遮掩住了。但从近一个世纪以来多次在不同季节摄得的照片中,大部分还是显示出道路的片段来。我在自己制得的这幅地形图上沿山坡上"行"……嘿!就在快到山顶的地方,我看到了那处废墟。这是我第一次在地图上看到这处废墟。

就在山坡的北麓,在朝着北海岸的一处能够俯瞰大西洋广阔海面的地方,我看到了一个有些像是一颗花生的封闭几何形体。这个形状不小,在空中就可以看到,看起来很像是一道大墙。根据对其基部的分析,这道墙的最宽的地方,当在6—7米之间,它所围成的面积,

就是在这张摄于1953年6月的多芬海岬的照片上,我第一次发现了遗迹作为整体存在的痕迹

第十一章　曙光现于东方

大致与路易堡相当。建造这道墙，在当时一定是项大工程。与我当初发现和走过的那条道路相比，这道墙要宽得多。它并没有任何分岔，只是自己围成一个大略的花生形状，但变化更多一些，并没有直硬的拐弯点。它位于接近山顶的山坡上，墙体随山势起伏。我还能从这道墙上看出有缺口的痕迹，似乎不是部分墙体已经消失，就是特意留出的进出口。然而，从较短的东西两端和较低的北面一端，我都能看出明显的人工痕迹。

这道墙的规模真使我大吃一惊。从照片上可以分辨出，墙体的材料是石头，这样大小的石制建筑，实在当得上"宏大"二字。建造一座路易堡，法国人用了40年，对于它的营造，欧洲和北美都有史料记载，其他一些国家也曾提及。而照片上的这道大墙，却竟然没有一份资料提到。

从照片上看，这道墙围起的地方真是不小，长大约一公里，宽是长的一半左右。它的位置在坡顶的西北方向上。坡顶并不很陡，北面较远处有一条小河，河谷也不深，这道墙便夹在坡顶和小河之间。沿着河岸的一侧高度较低。整个墙体呈现出相当明显的规则性，南面和北面较长，彼此大体平行，较短的东西两面也走向一致。要建起封住这样大的一块面积的建筑，而且是造在这样的又得爬坡又得涉水的地方，就是不懂建筑的人，也能估摸得出，这需要大量的人力和长时间的设计施工。我不禁地想到路易堡，越想就越觉得，它不会是阿卡迪亚人造起来的，也不会是米克茂人兴修的。

虽然电脑软件使我能够清楚地审视放得很大的照片，但仍然很难分辨出屏幕上到底都是些什么。我不断地针对那段封闭图形，扫描摄于不同年份和不同季节的照片，结果是又发现了另外一些同样能说明是人造规则形体的佐证。在封闭图形内部的东侧靠近末端那里，可以看出有一个沿着斜坡走向延伸的矩形长条开阔地段。它有一端指向北

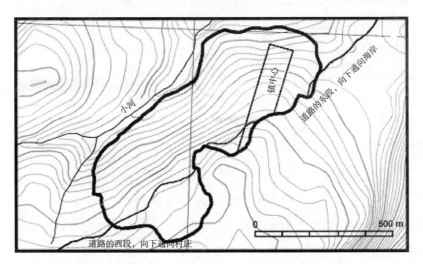

上图　1929年航空照片的细部放大结果，从照片上可以看出城墙废墟和镇中心所在地的轮廓
下图　根据照片绘制的大墙形状和镇中心所在位置

方，但不是磁北极，而是北极星方向的地理北极。这条地块上的结构——不是一个，而是一群，似乎遵从着某种安排，都沿着这个长条的中轴线被组织到了一起。它的地势较低的一侧，终止于离东端墙体不远的地方。这一地块的特定形状及清晰的边界和明确的轴线，也都表现出大规模设计和建造的迹象。至于大墙的长轴线，则是与地磁场的南北极方向一致的，而墙内开阔长条地的轴线的指向则是地理南北极的方向——在多芬海岬这里，磁子午线和地理子午线大约形成25°夹角。

这块位于坡顶的高地，看来似乎有过大兴土木的历史。从航空照片上可以看出，我曾经探查过的那条路，在大墙的南端消失了，但接着又出现于它的西端一侧，并沿着平行于坡脊的方向延伸，通向一处有若干小湖泊的较平坦地段。在这一区域内，我还能看出另外一些规则的几何形状。这一切加到一起，应当得出的结论，就是这里曾有过一个很大的工程项目，而且规模大到需要在官方组织下进行的程度，而这就理当导致可观的文献记录。但我就是查找不到任何有关在布雷顿角岛上有过建筑工程的信息。法国人和英国人都认为该岛过于荒蛮不具开发价值。能向我提供信息的只有一类来源，就是米克茂人的传说中有关克鲁斯凯波故乡的内容。

一连好几天，我都在研究这些航空照片，结果是进一步证实了这样的结论：该遗址是个大工程项目，但不是欧洲式的。路易堡在当时曾被视为法国建在大西洋北端最重要的要塞，但也只是在几个最关键的位置上搞了些重点防护，并没有用大墙整个围起来。而且，路易堡是建在平坦的海岸上的，附近又有港湾之利。而多芬海岬上的这块地方却建在山上，但又不是在山顶处；它离海岸虽说不远，但却隔着一条长长的陡峻山路。封在大墙内的地域仍然保持着原有地势，并没有完全清整成平地；整个地块并没有那种见棱见角、剑拔弩张的气氛，而是呈现出一种大体上保持自然的平和情调。而且从有关元素的相对比例上也不大符合欧洲风格。说不定，修起这道大墙来，主要只是打算设定一个范围，划定一道界限，而不是想要防范什么人吧？

我开始一边长时间地散步，一边思考这些问题。我又将我的一堆笔记本摊在我住处的大桌子上，重新一一研究起来。在一张专门用来记重要问题的纸上，我在下方写了三个人的姓氏：马亚尔、兰德和阿尔丰斯。我将这三个姓分别写在一个三角形的三个顶点旁，又在三角形中间画了个问号。

9月间的一天晚上，正当我准备入睡时，突然间灵感迸发——马亚尔神父、赛拉斯·兰德和让·阿尔丰斯，这三位不同的人，分别写于19世纪末、1755年和1559年的报告，突然间一下子融合到了一起。16世纪的那位法国导航员阿尔丰斯，称他去到的地方是"鞑靼地"——鞑靼人（中国人）的地方；兰德提到米克茂人的书写"同中国人的方式一样"[1]，马亚尔神父在探究米克茂人的文字起源时，也提到他"突然似有所悟，想到是否有一种可能性，就是他们的语言和东方人，也就是中国人或者鞑靼人有某种联系"。[2]

我这时首先想到的，是这个想法一定得让三弟杰拉尔德知道。我瞥了一眼时钟，时间是午夜12:45。想到电话那一头会产生的反应，我又改了主意。我返回到电脑前凝视那些航空照片，而照片上位于山坡顶部附近的那堵空荡荡的工程也似乎正在盯住我——我还从来没有去过那里呢。

从建筑学的角度看，这座废墟上无论如何没有表现出西方风格

---

[1] Rand, *A Short Account of the Lord's Work among the Micmac Indians*, 5.
[2] Maillard, *An Account of the Customs and Manners of the Micmakis and Maricheets Savage Nations*, 33.

来。中国人的市镇往往依山而建,附近会有河流,外面还会用大墙围起来。我所看到的这处遗迹,不会是当年的欧洲人为了显示力量而造在山巅的前沿据点,而是沿用了中国人袭用了许久的修建市镇的做法。可这实在是不可能的事情啊!这个想法还是天知地知,再加我知为好。

又过了一两个星期后的一天下午,我回到自己的公寓住所,打开电视机,看到了一档谈论古旧地图的节目。这是一场电视访谈,访谈对象是一位英国航海家和作家,名叫加文·孟席斯。我打开电视机时,节目已临近尾声。听了一段后我便得知,这位孟席斯刚刚出了一本书,书名是《1421年》。对这本书的内容,我并不了解,但这个年份却一下子引起了我的注意——就是在1421年前后,欧洲人开始绘制世界地图,七镇岛的传说也开始在欧洲流传;这个年份还处在欧洲人称之为发现年代和探险年代的期间。

当天晚上,我又照老习惯去逛书店时,看到了孟席斯的这本书。多伦多真是个好地方,原因之一,就是除了有超大型书店之外,还有若干家小书屋,而这些小书屋才是好去处。它们经营的书籍种类不多,但对选定的书却很内行,因此是我们这些人愿意去的地方。孟席斯的这本书全名是《1421年:中国发现世界》[1]。要是光看书名,我可能会将它列入讲大西国谈圣杯等的传说类[2],书中插入的照片也都起着类似的导向作用:有加勒比海地区的比米尼海底路[3],有

---

[1] 有中译本,师研群译,京华出版社,2005年。——译者
[2] 参阅第二章有关大西国和圣杯的译注。——译者
[3] 比米尼是巴哈马群岛北部的一组岛屿的名称。在这组岛屿附近的水下约五米处,有一段长约一公里的狭长石灰岩结构,其中的一段呈整齐的矩形。有人将它与外星文明和大西国等消失文明的传说联系到了一起。——译者

矗立在罗得岛东海岸的原因不明的纽波特圆塔[1]，无论是书名还是插图，都很能够吸引猎奇爱好者的注意。

不过，孟席斯的这本书还涉及中国，而中国此时正占据着我的头脑；这本书还附有地图，而我对地图又是情有独钟的——况且书中的地图又是老地图、名地图、我在研究北美历史时都已经接触过的地图呢。该书作者曾是一名海军指挥官，因此对海洋应当是熟悉的。对于洋流，我略知一二，知道它在布雷顿角岛的历史中起过重要作用，也打算进一步学些有关知识。布雷顿角岛之所以重要，最根本的原因就是墨西哥湾暖流的存在。其实，这股曾在18世纪大大促成了加勒比海地区和布雷顿角岛之间贸易活动的洋流，只是所有洋流中的一支。说不定孟席斯的这本书中，会包含一些有关整个大西洋中各条洋流的真知灼见，能让我知道它们的来龙去脉吧？我便买了这本书，准备拿回家来，读一下书中谈及海洋的内容。

这本书——还有其他一些作家和历史学家所写的书[2]——让我得知，在15世纪之初，印度洋是中国人的天下。如果中国的航船能绕过非洲最南端的好望角，就能利用洋流轻松来到布雷顿角岛。非洲西海岸那里有北上的本格拉冷流，到了大西洋中部便并入北赤道洋流；随后又改道，擦着加勒比海群岛的边缘北上。加勒比海这里有着许多道暖流，它们后来都并成墨西哥湾暖流，沿着北美洲的东海岸北

---

[1] 位于美国罗得岛纽波特市一座公园内建于17世纪、造型十分特殊又难以明了其功能的一座中空石塔。——译者
[2] Gavin Menzies, *1421: The Year China Discovered the World*（London: Bantam Press, 2002）.
又：以下两部著作介绍了中国当年的海事能力：
Louise Levathes, *When China Ruled the Seas: The Treasure Fleet of the Dragon Throne, 1405–1433*（New York: Simon and Schuster, 1994）;
Joseph Needham, *Science and Civilisation in China*, vol. 4, pt. 3（Cambridge: Cambridge University Press, 1954）.

上。在布雷顿角岛的外端,墨西哥湾暖流又与从北面过来的拉布拉多冷流交汇,失去势头后又折回大西洋。这一巨大变化,使得洋流中携带的大量养分从水中析出,从而使距离布雷顿角岛和纽芬兰岛海岸不远的纽芬兰大浅滩,成为世界上大多数冷海性生物物种最理想的繁衍地区。打个简单的比方,如果从南非海岸放出一个能漂在水面上的浮球,它是有可能最终来到布雷顿角岛沿岸的。而在海上航行的船只一旦抵达布雷顿角岛的东端,发现岛上那个向北突起的多芬海岬就简直是意料中事了。

多少个世纪以来,中国人和阿拉伯人的商船队都是印度洋上的

15世纪的中国船只能否航行到多芬海岬呢?如果在好望角那里向大海送入一只能漂浮的球,它是有可能被洋流带到布雷顿角岛的

"霸主"。因此，认为他们可能在15世纪初到过好望角，应当是合乎情理的猜想。一旦抵达非洲的这个最南端，以后的事情就自有洋流效劳了。如果当年曾有一支中国人来到布雷顿角岛并安居于斯，岛上出现大市镇的传说就有了着落；一系列神秘的遗迹遗物、米克茂人的传说和文字、让·阿尔丰斯所说的"鞑靼地"，还有我所发现的高质量道路和它所经过的有大墙围起的地域，就也都有了解释。

  对于我在多芬海岬山坡顶一带的所见，认为它们为欧洲政府或者欧洲移民所为的观点，以及认为它们是约翰·卡伯特1497年发现布雷顿角岛后修造的观点，都根本得不到积五百年之久的地图、报告和见证史料的任何支持。能够发现它们是15世纪之前由非欧洲人所建，自然会是重大发现，而如果是中国人修造的，那就连"重大"两字都不够分量了——我简直想不出适当的形容词来。

  但令我自己感到奇怪的是，面对这一"中国人假设"，我首先想到的却是它将引起改变——所有层次上的改变。可能是我的职业素养，决定了我认为改变将会极为艰难。这就相当于建筑师所要面临的建筑方案从头到尾的改变，从外貌到建筑材料都会有所不同的改变，每个新的形状所涉及的所有线条的改变，每个受力点的改变。改变意味着必须付出精力。线条和平面的改变还不太艰难，而从头到尾的改变却需要付出情感、耐心和反复思考的代价。当我读完《1421年：中国发现世界》后，对书中的内容产生的是一种它们同我本人密切相关的感觉。本来似乎是很简单的一桩事实——位于一面山坡上的一处废墟，如今却可能赫然变为一座远为复杂的体系中的小小一角。这样的严重局势，我是否有能力应对呢？单从个人的利己动机考虑，如果所作所为的结果会导致自己担心的事情发生，那就最好还是干脆不要再干下去。我这条性命，难道不如一座山坡上的一处废墟来得重要吗？本来该是大喜过望的，但我此刻却忧心忡忡。这件工作，我不想再干下去了。我要与它从此一刀两断。

在读过《1421年：中国发现世界》后，我在考虑这处废墟会有多重要的意义。但以我身体内的免疫力已近于完全丧失的现状，我不得不考虑改变和紧张的潜在影响。如果这条路果真是中国人修筑的，这会引起什么结果呢？如果我果真是进入了一个具有里程碑意义的课题，结果又会如何呢？

不过，到了这个时候——2003年初秋，我已经义无反顾了。也许好奇心和精神救赎之间是存在着关联的吧。反正好奇心最后是占了上风。正如一栋哥特式建筑就能将所有不同的情感因素和谐地结合到一起一样，一个由中国人建造的假设，也能将所有的矛盾化解开。我很快地就要重回多芬海岬，去那处坡顶查验这一"哥特式建筑"的基础了。

第十二章

从头学起

在最初的震动过去之后,我对孟席斯在他书中提出的论点有些不安起来。当时的中国人当真能具备航行到大西洋去的强大海上实力吗?如果这个帝国的海上力量当真有这样的规模和势力,到头来又为什么会淡出历史呢?

我开始阅读有关中国这一时期的历史著述。[1]没过多久,我便弄明白了一点,就是我对中国几乎是一无所知。我掌握的历史知识,多数是从建筑学史中一鳞半爪地积攒起来的,而在我学习和教授这门课程的几所大学里,对中国建筑并不重视。我之多少了解一点古希腊,是由于巴台农神庙[2]的缘故;我之所以又读过几本文艺复兴时代的哲学书籍,也是因为得知这个时期的哲学思辨对后世建筑产生了

---

[1] 有关内容摘引自下列著述:
Patricia Buckley Ebrey, *The Cambridge Illustrated History of China* (Cambridge: Cambridge University Press, 2003); John King Fairbank and Merle Goldman, *China: A New History* (Cambridge, Mass.: Belknap Press of Harvard University Press, 2001); Jacques Gernet, *A History of Chinese Civilization*. Trans. J. R. Foster and Charles Hartman (Cambridge: Cambridge University Press, 1999); W. Scott Morton, *China: Its History and Culture* (New York: McGraw-Hill, 1995); Frederick W. Mote and Denis Twitchet, eds., *The Cambridge History of China*, vol. 7: *The Ming Dynasty, 1368–1644* (Cambridge: Cambridge University Press, 1988).
[2] 祭祀古希腊雅典娜女神的神庙,兴建于公元前5世纪的雅典卫城。它是现存至今最重要的古典希腊时代的建筑物,世界文化遗产之一。——译者

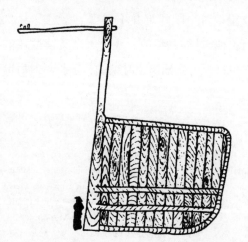

上图 中国人造的一艘五桅船。它与由郑和率领的"三宝船队"所用的航船相仿
下图 20世纪在南京发现的一只船舵的示意图。据信,它当初是装在郑和船队的一艘船上的

影响所致。然而，我从来不曾认真对待过中国建筑，而持这种态度的建筑界人士是相当多的。西方的建筑师们，目光总是一扫到欧亚边界的伊斯坦布尔那里便即收回。在西方的各种历史教材中，不论是建筑学史，还是其他史学，哪怕是在背景知识中，都没有收入有关中国的内容。如今我才震惊地发现，自己竟然忽视了这样大的一部分世界。事实上，当欧洲的造船业才刚刚起步时，中国人的巨大船只已经游弋到东南亚地区、阿拉伯地区和西非地区的海域了。还在15世纪初甚至更早些时，中国人的船队已经跑遍了整个印度洋。[1]

当时的中国王朝很有政治手段，与许多外邦有顺畅的贸易往来，并一直维持着可观的赢利。15世纪初时，印度洋沿岸的各国都派使节前来中国。他们对中国这个庞大帝国表示钦服，并带来了珍贵的贡品；中国方面也以礼相待，并给予名誉封号、丰厚回赠和贸易的优惠待遇。对于这段历史，史学界是没有任何疑问的。作为这段贸易往来的一个最确凿的明证，就是15世纪初的一轴中国画卷，画面上是一只进贡给中国皇帝的非洲长颈鹿。中国朝廷对外国人前来中国觐见是大肆张扬的。外国使节将长颈鹿等珍禽异兽在一定的仪式上献给皇帝，然后带着中国皇帝的回赠返回故国。这只牵上宫廷的长颈鹿看上去十分健壮，说明中国的船只横跨印度洋的航行，即便是最远的航程，也能很正常地行驶。15世纪初的中国对海洋的控制和使用，超过了当时世界上的其他任何国家。然而，在西方人后来谈论扩张、发现和探险的历史书上，却都几乎没有提及这一点。

我研究的资料越多，就越相信中国曾是一个拥有巨大造船业的国家。一开始时，它的船只是用于在河湖及运河上航行的。中国的运河系统是当时世界上最发达的，它将整个国家的河流、湖泊和海岸连为

---

[1] Needham, *Science and Civilisation in China*, vol. 4, pt. 3, 486.

1414年的一轴中国国画,画面上是一只进贡给中国皇帝的长颈鹿,来自非洲东海岸或东南海岸

一体,既改善了运输和交通的条件,又促进了造船技术和航行技能的提高。造船、行驶、导航和地图测绘,在中国一向被视为关乎国计民生的重要事业,这比欧洲人重视这些行业要早得多。马可·波罗在13世纪末时告诉欧洲人说,中国的河湖与运河系统"延伸得很长,流经许多地区,贯通许多城市。老实说,在基督徒世界中的所有河流和海洋上,都没有这里如此多的船只,船上所装载的东西也没有这里

的好，而且价值也不会有这里的高。"[1]靠中国水系进行的贸易，促进了船舶修造业和维修业的发展，并使得适应各种航运条件的各种大小船只和船队应运而生，种种航行技术也得到了发展、检验和紧密结合。早在10世纪和11世纪时，中国人所造出的船只便有了水密舱、多层甲板和多根桅杆，一只船上要使用上百名水手。中国人发明的指南针，正有助于建成强大的航海能力。到了12世纪时，中国已经取代了阿拉伯国家和其他亚洲诸国，成为最大的海上航运力量。19世纪之前，中国在航运的各方面不但强于欧洲，而且两者的水平根本不能等量齐观。多少个世纪以来，尽管政权不断更迭，中国海上力量的增长一直没有受到影响。比如说，蒙古人在统治中国时期，就曾征用有经验的汉人水手，驾驶上千艘战船，参加1274—1281年间的两次伐日之战。[2]要证明中国人的大型船只能够进行远航十分容易，并不需要对史料进行特别的专门钻研。早期的航海史便清楚地表明，中国拥有进行大范围探险所需的各种技术。

除了时钟、地图和纸币之外，中国还率先发明了多种技术，而这些都是欧洲人又过了许多年之后才掌握到手的。早在纪元之始时，中国人在行船时就用到了舵。有了它，大型船只在行驶时就容易掌握方向。这一技术进步，大大地便利了海上的远距离航行。而在欧洲人的船只上，直到12世纪才用上了这种装备。中国船只上的船舵有的可高达十米，而且可从甲板上控制升降，以适用于不同的水深。船上的风帆用竹竿水平地隔成若干部分，可以容易地从甲板上控制张合，从而有效地利用风力。而在欧洲船上，每当风向有变，水手就得爬上桅杆，调整卷在桁杆上的帆片。绷了竹肋的风帆能更有效地被风鼓起，

---

[1] A. C. Moule and Paul Pelliot, trans., Marco Polo, *The Description of the World* (London: Routledge, 1938), 320.

[2] Fairbank and Goldman, *China: A New History*, 123.

利用风力的效率也就更高，在部分受损的情况下也能很好地发挥作用。到了 15 世纪初时，中国人的所有造船和使船技术都经提高而成为综合的一体。而这也是欧洲人又过了很多年后才实现的。

中国人当年持续进行的远洋商业航行，使用的就是风帆上装有竹肋的多桅船。据我查找到的一份资料所记，中国的一艘 10—11 世纪的大船立有六只桅杆，可以载一千人。[1] 10 世纪就有了六桅船！早在 1040 年时，中国所有的河湖水道，都已被全面标记在地图上。据一份 1178 年的报告说："浮南海而南，舟如巨室，帆若垂天之云，桅长数丈，一舟数百人，中积一年粮，豢豕酿酒其中。"[2] 到了 1281 年时，中国已形成了一旦需要便招募起 4400 艘战船的军事实力，再加上明朝初建时就制订的在 15 世纪初形成大型船队的计划，中国当时的海上力量是无敌于全世界的。

在查阅有关中国船队在印度洋沿岸港口登陆情况的多份报告时，一份资料引起了我的注意。我对基督教神学下过一点功夫，知道早在 7 世纪时，中国就有一支信奉基督教的波斯教派[3]教徒。[4] 这支教派人数不少，所以有一定的影响。值得注意的是，基督教在欧洲本土上还没有取得压倒性的优势时，便已传入了中国。到了 15 世纪时，中国已经有了任主教职务的基督教士，建起了宏大的教堂，与罗马教廷也有了直接联系。引起我注意的这份报告，是 1499 年在港城卡利卡特发出的，报告中有一个细节出乎人们的意料，即中国水手中有一

---

[1] Morton, *China: Its History and Culture*, 104.

[2] Needham, *Science and Civilisation*, vol. 4, pt. 3, 464.

[3] 又称聂斯脱里教派或东方亚述教派等，它在唐朝传入中国时被称为景教，因此也被一些人用来指称在中国的波斯教派，其实，景教应当是指基督教全体。——译者

[4] J. P. Wiest et al., "Christianity in China". *The New Catholic Encyclopedia*（Detroit and Washington, D. C.: Thomson/Gale; Catholic University of America, 2003）.

些基督徒。[1]

卡利卡特是印度西南沿海的一座城市，也是中世纪大部分时期内印度洋的最重要港口之一[2]。1499年时，一份写自那里的报告中，对该世纪初时造访的一个大型船队有如下的描述："大约在80年前，一些白皮肤的基督徒乘大船来到卡利卡特。他们蓄着德国人那样的长发，但没有大胡须，只在嘴边留着一些。""80年前"就是1420年前后，正是中国大船队到处活动的时代。这份卡利卡特报告中还描述了这些人所携的武器。历史学家李约瑟在其巨著《中国科学技术史》中明确指出，"单就'白皮肤基督徒'随身所带武器的描述判断，他们应当是中国人。"由此可见，中国当时就已经有人将自己的形象改造得有如欧洲的基督徒了。那份卡利卡特报告中所说的基督徒，其实是说明中国人的船队中有信奉这一宗教的人。

这份卡利卡特报告给米克茂人中"敬十字形者"的叙述提出了一种解释。中国基督徒使用十字架的场合，同勒克莱科所观察到的一些米克茂人使用它的场合是一样的。如果认为，米克茂人使用十字形作为象征是接受了欧洲人的影响，那就很难设想他们能在欧洲人来到北美前便已经有了这种做法。但如果设想他们是从中国人那里学来的，而中国人又在15世纪之前便来到他们中间，这便比较能够说得通了。

处在15世纪初的中国王朝，无疑是有能力向大海——包括已知的和未知的——派出自己最能干的人员的。这些派出的人员有知识，懂技术，又有水手和船只供其差遣。他们早已踏上跨越印度洋一带的最远端的陆地，所驾驶的船只也足够大。当然，船只到底应当有多大

---

[1] Needham, *Science and Civilisation*, vol. 4, pt. 3, 508.
[2] 这是过去从英语转译为中文时的译法，现已根据印第语直接译为科泽科德，中国古籍中称为古里，是印度南部喀拉拉邦的一个城市。郑和于1406年在此率船队登陆，1433年又逝于此。——译者

才能胜任远洋航行，是对加文·孟席斯的假设持反对意见的批评家的重要讨论内容。这些人怀疑孟席斯所提到的中国船只，是否真能有他说的那样大。

据孟席斯估计，当时中国最大的船只属于中国人所称的"三宝船队"，长达160米。这个长度是他根据中国的数据——444尺折算的。后一数据是中国的古文献中有所记载的，也是研究中国造船技术的人员引用过的。[1] 不过，一些人对船的真实大小提出了若干疑问，而这些疑问的确不无道理。比如说，强度与尺寸的关系：这样大的船只，如果船体是用木材制成的，怎么能经受住茫茫大洋上强风巨浪的簸弄而不致断裂呢？对于孟席斯的假设，批评者可说是众说纷纭，但在另一点上却又众口一辞，就是160米长的木制大船，几乎不可能抵御住凶险的风浪。

近来，有些学者提出看法说，如果中国人的最大木船的尺寸有孟席斯所说的一半左右，结果就会比较安全，因此可以接受。尽管考古人员发现了中国古船上所用的一只十分巨大舵叶的残体，但据判断，安装它的船只也应小于孟席斯给出的尺寸。但是，像这样的用于印度洋上航行的中国木船，即便长度小于孟席斯所说的数据之半即只有80米，也足以匹敌欧洲人所造出的任何跨洋过海的木船了。哥伦布航行时所率领的船只，长度都不超过它的三分之一。"五月花号"[2] 只有30米长。詹姆斯·库克和查尔斯·达尔文在太平洋上进行远洋航行时，他们的船只都仅略长于30米。英国著名海军将领霍雷肖·纳尔逊在打败法国—西班牙联合舰队的特拉法加海战中，本人登临指挥的是一艘很大的木制军舰"胜利号"，长度不到90米，船上共有

---

[1] Needham, *Science and Civilisation*, vol. 4, pt. 3, 480.
[2] 1620年第一艘成功地将欧洲移民成批运送到北美新大陆的客船的船名。——译者

850名官兵。这是1805年的事情。而中国人在15世纪初,就至少已经能够造出同样大的木船了——甚至还可能更大。

有一点是十分清楚的,这就是中国当时有一支世界上最大的航海队伍,并且拥有足够先进的行船技术、导航知识和上百年的地图海图绘制经验,能够航行到任何所希望去的水域。以15世纪初期的情况而论,种种资料、包括送到北京的长颈鹿,已足以说明中国人到过非洲的东南端或至少是东部。而欧洲人做到这一点,是将近一个世纪之后的事情,而且船只小得多,船员也少得多。

但是,中国人在15世纪初是否绕过了好望角,目前还没有定论。在1402年中国所绘的一幅名为《混一疆理历代国都之图》的地图[1]上,清楚地画出了非洲及其东、西两侧的海洋。要画出非洲的西海岸来,就一定得对那里进行过勘测才行。这张图证明,中国对非洲的遥远一端很有兴趣,这才以相当好的精确度将那里测绘出来。如此一来,中国的航海家们一定是绕过了非洲的最南端去了解地图的这一部分的。由于中国当时已经到达了好望角这一点已经得到了普遍承认,问题就不再是中国能否绕过它进入大西洋航行,甚至也不是中国为什么要这样做。纵观历史便可以知道,不断前进的愿望,是人类永恒的推动力。问题的真正所在,是中国人如果真地已将自己能够做到的这件事情付诸实施了,为什么在位于地球上与中国遥遥相对的另一边上的多芬海岬,有如此巨大的移民工程,历史上却会只字不提呢?

我知道,多芬海岬那里有废墟存在。我也知道,欧洲人在以往进行探查时,要么根本没能注意到它们的存在,要么没有写进探查报告

---

[1] 对于这幅地图,地理学家公认的看法是,1403年它由朝鲜地理学家所绘制。该译本仍按作者原文译出。这幅图也被简称为《疆理图》。——译者

中去。如果都不是，那就可能是有人报告了，但有权力的上司根本没有理会。我亲自在那条道路上走过，我既然能够在航空摄影照片上清楚地看到废墟的形象，进行航空探测的人就不大可能注意不到。然而，它就是没能受到理会。勒克莱科的著作启发我想出了产生这种不正常结果的一个原因。当米克茂人向勒克莱科解释自己使用十字形的原因时，后者只做了如下的陈述："他们还提到了其他一些根本解释不清的情况——具体都是什么，这里就不提了，因为它们都不属于人类无法知晓、只有上帝自己清楚的那些内容。"[1]这说明了一个现象，就是人们对于非同寻常的、难以理解的或者觉得不舒服的事物，很可能会有意不去理会、不去记忆，甚至有意忽略。历史学家们在试图解释泽诺家族所讲述的故事时，就表现出这种思维习惯：这个家族告诉人们说，某个岛上曾有过移民点，但它的存在实在无法设想——这就是说，由于认为它不可能存在，于是它就成了根本不曾存在的妄言。[2]

从我所掌握的文献资料来看，也说明我本人的先祖同样受到官方这种"认定其并不存在"这一思维方式的对待。当阿卡迪亚人在1755年被迫搬迁后，英国人也做出了将阿卡迪亚人根本忘记的选择。为达到这一效果，最好的手段是"摧毁所有原移民点，烧掉一应房舍，拆除每座堤坝，夷毁各处农田。"英国人计划做到"将这个'阿卡迪亚'完全毁掉，使法国人很难将它重建起来"，从而"让我们的优秀新教徒取而代之"。阿卡迪亚人所起的地名，都一律被换成英国式的，农场都被毁掉，土地重新划分。原法国移民所有的马匹和牛羊都被划拨为军队财产，原阿卡迪亚人的社区被打散，家族被拆

---

[1] Le Clercq, *New Relation of Gaspesia*, 85.
[2] Babcock, *Legendary Islands of the Atlantic*, 131.

开，然后一小批一小批地被分开遣送，有的被弄到新英格兰的不同地区，有的被关进英国的监狱，有的被移到加勒比海地区或者北美大陆上的法语移民点。这样做的目的就是分而治之，以"使彼等难以再度聚众而起"。在原来的阿卡迪亚，已经再也看不到阿卡迪亚人了。然而，就在英国人这番煞费苦心的经营后的第二年，新斯科舍的第一位为政府立言的历史学者托马·钱德勒·哈利伯顿就说："值得注意的是，在所有的记录中，都查找不到这一如此重要行动的痕迹。我无法看到收存的信件、签发的命令、收到命令的回执，也看不到任何其他见证实物。"哈利伯顿提出了一个很有见地并被普遍接受的观点，就是"这一行动的特殊之处，应当说是对它的刻意掩饰。为什么要这样，尽管难以确证，但很可能是出自当事的各方面都对此感到并不光彩的缘故。而这很可能就是事实。"〔1〕英国人不但不遗余力地要消除有关阿卡迪亚人的记忆，还连同将该地区的所有未解之谜一并毁弃。当我从这一角度探求多芬海岬上中国人遗迹的湮灭无闻时，得到了不止一个证据说明，当政府属意于造成忘却时，不仅可以做到，而且相对也并不很难。

据我所知，中国人向海外的探险，从 14 世纪后期明朝初建不久后就大举进行了。明朝之前的蒙古王朝，基本上承袭了汉人的文化，基础设施甚至还比前朝有所改进，但仍然得不到汉人的拥护。由于渴望恢复汉人统治，中国国内爆发了农民起义，结果是蒙古王朝在 1368 年的终结。在此之前的上一个世纪之末，马可·波罗告诉人们说："你们应当知道，一切契丹人（汉人）都厌恶大汗的统治，因为他所任命的大官吏都是鞑靼人（蒙古人），尤其是萨拉森人（阿拉伯

---

〔1〕 Faragher, *A Great and Noble Scheme*, 463.

人)。他把契丹人当奴隶看待,这使他们无法忍受。"[1]

马可·波罗在他的游记中用到了"鞑靼"这个词,而且是用来指代有中国人生活的地域。这就和几个世纪后让·阿尔丰斯称布雷顿角岛为"鞑靼地"的意指是一样的。明朝的开国皇帝于1368年登基。他下达的第一批诏令中,就有加强海事建设这一项。1391年,在南京外围种植了5000万株树,准备将来用于造船。这样的举动和如此的规模,在中国的历史上可称罕有其匹。这使我想到了多芬海岬一带在各种林木区中伐出的空地。据早年从欧洲来到北美的人说,砍伐这里的树木是用于造船的、特别是用于制造桅杆的。18世纪中叶时,英国人塞缪尔·霍兰认为多芬海岬一带的林木"均属上乘,不论橡木、桦木、枫木、山毛榉等,还是所有各种松木,品质俱为上佳,成材后都适于制造桅杆和其他木制物品"。但要注意,就全岛的情况而论,主要的树木资源只是针叶树一类,而且多数不能长得很高很粗大。

1405年7月,也就是明朝的一位雄心勃勃的新皇帝[2]登基后没过几年,由明朝宫廷派遣的第一支大型船队出发了。这支船队的规模组成结构如何,也同明朝的大船究竟有多大一样,是颇受争议的问题。不过,学术界也一致同意,这是一支装备先进、足以抵御任何凶险风

---

[1] 契丹是鲜卑人的一支。在中国正史资料中,契丹人在五胡十六国时期之前一向是被视为同匈奴相类的北方异族,此后则逐渐与汉族、蒙古族和女真族等融合,而许多契丹人一向认为自己是黄帝的后人。在成吉思汗远征欧洲的时代,契丹人也是受到压迫的,因此在欧洲人眼中,契丹就是中国。至今俄语中的中国(Кидай)和希腊语中的中国(Kivα),发音都与"契丹"非常相近,中古英语中表示北方中国的 Cathay,词源 Catai 也是契丹。——译者

[2] 指明朝开国皇帝朱元璋的第四子、将国都自南京迁至北京的明朝第三个皇帝朱棣(明成祖),年号永乐。——译者

浪的大型船队。船只的总数至少有上百艘，船上人员达到数千人[1]。在从1405年到1421年的十多年间，以贸易为目的的小规模定期航行不算，单是离开中国的大型航行，就有五次之多。这使印度洋沿岸有越来越多的国家派遣专使前来中国，并向明廷进献珍奇贡品。很快地，中国就出现了将去非洲视为家常便饭的水手。这一优势维持了一代人的时间。

在进行过多次航行之后，中国的航海力量已经相当成熟，因此指挥官们相信，只派较少的船只出洋，并且前去主航道以外的水域，同样能安全地进行，这样就能遵皇命了解更多更远的地方。所有这几次航行都是重大探险，不过其中以1421年的一次尤为突出，也因此被加文·孟席斯用到了他的书名上。据说，这是所有探险中规模最大、目标也最高的一次航海活动。1432年，一篇表彰船队成就的文章说，由于中国航海事业的成就："际天极地，罔不臣妾。其西域之西，迤北之北，固远矣，而程途可计。若海外诸番，实为遐壤，皆捧琛执贽，重译来朝。"[2]

从这篇镌刻在一块石碑上的铭文[3]，可以得知当时远洋航海活动的规模。然而，这就使人无法不对中国的历史产生这样一个疑问：这些记录中国船队跨越印度洋的文献都到哪里去了呢？这些远征的经历，为什么有人不愿意昭示天下呢？

对此可以做出几种解释：

---

[1] 此处和后面许多有关明朝海事活动的具体数据，都未必与目前公认的细节吻合。但作者都是言之有据的，只是由于译成英文和法文的有关文献的数量和种类都有限所致。这里均按作者原文译出。——译者
[2] Needham, *Science and Civilisation*, vol. 3, 557.
[3] 此碑名为"天妃之神灵应记碑"，为明宣德六年冬，郑和第七次出使西洋前在福建长乐候风时亲自撰文镌立的石碑。俗称"郑和碑"，现立福建长乐市中心的郑和公园内。——译者

1424年，明朝那位雄心勃勃的皇帝死去。此时，国家早已入不敷出，而且出竟是入的三四倍。这就使耗资巨大的大规模航海活动受到批评。削减支出的第一个目标就指向了航海事业。随着朝廷中对海事靡耗的不满日益增长，大型的海上探险活动，遂被列为可有可无的项目。

此外，皇帝往往派太监担任航行的指挥任务。太监是受到皇帝信任的，但却为百官所憎恨。郑和就是一名太监。商人也不讨官吏的喜欢。取消国际航海活动的结果，是太监又重新跌回宫廷政治舞台中的从属地位，也使富商大大受挫，两者都是令官吏阶层弹冠相庆的事情。受儒家思想熏陶甚深的士大夫们，对于开展国际贸易是持反对态度的，就连进行文化接触，也不中他们的意，而且被他们认为是大是大非的原则性问题。

就在这时，又有一个凶兆出现了：就在1421年的那次大型船队出航不久，紫禁城内便发生了大火灾，皇城损毁严重。于是便出现了流言，说这是苍天示警，表示对皇帝花费过多的不满。这就使要求罢航的呼声更加高涨。

1424年以后，反对大兴海事的士大夫阶层开始掌握了进一步控制朝政的权力。新皇帝登基后，颁诏不准进行新的大型海事探险，不但叫停了大船的制造，就连原有大船的维修也不准继续进行。海外诸国派驻明朝的代表们，都被要求返回各自的国家——这时供它们乘坐的船只可没有原来的大了。明廷派往外国的使节也被立即召回。所有跨出国门的活动一概中断。贸易自然出现锐减。1430年，在第五个皇帝[1]的诏令下，明朝进行了最后一次远洋航行，重新恢复了中断九年的海外联系。这次航行显然取得了成功，又从非洲带回来长颈鹿和大象。

---

[1] 指明宣宗朱瞻基（1398—1435），明仁宗朱高炽长子，明成祖朱棣之孙，1425年即位，年号宣德。——译者

到了 1433 年，明朝的国库已近告罄，而北部边境又受到蒙古人的袭扰。中国便又开始了保卫北部疆土的行动。正如费正清和默尔·戈德曼[1]在他们合著的《中国新史》中所指出的，"抑商主义和排外思想占了上风，使中国退出了世界舞台"[2]。1436 年，中国明令禁止制造任何大型船只。到了该世纪末时，对现有海船遭到的损毁已一律不再维修。进入 16 世纪后，在皇帝的一道圣旨下，更是连一只海船也不得制造了。从这时起，中国人只能在内河水系中和近海口岸间航驶。看来是出于防范出现新政令后海上航行又得到复苏的可能，反对海运派的政府官员销毁了所有的有关设计图纸和明朝初年的航海档案。这一决策造成了空前的破坏，使航海技术失传，也抹去了人们对海事的记忆。这样一来，中国远在海外的移民点和那里的人们便不复有人记起。

其后又有其他一些对外国信不过，因此一心要闭关自守的官员接着这样做，从而毁掉了所有的资料。就这样，在经历过一代人海外探险的辉煌业绩后，中国自己又缩了回去。她在 15 世纪初的海上业绩，如今只留下了星星点点的记载。凡是政府出于种种原因决定消除的记忆，总是有种种办法消除的。

我提出的"中国人假设"，受到了一些人的反对，而且是不无根据的反对。然而，那些航空摄影照片，还有四百年的历史空白，是支持这一假设的强大论据。到了这个阶段，最应当做的事情，自然是到多芬海岬山坡上的原址去。

而这正是我在 2003 年秋天面临的挑战。

---

[1] 费正清（1907—1991），美国著名汉学家，英文名 John King Fairbank；默尔·戈德曼（Merle Goldman, 1931—   ），美国汉学家，曾任哈佛大学历史教授、哈佛大学东亚研究所研究员。——译者
[2] Fairbank and Goldman, *China: A New History*, 139.

第十三章

意外的发现

2003年入秋后,我的健康状况越发不堪,动辄感觉疲劳。于是,我连一些平常一直进行的简单活动都停止了。我不再长距离散步,每天的游泳锻炼也停了摆。就连我的注意力,如今也不能像以往那样集中了。在这个阶段,身体的痛楚倒是不大,举手投足也不觉艰难。但我知道,我开始踏上了人生必然归宿的最后行程。

我年轻时曾游历过世界不少地方,在许多城市生活过。这使我得以从近距离观察到名流与富翁的生活,而由此得出的结论是,名利往往与浅薄和夭寿为伍。我亲眼在纽约市曼哈顿区最讲究的公馆里,目睹过太多的愤怒、太多的丑恶和太多的羸弱。物质方面的过多斩获,注定会造成一种不平衡的生活。或许正是有鉴于这种体验,我一向崇尚简朴的生活方式。就是在没有患病时,我都主动过着有节制的生活,能不置的尽量不置,能不用的也尽量不用。正因为如此,我在罹患艾滋病的初期,面对开始恶化的健康状况时,能够持有平和的心态,为自己至少情绪并没有一落千丈而感到幸运。

然而,这时的一切都已不复如是。到了2004年2月时,体检结果表明,艾滋病毒正在我身体内长驱直入,这说明我的免疫机能已十分有限,使病毒有了逞凶的机会。我倒并不害怕死亡,但我不愿意让这个念头成为我生命中的主旋律。最萦绕在我心头的挂念,是摊在书桌上的那些研究资料;我最大的担心,是再也没有机会真正登上我在想象中走了多少次的那条道路。

我知道在 15 世纪时，就有传说认为，大西洋北端的一个岛屿上存在一座很大的市镇。因船只毁损被迫上岸的葡萄牙渔民和意大利渔民，都曾提到说去过这个地方。我知道布雷顿角岛那里有嶙峋多礁的海岸，有上百艘船只在它的东海岸外沉没，因此得到了"大西洋坟场"的不雅诨名。欧洲人给这个远在北美的岛屿起了个名字叫七镇岛。而据去过那里的水手说，那是一处很大的所在，大到建有图书馆的程度。那里的居民使用包括黄金在内的金属器具。他们还有自己的文字。我知道，克里斯托弗·哥伦布曾经为这个岛画了地图。我知道，约翰·卡伯特后来又找到了这个地方，确定了它的位置，对外宣布了这一结果，还告诉人们他在岛上发现了苏木红和丝绸。科尔特-雷亚尔兄弟也发现了白银和黄金制的物品。对这么一块地方，我已是十分熟悉的了。

我知道，在欧洲人于 1500 年所绘的第一幅北美地图上，有一处标明为"所来到的海岬"的地方。50 年后，这个地方又标上了"人众之地"的字样。我知道，1559 年让·阿尔丰斯以"鞑靼地"来称呼这个岛，还给出了到达那里的行船路线。我知道，布雷顿角岛是北美沿海一带最早得到命名、勘测和绘制的地方。17 世纪初，萨米埃尔·德·尚普兰和马克·雷加波这两位最早来到北美这一带定居的欧洲人，声称在这个即将成为阿卡迪亚一部分的岛上，发现了难解的废墟。即便在岛上住了一年后，他们仍然解释不出废墟的就里。德·尚普兰认为它们或许与葡萄牙人有关，而雷加波则觉它可能是卡蒂埃的某次航行的遗迹，因此是法国人留下来的。

我知道，在 1691 年时，克里斯蒂安·勒克莱科作为最早与米克茂人打交道的欧洲人，提到该族人中有一支人沿用了基督教的十字形符标。勒克莱科讲述了米克茂人读与写的具体情况。他的叙述得到了其他人的印证。我知道，到了 19 世纪时，赛拉斯·兰德在研究了米克茂人语言文字的起源后，提出了它与中国有关的见解。我从米克茂人自己讲述的历史中了解到，当年——大大早于卡伯特和卡蒂埃前来的时间，无疑有外来人乘船从西南方向前来造访。米克茂人的精神先导克鲁斯凯波乘船来到他们中间，同他们一起生活过，给他们的社会带来了巨大的促进。他的住处就在多芬海岬上——而我确凿地知道，那里就有我看到的遗迹。

在过去的几个月里，我苦苦地钻研过大量有关米克茂人的资料。如今，我再一次一头扎进了这堆故纸。

米克茂人之所以记得克鲁斯凯波，是因为此人给他们带来了改变。他让米克茂人体会到一种新型的政府，重组了他们的政治体制。克鲁斯凯波在米克茂人心中的形象是一名改革者而非神祇。他之所以上升为传说中的形象，是凭借着自己的智慧和领导能力。米克茂人相信，克鲁斯凯波在同他们一起在多芬海岬生活过一段时间后，就发出预言说，这里不久就会有欧洲人前来定居，因此很快就不为米克茂人所拥有，然后便带着自己的一家人离开了。他是从海上顺着海岸线走的，"背着北极星方向离去了"。

在研究米克茂人和中国人的文化行为的过程中，我看到了地理上相隔万里之遥的这两者间竟然十分相似，这就排除了偶发性。根据早期记载，米克茂人习惯于在一切可能的场合提及先祖和家族的荣耀。[1]年齿是米克茂人十分看重的资格。后代数目最多者是全族最受敬重的人

---

〔1〕 有关米克茂人的情况取自下列资料：
Reuben Gold Thwaites, ed. *The Jesuit Relations*, vols. 1, 2, 3; Denys, *The Description and Natural History*; Sieur de Dièreville, *Relation of the Voyage to Port Royal in Acadia*; Le Clercq, *New Relation of Gaspesia*; Marc Lescarbot, *Nova Francia: A Description of Acadia*, 1606. Trans. P. Erondelle (London: Pierre Maillard (c. 1710–1762); Maillard, *An Account of the Customs and Manners of the Micmakis and Maricheets Savage Nations*.

物。敬祖是米克茂人精神生活中的中心内容之一。他们相信，逝者能影响到生者，生者应当以孝顺来博得祖先的冥佑。在为家庭成员备办后事时，在丧葬仪式上，在坟墓的修筑上，在服丧期的长短上，米克茂人都与中国人有相类的观念和做法。濒逝之人全身会接受擦洗，然后穿好殓衣。人死后，遗体会被移入棺木，还放入贵重器物，然后埋入土中。举行葬礼时，逝者的近支和远亲都会出席。这些做法在这两种人中都是相同的，只在程度上有所差别。

长期以来，中国人都会在死者的坟墓中放入种种生活用品和贵重物件，以供死者在另一个世界享用。[1]法国传教士也在米克茂人中见到了同样的做法："在将死者送入安息地后，每个人都向墓穴内放入他最好的一件器物。有的死者会得到许多海狸皮、水獭皮和其他兽皮。"[2]尼古拉·德尼也注意到，在举行葬礼时，死者身边会"堆着亲友扔进来的弓箭、踏雪鞋、扎枪、皮袍、水獭皮、海狸皮、皮袜、鹿皮便鞋……所有打猎用的东西和穿着的物品。我在他们之中生活的期间，就曾见到有的死者带着重量超过两千磅的毛皮入土"。

在这两个文化体系中，都存在着对已经死亡并下葬入土后的逝者继续表示哀悼的方式，而且也是相似的。在中国人中，新寡女子要为亡夫戴一定时间的重孝。居丧者不剪指甲、不理发、不沐浴、不打扮修饰。死者的近亲会穿草草缝制起来的粗布衣服，以此表示自己的居

---

[1] 下列著述为本书有关中国人丧葬习俗的主要来源：
Justus Doolittle, *Social Life of the Chinese: Daily Life in China* (London: Kegan Paul, 2002); John Henry Gray, *China: A History of the Laws, Manners and Customs of the People*. Ed. William Gow Gregor (London: Macmillan, 1878); Edwin D. Harvey, *The Mind of China* (Westport, Conn.: Hyperion Press, 1973); Michael Loewe, *Chinese Ideas of Life and Death: Faith, Myth and Reason in the Han Period (202 BC–AD 220)* (London: George Allen and Unwin, 1982).

[2] Denys, *The Description and Natural History*, 439.

丧身份。在米克茂人中,寡妇会在一定的居丧期间将脸涂黑。据一份法国人的材料说,"……当这些亲属过世时,他们会整整服一年的丧。具体方式包括男人剪掉头发,女人不梳妆打扮"。[1]在这两种文化中,人死后都装入棺木,周围放入贵重的和在阴间有用的物品器具,然后在土中掘坑埋入棺材。在这两种文化中,棺材之上的墓地都建成堆起圆形的坟包形式。据勒克莱科说,米克茂人的墓地"大体呈圆形,有如一口井,深约4—5英尺"。放入用桦树皮包裹的死者后,有时还会在顶上堆起一个很大的半球形土包。土包起着防水下渗的作用,可以延长尸体的存留时间。此外还用"一定数目的木料围在周围,高度在三英尺至四英尺之间,这就更讲究了"。[2]另外一名法国传教士同样发现,米克茂人对死者的处理方式很值得注意:"他们用木棒将墓穴的四周围了起来,因此尽管挖得很深,土也不会落回坑中。如果死者是个重要人物,下葬后,其坟墓上还会搭起若干木柱,形状有如金字塔。看来这是为了表示景仰,正有如我们用大理石或斑岩修成灵龛一样。"[3]

中国人在坟墓处设置的标志物也是圆形的,不过通常是石制的,位置就在棺木的上方。有钱人的墓地往往很讲究,有些有地位的人的墓地处还附带庙宇建筑。米克茂人也是这种情况。

至于北美东北部的其他原住民,在人临终前和下葬时的做法,以及在坟墓的营造上,都与米克茂人大不相同。这正如中国人在这些方面的做法与欧洲人大相径庭一样。比如说,休伦人在举办葬礼时要摆设宴席,还要赠送葬仪,但不是用来陪葬,而是送给死者的家属。死

---

[1] Antione Silvy, *Letters from North America*. Trans. Ivy Alice Dickson (Belleville, Ont.: Mika Publishing, 1980), 212.

[2] Le Clercq, *New Relation of Gaspesia*, 300.

[3] Thwaites, ed., *The Jesuit Relations*, vol. 3, 129.

者的尸身要在木架上停放一段时间，最后只将骨骼送入公共墓地。整个部族每十年举行一次公共葬礼。欧洲人的墓葬地不是圆的，通常会呈长方形。中国人和米克茂人的文化往往表现得有如同一大类中的两个亚种，相类成分远远多于不同之处。中国人用石制墓碑，米克茂人是从森林中取木立于坟上为记；中国人在先人的棺木中放入玉器陪葬，米克茂人则是放入最好的毛皮。这使我做出结论认为，米克茂人的文化中存在着中国式的影响，只是无法断定这种影响的大小而已。当文化内容涉及的是宗教象征、丧葬仪式和语言文字等方面时，同化过程通常会发生得缓慢而漫长。

我如今确信，多芬海岬那里肯定有中国人定居过。然而，他们究竟定居了多久呢？

第十四章

家人相聚

2004年2月，我的一家亲人——父母双亲、大哥一家、四弟一家，都来到了多伦多。表面上看，他们是凑巧在同一个周末到的，但我心知肚明，他们是想尽量不动声色地摸摸我的心态。在一个星期六的晚上，天气很冷，我们都在小弟弟罗伯特家里用晚餐。除了我妹妹和妹夫，全家人都凑齐了。我决定利用这个机会，将自己憋在心里的新理论公布出来。于是，我一步步地向他们解释了导致我得出"中国人假说"这一结论的种种证据。

我是带着一大摞文献和地图来的。到了小弟家里后，我就将它们放在了前厅。在饭桌上，大家热热闹闹、海阔天空地聊。等到饭桌收拾干净后，大哥伯尼第一个拾起话题，问我那个修筑道路的研究进行得怎么样了。

我先是让我母亲失望了一场，告诉她那条路与路易堡无关，也同别的任何法国人不搭界。"不但如此，它与苏格兰人、英格兰人、葡萄牙人，还有米克茂人，都是没有关系的。"我这样告诉大家。

再接下来，我却不知道该如何措辞了。于是，我就干脆直截了当地告诉大家，各种证据使我不得不做出这样一个假设："它是中国人修起来的。"

餐桌周围一片沉默。

"这个设想可真有点邪门，"格雷戈里说，"这个结论，你是怎么得出来的呢？"

于是我便一一道来。我告诉他们，我如何从新大陆北方的最早历史记录钻研起，看遍了所有的资料，也没有查找出这条道路的修建者。我告诉他们，它从一座山下修起，一直修到山顶附近。我告诉他们，这道围墙是一项巨大的工程，不是什么某家某户将自家地块圈起来的院墙。无论是设计还是营造这样大型的工程，于理说是应当有所记载的，然而没有。不过，我反而发现了不少别的记录。它们彼此并没有直接关联，却都指向一个移民点——是移民点，不是原住民居住点，但要比卡伯特和卡蒂埃所说的时间都早。我还告诉他们，当初我在研究多芬海岬上的人工建筑时，就注意到布雷顿角岛与中国或说中国文化有些关联。不久以后，我又亲眼目睹了中国文化存在的证据。

在座的全家人都知道，最近一段时间来，我的身体状况一直不可能允许我去爬多芬海岬。在他们的脸上，我看出了不安和不信的表情。于是，我决定后退一步，一点点地引导他们沿着我的思路前进。我告诉大家，中国船只在欧洲人之前来到北美，并不是什么荒诞不经的想法，也不是多么富有革命性的理论。"事实上，人们应当相信，中国人是有可能来到北美的。他们有船队，有水手，有技术能力。他们的船只很大——非常非常大，有十分有效的风帆系统，有巨大的船舵，想去哪里都不会有问题。即便最保守的估计，也认为15世纪初的中国船只，不会小于欧洲四个世纪后才造出来的最大的木壳船。15世纪初，只早不晚。当然，在此之前，中国人的船队早就到了非洲。因此有理由相信，他们也绕过了它的最南端。"

我父亲皱起了眉头："中国人？真是闻所未闻！"

"这是因为，咱们的观念受到自身文化的局限太强了，弄得人们都对确凿的历史事实视而不见，只接受咱们的历史学家的说法，"我这样回答他说。"我们这些人，基本上就从未听到有人告诉我们说，还在大多数欧洲人仍徘徊在黑暗年代中，大谈其耶路撒冷为大地正中心、人们会在大地尽头掉将下去时，中国人已经是出色的地图绘制者，也相信自己的世界是个球体了。他们开始绘制地图和进行地质记载的时间还要早得多。再者，中国人非但并没有像欧洲人那样，遗忘自己的传统和技术，反而通过实践改进它们。古罗马人中曾经涌现过不少地图绘制师，但他们的地图测绘技术在黑暗年代泰半失传了。中国人建立了地图测绘这门科学。早在公元2世纪时，他们就建立了平格网络，使地理位置得到了准确的表示。"

我打开了我带来的地图夹，从中拿出了一幅《混一疆理历代国都之图》的复印件。这是一幅15世纪的地图，上面画着中国和朝鲜等地，原图现存日本京都的龙谷大学。我将这幅复印件摊到了桌子上。

"这幅地图名为《混一疆理历代国都之图》，绘制年代为1403年，也许多少会晚上几年。"说到这里，我将"1403"这个年份又重复了一遍，以加深大家的印象。"图上的这里是非洲东海岸。还在公元267年时，中国人就制定了一套做法，并将其立为绘制地图的基本规则，这套规则是正确的，因此促进了地图绘制科学的发展。可以认为，这套规则其实就是地图绘制专业的标准规程。中国当时的地图绘制者和航海家们，能比其他所有人更准确地知道自己在世界上的位置。他们建起了天文观测台，能够进行精确的天文计算。他们发明了指南针。他们将阿拉伯人在航海和地图绘制领域的进步东西学到了手，并结合进自己的地图测绘技术。他们掌握的中东和非洲的知识也在增长。到了15世纪进入明朝这一历史时期时，中国人已能够根据自己的诸多地图、海图和百科全书，在他们所知道的世界上通行无阻。"

四弟妹乔安妮插了进来："去年时，我看过一部书评，提到有人写了一本书，说中国人发现了美洲。"

"没错。写书的人叫加文·孟席斯,是英国的一名退休潜艇艇长。这本书是在他对古旧地图下了一番工夫研究后写出的,结果让一帮人狠狠地批了一通,可也让另外一些认真的学者重新研究起他所提出的种种说法来。如今人们再看他所说的,已经不觉得像当年那样荒诞不经了。我是偶然看到孟席斯的这本书的,通过阅读我看出,他是位深懂洋流的人,而洋流恰在我的假设中起了重要作用。它是原来我没有考虑到的环节。"

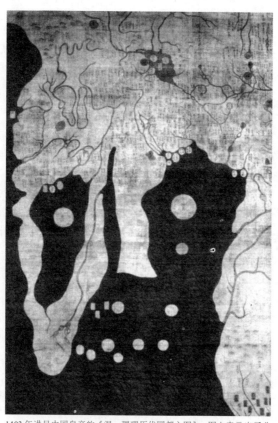

1403年进呈中国皇帝的《混一疆理历代国都之图》。图上表示出了非洲东西两侧的海岸

"可是，"伯尼问我，"就算中国人有能力跨过大西洋前来，可又来这里干什么呢？"

我便将我所想到的娓娓道来：15世纪初时，中国的明朝摆脱了上一个朝代受蒙古人统治的阴影，进入了大繁荣的时期。就是在这个时期，中国国内到处都修起了道路，贯穿全国的大运河也经过大规模疏浚，对长城也进行了修缮和加长。王朝的国都从南京移至北京，新国都内建起了紫禁城。教育与知识的重要性被提升到新的高度，种种书籍得到出版，百科全书也编纂成功。这是中国的一个中兴时期，是一个向外发展的时代。在这种时代精神的鼓舞下，中国航海大军是完全可能为了彰显帝国的伟大，而向天涯海角进发的。这就是说，中国不但有这样做的力量，也有这样做的心气。

揭示出中国人在哥伦布和卡伯特之前便知道北美洲存在的最有说服力的线索，来自我从地图上发现的一个最重大的疑点。

我从地图夹中抽出三张地图，分别是1424年的皮齐伽诺海图、1410年的德维尔加地图[1]和1502年的坎蒂诺地图[2]。我请他们注意一下，这些早期的世界地图是何等粗糙，查看起来又是何等困难。然后，我又摊开了另外两幅，一是1507年的瓦尔德泽米勒地图[3]，一是1513年的雷斯地图[4]。我请他们重点看一看图上显然是表示南美

---

[1] 由意大利地图绘制师阿尔贝蒂诺斯·德维尔加（Albertinus de Virga）15世纪初所绘的世界地图，故得此名。——译者
[2] 这是一幅当时的航海强国葡萄牙所密藏的一幅世界地图，由意大利派出的谍报人员阿尔贝托·坎蒂诺（Alberto Cantino）于1502年偷运到意大利，故地图名称和时间均由此定。——译者
[3] 由德国地图绘制家马丁·瓦尔德泽米勒（Martin Waldseemüller）所制的世界地图，是第一幅标有精确经纬度的地图，并首次以"亚美利加"来指代美洲。——译者
[4] 以奥斯曼帝国海军将领皮里·雷斯（Piri Reis）的姓氏得名。他自己绘制了若干幅地图，其中最有名的是两幅世界地图，上面均画出了北美洲的一部分。这里是指第一幅，其上还画出了南美洲和非洲的各一部分。——译者

洲海岸的部分。

"我所看出的疑点,是这两幅地图上的若干部分画得特别清楚仔细。对于这一现象,历史学家和地图测绘师都不止一次地指出过。特别应当注意的是,在早期的这几张图上,对应着曾有欧洲人去过的地方都画得很粗糙、很没有把握。情况正应当如此。因为这些地方只是反映水手所说的情况,而水手们并没有进行测绘所需的时间、技术和工具。然而,在这些早期的地图上还画出了大片的其他地域,它们或者从未被欧洲人探查过,或者至多只被欧洲人看到过一两次、但并没有搜集任何地理信息,因此也就不能向地图测绘者提供任何情况。看看坎蒂诺地图上的这个地方——它是佛罗里达。可是画这幅地图时,欧洲还从来没有人去过这里。那么,地图绘制师是如何得到这个地方的信息的呢?

"这些地图表明,欧洲的地图绘制师们当时已经掌握了不少信息,掌握的时间也很早。这些信息总得有来源吧?总得先有人航行到这些海岸一带、看到那里的情况并画了出来,然后经由某种途径传到欧洲,这几位地图绘制师才可能画出他们的这几幅图来吧?瞧,再看看这一幅。它就是人们所说的'哥伦布地图',绘于1490年,是画有七镇岛的地图之一。1490年是在欧洲人发现北美洲的年份之先,更是大大早于欧洲人测绘北美海岸的时间。这幅当时肯定在哥伦布手里的地图,不但以其时间之早引起注意,对某些细节的表达也令人瞩目。当时的欧洲人,还都相信大地是平平的一块、而耶路撒冷就是这块地域的中心呢。欧洲人还根本没有看到新大陆,而这幅图上却有了酷似布雷顿角岛的岛屿,而且相对位置也是正确的。单从这幅图来看,就应当认为,还在哥伦布的远航之前,布雷顿角岛便已经得到测绘并出现在地图上了,而哥伦布的那张图,就是这样的结果。你们看看,这里写的是什么呀?"

所有的人都将腰弯得更深,仔细地看起这幅图来。

"岛的图形下面有几个字,字迹有些模糊了——是七镇岛。"

"这可真有些难以置信。"杰拉尔德表示。

"我同意。以前我在研究这幅图时，同时参考了不少其他欧洲人画的早期地图。这使我知道，哥伦布地图的确与众不同。它画得很清楚、很准确，也很具体，看上去水平远在当时所有的欧洲地图之上。只要经常看布雷顿角岛地图，无论是谁，都能一眼看出它果真与这幅图上的七镇岛相近——不论是排列方位、组成部分，还是岛内的水系、外围的海岸，或者各组成部分间的大小比例和相对位置，全都对应得上。当我拿这幅地图——就是这张科罗内利地图，图上画的是布雷顿角岛，是两百年后画的——同哥伦布地图进行比较时，简直看不出有什么对不上的地方。事实应当是，布雷顿角岛早在有欧洲渔民来到之前，就有人探查过、测绘过了。七镇岛的传说是尽欧洲皆知的。我发现了不少证据，证明这一传说是同布雷顿角岛联系在一起的。欧洲人知道有这么个地方，还知道这个地方有市镇，而这幅地图又给出了这个地方的模样——而且同布雷顿角岛简直一模一样。"

格雷戈里要言不烦地归纳了一下："你的意思是说，有人给哥伦布送了信儿，而送信的是中国人。"

"这幅地图很可能是在约翰·卡伯特航行途经中东地区时，从阿拉伯人中的地图测绘师那里得到的，后来又到了哥伦布手里。至于阿拉伯人，又可能是早些时，即该世纪初时，在同中国人共事时得到的。我觉得，这应当是最简单的解释了。"

我又抽出了一张印在《海洋与大气科学百科全书》上的世界洋流图，是不久前公布的新图。

"你们看，大家都知道，中国人早就走遍了非洲东海岸。我们还有比较充分的理由相信，他们可能乘着大船绕过了好望角——已经到了，为什么不绕一下呢？一旦绕过好望角，非洲南部的洋流和墨西哥湾暖流就会送这些大船一路北上，来到北美的东海岸。整个经过就是这么简单。这些洋流真是给航海家送上门来的大礼，是将两个洲的东海岸连到一起的快'车'道。在离布雷顿角岛东海岸不远的海上，有两股流向相反的强大的洋流经过。一是南来的墨西哥湾暖流，一是从北部走了一半路程来到这里的拉布拉多冷流。这就有如一条双向高速公路，在布雷顿角岛这里有一个出口。照我的看法，该探讨的内容已经不再是中国人是否来过，而是来的原因。"

除了我一个，在座的其他所有人，对中国人一直持有闭关自守的印象，而且一直都是如此。于是，我又试图改变他们的这一观念："简而言之，中国人在绘制地图时是非常认真的。他们亲身参与了发现之旅。他们拥有庞大的船队，有很大的航船——真的十分巨大。自然，当他们沿着美洲东海岸航行时，会将这一带的地形测绘下来。欧洲人得到的地图，可能就是这种测绘的结果，后来通过不知什么途径传到了欧洲。但是，中国人需要在北美建个大本营，从整个大西洋沿岸的环境看，建在布雷顿角岛那里最为合适。从非洲到那里去几乎不用费什么气力；那里的港口条件又再好不过；找到那个岛也十分容易；沿岸还有两股相反方向的洋流。一旦测绘出那里的沿岸地形，标出危险的暗礁浅滩，那里就会成为大西洋北端一处理想的前沿哨所——一如法国18世纪时的情形。"

一阵长久的沉寂——人人都若有所思。最后，还是我打破了这种局面，提起了一个跟我们夏亚松家有关的问题。我提醒他们说，我们弟兄几个人的祖父和外祖父都在煤矿上工作过——一位是工人，一位是工程师。布雷顿角岛地下很浅处就有丰富的烟煤蕴藏，因此一向被称为北美的纽卡斯尔[1]，许多布雷顿角岛人，都是吸着煤烟长

---

[1] 英格兰东北的一个地区，煤的蕴藏十分丰富，自工业革命开始后，直到石油时代到来之前，它一直是英国乃至欧洲的重要能源供应地，素有"煤都"之称。——译者

大的。地下煤层延伸到海岸，并在东部形成露头，成为北美最大的露天煤田。煤层是从多芬海岬南面开始的。许多临海的峭壁上都显露出又黑又亮的煤层。海滩上也到处可见被海浪冲上来的一道道煤屑。这个岛上的煤矿如今都已关闭，但煤仍可以到处看到。

欧洲人的最早报告中没有提到煤炭，卡伯特和德·尚普兰对此也只字未提。这可能是他们都并不知道煤为何物之故。不过，到了16世纪时，煤炭就成了欧洲的新燃料——开始时基本上只用于工业生产。在尼古拉·德尼谋求布雷顿角岛的行政任命时，就要求得到煤炭管理权，并特别要求将"小希布"包括在内。此时的煤炭已经成了商品。当欧洲最终认识到它的价值后，煤炭采掘就迅速发展成为大型工业。德尼在17世纪时就预见到了煤的潜在价值。18世纪法国人在路易堡也用上了它。到了19世纪，布雷顿角岛已经发展成为国际性的供煤区，并将这一地位一直维持到20世纪初。

中国人自然早就知道煤炭的功用了。马可·波罗首次将这一情况告诉给了欧洲人，这是13世纪末时的事情。他是这样说的："中国各地都出产一种黑石头。它在山中绵延，像血管一样。可从山中掘出，它会像木炭一样燃烧，但火头比木材好，甚至可以整夜不灭。这种石头只有在刚开始燃着时有少量的烟，以后就没有了。它在燃烧时会发出很多的热量。"[1]

煤对中国人是重要的，因此他们无论到什么地方去，见到煤时都应当会马上辨认出来。布雷顿角岛的煤俯拾即是，采掘之易在美洲首屈一指。这便使这种丰富的能源成了吸引移民前来的磁石。看看今天的人们为了获取能源——还有信息，都花了多大的气力吧。十四五世

---

[1] Marco Polo, *The Travels of Marco Polo, the Venetian.* Trans. William Marsden, ed. Manuel Komroff (New York：Liveright Publishing, 2003)，170.

纪时的中国人，在这方面怕也未能例外呢。

我在前面曾经说过，我已经亲眼见到了布雷顿角岛上曾经有过中国人的证据。到了这一阶段，我觉得可以宣布了。我从最薄的文件夹中，抽出了多芬海岬山坡顶上的航空照片——是放大了的高分辨率图像。

"这张照片上是山梁东坡的放大照。我在2002年曾去过，为找寻道路的遗迹真是累坏了双眼。幸运的是，我得到的航空摄影是系列化的，四季的情况都拍了下来。瞧，就在这张从更近距离上拍得的照片上，这条道路刚好隐约可见。"

"我看见了。"

"我也是。"

我又将下一张照片放在桌面上。照片上显示的是山顶，除了岩石，就是低矮的云杉。可以十分清楚地看到，那条路就在山顶的北坡与山顶会合。

全家人都凑到了照片跟前。

伯尼说道："仔细往山顶那儿瞅哇！那个有块围着墙的地方嘿！"

"就在这个地方的东侧，"我又说，"还能看出一个长条地块来，是顺着山势往低走的。这里有些刚刚能分辨出来的建筑物形状，是沿着长条的走向排布的。"说毕，我又抽出一张照片来。"再瞧这张。在这个围起来的地块的另一端，道路又接着往西去了，一直穿过若干小池塘。你们会看出一些痕迹来，虽然十分模糊，但总能看出它们具有规则的形状，因此会是人力所为。"

"我真能看出来哎！"伯尼叫道。

"再瞧另外一张。这张的放大倍数特别高，结果是线条都变成了小点点。这些点是道路，而这些呢……"

"我的天!"伯尼嚷了起来。但他并不是在夸张,"我的天!它们是……长方……的……不知什么东西。"

"整座山顶上都有某种建筑物,"格雷戈里说,"而且有……有路连通着。"

"这里可能会是个大要塞什么的,"乔安妮表示意见说,"我看得出来。要不就是……就是一座市镇。"

全家人几乎都站了起来。有几个人已经不看照片了,他们将目光盯住了我。

"瞅瞅我胳臂上的汗毛吧,"罗伯特看着自己的手臂说,"瞧哇——都竖起来了!"

中国人曾经到过布雷顿角岛。这一逻辑推断的必然结果是我无法回避的。然而,以我所掌握的知识,身体却又处于这种状况,应当怎么办才好呢?我自己固然已无法再去爬山了,但至少还能尽自己所能,将所有的信息都组织起来,写成文字材料吧!再下一步呢——就是找别人接着干下去。也许我的哥哥和弟弟中有人能够如此吧?

我的抱负只能到此为止。我一向服用的药物已经不起作用了,现在只剩下一个希望,就是接受另外五种药物的配伍治疗。这五种中有一种名叫泰诺福韦(Tenofovir),在加拿大是只作为"万般无奈"时的药物使用的。在等待拿到这种药的四周时间里,我又回到书桌前,面对起高高堆起的研究资料来。

我想到了加文·孟席斯的处境。学术界对他是嗤之以鼻的,而且不断地表现出这种态度。接着,别的一些人也这样来对待他。有名望有学术地位的历史学家都对他的理论不屑一顾。对于这样的反应,自然没有人会喜欢,特别是不喜欢自己处于接受的一端。看到有人对孟席斯极尽挖苦之能事,我不由得不想到,恐怕只有我的亲人能相信我的这一假设了。要想发表自己的观点,如果连一次具体考察行程都没有,而且连一张那里的最近期照片都没有,这说得过去吗?

我决心不再往这个方面费心思了,自己能做到哪里就做到哪里吧。组织自己的假说和形成文字资料,看来大可分成如下三个部分,即:欧洲人有关多芬海岬废墟的种种报道、中国人航行到北美来的可能性和动机,以及米克茂文化中有关外来接触和移居的内容。在我形成文字的过程中,各部分内容都顺利地按照逻辑要求到了位。三月间,我得到了所需的药品,于是又开始了一个新的、更复杂的疗程。药品的种种不良副作用,我是早就不当回事了。每当服药后感觉更加不适时,我就去设想几百年前在阿卡迪亚时代时,我的先祖所经历到的种种悲苦境遇:亲人离散、房舍被焚、生计无着。

不过,接下来的情况,倒是发生了意料不到的逆转——到了4月中旬时,我的病情竟大为好转。新疗程起了作用。新的精力、我早已回忆不起来的旺盛精力,又源源地涌入我的体内。由于消失已久的肌肉力量重新恢复,我又去游泳了,又从这里到那里地闲走了,而且越游越长,越走越远。

到了5月里,我已经相信,我有能力回到多芬海岬,登上那里的山巅了。

第十五章

凌顶之行

我很少长距离远足,更从不曾一个人这样做过。独自去爬多芬海岬那里的山坡,在我未必是明智之举,但我实在是不想拖累别人。特别是因为,这次行动很可能无果而终;况且我还一向习惯于先干后说呢。积习难改哟。

我知道,我在父母结婚周年纪念期间偶然发现的那条路,是一直通往山顶的。我知道如何根据地图行路。我还下大气力研究过那座山头的航空摄影照片和地形图。这使我相信自己不会迷路。当初我还没生病时,是个水肺潜泳爱好者,还在潜泳中掌握了在水下使用罗盘的技巧。在陆地上使用指南针,同在平静的蔚蓝大海中使用罗盘,其实本没有什么区别。我的这一多芬海岬之行,是研究过程中积聚的压力促成的。为了这一目标,我努力了数月甚至可以说是数年,因此必须做好应对挑战的准备。不允许出现任何疏漏。既然我自觉身体状况良好,就又恢复了游泳和散步等活动,为爬山做好体力准备。这样一来,我的身体条件渐渐好了起来,肺腑又萌生了深呼吸的要求。

我这时的感觉,真有如得到了又一次生命一般。在经历过放弃一切作为的思想历程之后,我又有了一个目标——也许说成梦想更合适些,但目标也好,梦想也罢,总是有具体内容和重点目标的。我明确自己应当专注的目标,知道应当去的地方,了解应当查看的内容。

什么时间前去是很重要的。在布雷顿角岛的高地上,林间的积雪通常到了5月初才会融净，而如果去得晚了，植物就会繁茂得妨碍步行。我从航空照片上看出，森林中有些不大的地段，只有靠披荆斩棘才能通过。山坡顶处的树木以云杉为主。它们生成浓密的树林，因此有些地方会很难通过。另外，我一路上还会遇到泥沼和溪流。我最后将动身的时间定为5月底，正好赶在我年届49岁前后——最近好多年来，我过生日都没能赶上同父母在一起。

从多伦多到父母家的飞行显得比以往长了些。从哈利法克斯到悉尼的最后一段飞行，我乘的是一架双螺旋桨飞机，机上乘客很多，行程也很颠簸。父母都到机场来接我。他们不久前刚搬入一栋较小的住房，也就是说，我将第一次睡在新居的新床铺上。饭桌上，我们聊起了原来的家，说起那里的小花园，回忆着在那里度过的欢乐时光。妈妈表示意见说，要度过欢乐时光，并不需要什么特别的地方，无论在哪里都能快乐，唯一的决定因素是我们自己。我是满脑子的多芬海岬，这让父母觉得，我比平常更沉静了些。

我是精疲力竭地躺到床上的。

第二天清晨，闹钟在六点响了起来。这时的阳光已经很强烈了。和风向海岸方向刮去，吹得人身上暖融融的。真是远足的好天气。

母亲答应将她的车给我用一个星期。我将车子开出来，加入早晨的车流，向北面的高地方向驶去。去那里的路只有一条。开到后来，公路就进入了凯利山；开到近海的最后一段，就进入了多芬海岬。我还记得，要去那处遗迹，得在一条土路的一个有急弯的路口向右拐，便能一直开到海岬的尽尖处。我出门时很早，因此到这里时还看不到什么人。我根据记忆，将车子停在两年前停过的地方，接着又找到了那个树林的入口处。

在树林中深一脚浅一脚地走了半个小时后，我发现了一条荒芜的林间小路，顺着它，就来到了一片树木已被伐光的大空地。这里是不是我记忆中的那块伐木林地呢？我一面往上攀登，一面设想着如果那条路——我的路——根本不在这里或者根本就只是我想象出来的，情况又会如何。

但这只是一阵胡思乱想——因为我又看到它了。我稍稍站了一会儿，粗粗地查验了一下，然后便开始沿着它前进了。那一年夏天我来这里时，是从上往下走的，因此没有理会它的坡度，走起来很觉适意。但往上爬可就难了。

这里的树木长得十分繁茂，将路边一带都遮蔽住了，因此太阳虽已升起多时，道路边上的灌木还湿湿地润在朝露里。我攀登了大约半个多小时，终于走出了树林，喘着大气，来到一面多石的斜坡上，浑身都被汗水湿透了，风吹在身上，感到冷飕飕的。不过，我的身体中最根本的部分，却让我觉得自己是完完全全地活着。我看到斜对大海的一块不大山岩，便坐下来休息片刻。

我目前所处的位置正在多芬海岬至高点的下方，风光旖旎迷人。向前方眺望，可以看到又长又直的蓝蓝海平线。右手边那里是我刚刚通过的树林，左手边则是拢住了一湾海水的陆地——正应当是法贡德斯等人栖身的"海岸开始折向北行处"。在大海的映衬下，海岬这里显得大大缩小了。我贪婪地打量着周围的所有景物，心中涌上来的几乎是一种冲击感。

就在我坐着的这块大石头的前面，可以看到一个向大西洋方向倾斜地延伸的长条形地块，那里有受过清整的痕迹。我在石块上坐了一阵，一面让呼吸恢复正常，一面打量着这个地块。渐渐地我辨认出来，它就是我在航空摄影照片上看到的那个矩形开阔地段。当时我的想法是，这可能是坡顶的这块地方发生若干次火情的结果——这个岛上经常发生山火。在有些季节拍摄的照片上，整个地域上的林木不那么繁茂，这时就可以看出一个被围封起来的更大地块；而在其他照片上，到处都只能看到浓密的植被，就连围墙也只能从茂盛的草棵下偶尔露出一点头来。但在所有的照片上，都能看出这个大体呈矩形的开阔地块。

上图　从多芬海岬山坡俯视坡下。照片上的水域是大西洋，远处是布雷顿角岛上的一处高地

下图　从多芬海岬山坡仰视坡顶。照片上可看到曾被清理过的地块和破碎石头平台的残迹

第十五章　凌顶之行

我还是坐着不动。这些年来，我看到过多少处遗迹废墟，多少座新奇建筑，多少个外国移民点，还教过多少年的建筑史，但眼前的情况，我还是第一次得见。我所处的这个面南背北的地点十分理想，能够清楚地看到这一矩形地块的东西两侧以及地势向下走的北侧。这个地块的真实边缘要比照片上看到的更参差些，有几处位置上已然遭到云杉的入侵，使得原来的几何形状的严格规则性受到了破坏。除此之外，这个地块的整体特性还是清楚可见的——树木被取代为一片低矮浓密的灰绿色苔藓，杂以淡紫色的野花和稀疏的灌木。几乎所有的石头上都生了苔藓，其中一些颜色极浅，简直就是白色的。在上午阳光的映衬下，一些石块的硬棱硬角显得十分清晰，无疑地表示着它们曾是一群建筑物的一部分。而这些建筑物，看来是从山坡顶上一层层平整地绵延下来的。我能够看出这是某个久远年代的移民点，但我却说不出它的整体格局是什么样的，也说不出为什么会是如此。

我不曾接受过考古专业教育，因此无从对这里进行文物考察和年代鉴定。我倒真希望能在这里找到一块牌子之类的东西，上面写着"中国人造""法国人建"或者"英国人辟"之类的字样，那可真是好到家了，而且，在我的灵魂深处阿卡迪亚人的根里，还更希望出现的是第二块牌子，并告诉我这里曾是一座小教堂——真是异想天开哟。这里看上去很像是一座废弃的市镇，依水平为势分层而建；整个区域上看不出大街或者小巷的痕迹，找不到能明显表明曾是墙体或者烟囱的残迹，也无法判定有没有公共广场或者屋前房后的小菜园。

我站起身来，在这块生满苔藓的平整地块上尽量找好走的地方下脚。我忽左忽右、深一脚浅一脚地沿下坡方向走着，时不时地会被植被下面的石块绊一下。如果这里曾经是市镇中心的话，为什么我却看不到房屋墙壁的残迹，甚至也看不到房基的形状和用火设施的轮廓呢？另外，我在山坡上看到了一些堆在一起、形成小台子似的零星结构。当我走到这块开阔地的最下端、回头向上看我刚才坐过的地方时，整个地域的层次构造显得更加清楚了。这里无疑是一处接受过人工打造的地方。

山坡上所建石砌平台的残迹

第十五章　凌顶之行　　209

我沿着开阔地与树木区交界的地方,也就是看上去像是这个地域边缘的一带走了走。我认为,要想能够向别人描述清楚这个地方,首先得能够自己形成看法。

这个矩形地域能够长期有效地抵抗林木的入侵,说明当初人为的介入是十分彻底的。不过,这种介入又是以怎样的方式进行的呢?我开始一个个地检查这里的石块堆。这使我发现,当检查到底下的时候,棱角的规则形状就一点点地显露出来了,这说明上面的散乱,其实是苔藓作用的结果。它们当初一定是沿山坡立起的方形石砌平台,彼此间由弯曲的小路相互连接着。

沿着山坡散落分布着多处石堆。照片摄出了其中几处,可以看出这些石块上有打凿痕迹

我俯下身子，检查一块块石头。它们有的显露出经过工具加工的完整表面。这样的石块与表面没有受到切凿的普通石块混在一起，在整个矩形地域上到处可见。经过工具加工的石块大小都差不多，看来是有意挑选出来打凿的，并且只用在需要的位置上。当我意识到，自己是以方形平台为根据进行搜寻，而不再是寻找墙壁和烟囱的遗迹时，这块地域的含义就开始变得明朗起来。

在有些地方，一个个平台以每三个形成一组，建在山坡的不同高度上，彼此相隔不远，朝向相同，并共同围着一块空场，有如一个共有的院落。较大的平台在山坡下方多一些，但由于位置较低，石块的

围着一块中心空地的一组三个方形石砌平台。这样的平台组有若干个。下方的三个方框是作者按它们的实际尺寸在现场测量后按比例画出的

第十五章 凌顶之行 211

棱角已经不容易辨认了。

总之,我在这里所看到的,是一群沿着一面远离海岸的山坡用石块砌起来的平台。这里不与任何可能的捕鱼区靠近,也不与任何已知的居民点邻近,是一处孤零零地孑立在荒野之中的所在。

看到这里,太阳已经很偏西了。我得往山下走了。

回到父母家时,人已经累得不行了。看到我这副样子,父亲就坚持开车将我送到照相馆,将我在山坡顶上拍摄的三卷胶片立即冲洗出来。我在回来的路上就在车里看了起来。这一天天色晴朗,光照适宜,空气也很明澄,因此地面上的情况在照片上都一清二楚。当车子停在家门前时,我的疲劳已经一扫而光。我坐到厨桌前,将照片一一摆开,同时竭力让自己摆出平静的样子来。

我每张照片都冲洗了重张,因此真是带回来一大堆。乍一看,似乎多数上都只是些山坡上的石块。

"我说保罗,"父亲对我说道,"它们看上去可真都挺像废墟哟。"不过我知道,他这是给我打气。

我不紧不慢地将照片一张张拿给他们看,指出照片上的那个长条开阔地块、还有那些曾经是平台、如今已经坍塌的石堆。

我将所有的照片往一起拢了拢,腾出些地方,拿出几本讲述中国建筑与土木工程学的书来,摊开在厨桌上的一堆茶杯之间。在认真打量了一阵书上的插图后,我母亲拿起一张照片来,用手指比画着一个个平台边缘的所在,并指出了平台的台阶应在的位置。看出这些来的,已经不单单是我自己了。如今我弄清了一点,就是为什么这处废墟多少年来一直无法引起人们的注意。有道是:心里想不出,眼光就模糊。而今,迷雾已然消散。就是在这个瞬间,我的父母看出,我所看到的的确是存在的。我也意识到,让大家接受我对多芬海岬废墟的解释，关键是要对中国式建筑有所了解。

中国人在建造房屋、庙宇和宫殿时，一向总要先用石料建成平台，然后再在上面用木料（但也不尽如是）修建其他部分。[1]平台是整个建筑的基础，既能使内部地面高出外部从而保持干燥，还提供了建筑物外围的通道。当年在北京修筑紫禁城的匠师们，造起来的就是这样的建筑。我从多伦多前来时，带了满满一提箱讲述中国建筑的书籍。我找出了威廉·马斯登英译的《马可·波罗游记》，翻到了我要找的内容——作者讲述他于13世纪末在中国旅行时，在北京所见到的忽必烈的皇宫："砌成的房基为约高出地面十拃的平台，四缘都是大理石铺成的过道，宽约两步。过道上可以走人，而且能被平台下面的人看到。"[2]

这种平台直接从地面砌起，下面没有地下室，也不打我们西方人建房时所需的房基。中国的建筑匠师们通过数百年的摸索，研究出了一套复杂而巧妙的木制结构系统，将屋顶和墙壁托在这一石制基础之上。如果当年在多芬海岬修造的就是这样的房屋，木制部分是不可能

---

[1] 下列书籍为本书有关中国建筑与市镇规划方式的主要参考读物：
Chao-Kang Chang and Werner Blaser, *China: Tao in Architecture* (Basel: Birkhauser Verlag, 1987); Ronald G. Knapp, *China's Traditional Rural Architecture: A Cultural Geography of the Common House* (Honolulu: University of Hawaii Press, 1986); Ronald G. Knapp, *China's Vernacular Architecture: House Form and Culture* (Honolulu: University of Hawaii Press, 1989); Ronald G. Knapp, *China's Walled Cities* (Hong Kong: Oxford University Press, 2000); Ssu-Ch'eng Liang, *A Pictorial History of Chinese Architecture: A Study of the Development of Its Structural System and the Evolution of Its Types*. Ed. Wilma Fairbank (Cambridge, Mass.: MIT Press, 1984); Laurence G. Liu, *Chinese Architecture* (New York: Rizzoli, 1989); Ann Paludan, *The Ming Tombs* (Hong Kong: Oxford University Press, 1991); Laurence Sickman and Alexander Soper, *The Art and Architecture of China* (Baltimore: Penguin Books, 1956); Osvald Siren, *The Imperial Palaces of Peking* (Paris: G. van Oest, 1926).

[2] Marco Polo, *The Travels of Marco Polo*, 130.

上图　山坡上最大的一个石堆，其中有些显露出切凿和码砌的痕迹
下左图和下右图　上图的细部，所示石块显示出切凿和码砌的痕迹

存留至今的，留下的便只是山坡上的一堆堆石块。欧洲人——我是指当年自欧洲前来的测绘人员和地图绘制者——所熟悉的，只是他们自己的建筑。在他们的眼中，这里的废墟看上去完全无异于大自然的造物——也许不常见，但却很自然。然而，一旦认识到这里与中国可能有关，山坡上的那些石堆的形状就有了新的意义。它们如今还大致保留着当初建起时的方形外观。整个地块造成的印象则是，那里曾是一处镇中心，镇中心有大小不一的房舍，沿着山坡而筑，彼此有步道相连。

　　从五月间第一次去多芬海岬后，2004年的整个夏季，我每个月都会前去。每次去那里时，我都会接连用三至四天时间爬到那座山坡上，晚上再回到父母家中。而驱车往返正给我提供了思考自己所见的时间。每天我都是一大早便启程上路，整个白天的时间都用来观察、拍照、测量，再就是按我事先在地图上标出的地点按图索骥地一一探看。有时我会赶上好天气，有时又会碰上雾天或者雨天，有时还会在同一天三种天气都遇上。我会在野外见到鹿和野鸡。有时我会将水喝光，因此意识到最好带着超量的水出行。我的健康状况每周都在改善。有两次，我的出行败给了布雷顿角岛有名的突降浓雾。由于拉布拉多冷流和墨西哥湾暖流在布雷顿角岛交汇，造成从北方前来的冷空气，与随同南方洋流一起前来的暖湿空气混合到一起，由是形成了雾——一种事先没有征兆，而在几分钟之内从天而降的大雾。几年以前的一个八月天，我在路易堡附近的近岸海水里玩水肺潜水时，天气本来好端端的，是个有太阳的大晴天。但当我在水下潜游了约半个小时后，浮上水面时却发现自己竟置身于稠厚的浓雾中，不但看不到海岸，看不到我们乘坐的小船，就连结伴前来的潜泳者在海面上一上一下出没的头部也看不到了。当时给我造成的感觉是十分震慑的。这一年我在多芬海岬工作时，也不止一次地让这种始料不及的天气搞得迷了路。

通过这个夏季的研究工作,我又确立了一个事实,就是这些石头平台,虽然大小不一,却在沿山坡上下排布时,都以一条边与大海平行。这一点也说明了它们具有中国建筑的风格。整个市镇建在山坡坡顶略下的位置上,而不像欧洲人那样选择最高的地点。这也像是中国人的做法。[1]

上图 石料加工地点的照片
下图 铺面石板以最常见的拼接形式放在一起

---

[1] 多芬海岬这里的市镇遗址在规模上虽然不大,但格局却与中国承德避暑山庄的普陀宗乘之庙相近,见 Liu, Laurence G, *Chinese Architecture*, 126。

在临近整个地域最高处的东部边缘那里，我发现了一处与众不同的地方。虽然这里同样是乱石一堆，但看上去却很像是一处多层独立建筑。虽然同是废墟，但看上去比其他石堆大些高些，形状也更复杂些。我觉得，它当年很可能是以石料为主建造起来的。如果说，我在第一次前来时还心存疑虑的话，在认真研究了这堆石块之后也就彻底消失了。

石块的散乱堆积，自然应当归因于数百年间来自大西洋的狂风暴雨对平台结构的破坏，但其中的大石块看来似乎是刻意被挑出来抛到平台之外的，而受到切凿的那些为数不多的石块则留在了原处。这看来就像是有意的肆虐了。

一次，我从山上下来时，已经是大下午时分了。太阳斜斜地照在一面岩石的峭壁上。这座峭壁，我已经路过多次了。当时我已相当疲劳，但还没有累至视而不见的地步。我注意到，峭壁上清晰地现出了一些笔直的线条。我停住下山的脚步，攀上了峭壁。这里的岩壁上有标准的正方形石片，它们大小一致，但厚薄不一。有些石片只是部分方形的，还有一些虽然可能曾是方形，但边角已经残缺，但也有若干是近于完美的正方形。我将几块搬到一起，想看看它们能不能拼接在一起。答案是肯定的。它们不但能拼到一起，而且拼得相当严实。它们应当是铺面石板，而这里当年应当是一处采石场。根据整个地域的规模，我认为这片采石场上应当有石板铺成的道路，然而并没能找到。中国人用来铺设平台上通道的石板也有了来源，而这些石板的尺寸和形状都是中国人习用的。我捧着这些石板，在薄暮中走下山来，心里泛上来的念头是：在我之前摸到它们的，是多少年前来到新大陆的中国移民的手哟。

第十五章 凌顶之行

第十六章

围墙与围墙内外

这是我 2004 年 5 月间去多芬海岬探查的第二天晚上。我住在父母的新居里，躺在床上，航空照片摊得到处都是。我拿起放大倍数最高的一张，仔细审视围墙所在的部分。这堵墙的工程很大，因此其痕迹从高空上也清晰可见。它包围了一块大致呈花生形的面积，长约为宽的两倍，北面临一条小河。仔细看时又能注意到，这道墙与河有一段长约七百米的并行地段，而与河不并行的两端，都是沿着山势向上走的，而且一直顺着高地势延续，最后到达坡顶下面的不远处。封闭形状的周长约为三公里。

在坡顶那里，我并没有看到墙体——不过我也没有在那里花多少精力。我的注意力，一直集中在镇中心部分。

第二天早上，吃过早饭后，我便逐一读起我那堆讲述中国建筑技术的书籍来。从书中我看到，古代中国人建造墙体的方法与西方是不同的。他们造墙的主材料是土，石头也会用到，但只用在墙基部分，有时也会扩大到墙面部分。[1]他们的万里长城就是这样造起来的：不挖墙基，将石料直接铺砌在地面上，厚度约同墙高相当。然后，他们再用一种相当于今天灌注混凝土时所用的套框放在石头墙基之上，向里面堆加土料，然后再用专门工具将土料夯实。在将这层土墙夯砸

---

[1] Needham, *Science and Civilisation in China*, vol. 4, pt. 3, 45.

中国人在修筑墙身时，采用的是在石料墙基上填充土料的方式。图中所示的围墙，内外墙面都敷有石制面料。万里长城的很大一部分墙体就是这样修成的

中国古书中的插图，示意地表示了土墙的建造过程。将干土填入木制套框中，夯实后将套框卸下，即可换地方继续营造

得简直像水泥一样坚硬后，便将套框向上移动，以加入新的一层土料。如此不断进行，直到使墙达到预定高度为止。因此从本质上说来，中国人的墙其实就是堆高起来的墙内外的普通黄土。

在相当一个时期里，中国的小集镇外围筑的都是这种类型的墙。不消说，它们需要不断维修。如能维护得好，这种土墙会很坚牢，但如果几年得不到维护，就会一步步地分崩瓦解。万里长城的墙面护有平整的石料，但即便如此，对它仍要经常修缮。后来，由于失去维修，长城的很多部分都没了踪影。

如今，我又登上了多芬海岬，去山坡上探查这种中国式墙体的残迹。我能找到的，只是沿着山坡的地势或高或低的低矮石材墙基，宛如一条石块的溪流。不少石块已被树木排挤开，但部分墙体仍宛然在目。根据这些部分判断，墙的厚度应当在5—6米之间。

这道围墙是沿着山坡的陡峭部分修起来的，包围起来的面积要比那块矩形开阔地大出很多。此地远离任何海港，设计上也看不出明显的军事意图。在这个中国风格很强烈的废墟上探查时，我尤其注意寻找特别高或者与其他地方特别不同的部分。围墙的以土夯成的上半部分早已没了踪影。我最初也同其他可能在此看到这处废墟的过客一样，未能理解眼前所见的就里。当我真正站在这里时，是几乎注意不到围墙的。我在第一天早上攀登最后一道山梁时，其实曾从围墙上翻了过去——这就是说，我曾经位于它的上方，但却浑然不觉。

这道墙的规模固然可观，但其残存部分乍一看时并不惊人。就是在我这个搞建筑的人眼中，也只觉得它们像是岩石遍布的山地上司空见惯的普通石头堆。

我坐在围墙的南段，沐浴在阳光里。想到这里曾经进行过巨大的工程建设，但建设者却不见经传，心里不禁沉甸甸的。

在中国，市镇与围墙两者是密切相连的，因此"城"这个汉字，就可以用来表示这两者。[1]中国人的市镇都建有围墙，但未必都像

一段圮毁的墙基

[1] Knapp, *China's Walled Cities*, 1.

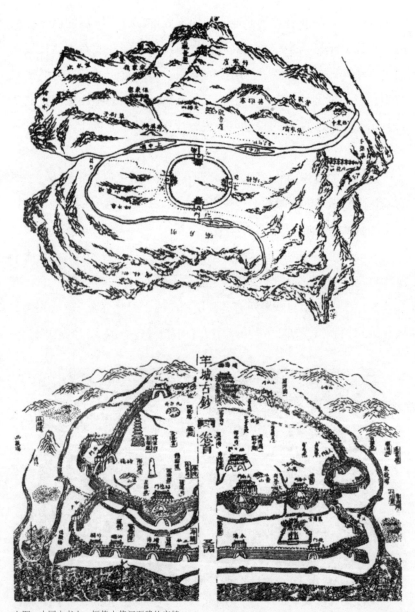

上图 中国古书上一幅倚山傍河而建的市镇
下图 这是又一幅中国古书上的市镇。它的围墙是顺山势而建的,并且建有附加部分,包纳进了更多的地域

欧洲人那样完全出于防卫的需要。城墙的功能之一，是标志市镇的存在。围墙不但凸显出集市和官府所在地一类地点，也告诉人们这里是修建园林的地方，也特意表明其内的空地不得种植农作物。这处废墟的主城墙部分留有开口，而且开口的朝向都符合罗盘所指的正方向——又同典型的中国城墙一样。

20世纪初，多芬海岬的坡顶一带发生过山火。我研究过这场火灾过后不久摄得的航空照片。在这些照片上，我又看到了另外一堵围墙的痕迹。它位于前面所说围墙的北面，也是沿着山势起伏的，包住的面积约为后者的三分之二，厚度和形状都与后者相仿。由于它在航空照片上看上去比较不明显，我认为它的建造时间可能更早些。

6月间我再回到布雷顿角岛时，树荫已很浓密了，各种野花竞相开放。新斯科舍的省花岩梨花更是繁盛无比。在林间行走更加困难，但我仍决心从围墙的西侧继续西行，沿着那条道路一直走到底。在近年摄得的彩色航空照片上，这条路看上去比在黑白照片上更加鲜明。这条路我是研究过的，但并没有特别研究从西墙再往外的这一段。从照片上看，这一段路会在弯弯曲曲地通过一块高坡后达到坡顶。

6月18日上午，我真的踏到了这段路上。在不少地方，道路要比我走过的东段更开阔些，宽度更均匀一些，路面也更坚实些、完整些；其中的一段虽然在山坡上弯弯地伸展着，但地势很平坦，长着一些树木，走起来十分轻松。走着走着，我突然意识到，周围的景物给我造成的是似曾相识的感觉——我的老天爷，这里曾经是农田呀！而且就像是不久前的农田呢！我在回想，我是在哪里看到过类似的景物的。对了，那是在路易堡。在那座要塞被摧毁了二百多年之后，周围还存在着荒芜农田的痕迹。布雷顿角岛简直就是一块大岩石，只铺着薄

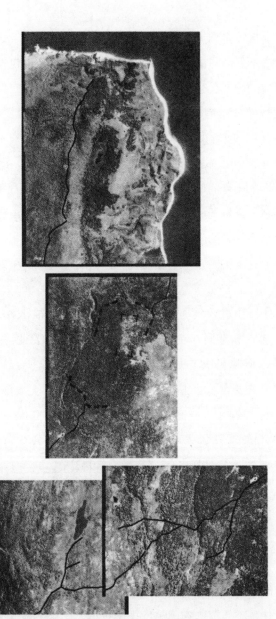

1932年所摄的几张航空照片。从这些照片上可以看出这一地带的主要构造:从最上一幅可看出多芬海岬东坡的道路;从中间一幅可看出山坡坡顶和那里的道路、围墙的遗迹,以及矩形的镇中心;最下面的两张显示出道路西段的情况

薄一层土壤。一旦土壤消失，生命就只能以苔藓和野草的形式存在。

接着走下去，道路出现了一处又一处的分岔。有的还不止分成两条。每有一个分岔点，田野就被分成更多的小块。原来可能是农田或者牧场的地方，如今只生着野草，看上去十分悦目。这里的野花开得十分繁盛，有的我认识，但叫不出名堂的更多。看着它们在风中摇曳生姿，真是大开心怀。不同的岔路通向的景致不同。有的坐落在浅谷之底，有的又居于山坡之巅。通过整个夏季的探查，我将这一带的情况基本摸清楚了，看来这里的格局也带些中国风。

有一个现象让我费了一番脑筋，就是在一处有分岔的矩形地块上，每条岔路到头来都戛然而止、不通向任何地方。我数了一下，有这种死胡同式分岔的地点共有六处。用现代人的眼光考虑，这种开在道路尽头的矩形平坦开阔地，很像是一处老式的停车场。我估计了一下，每个这样的地块上，可以容纳下五至六辆中型汽车。

父亲从省政府下设的一个机构发现了若干小区域的高分辨率彩色照片。我便将其中有关多芬海岬的部分都翻拍下来，认真进行了研究。在彩色画面上，褐色的道路与苍翠的林木表现出更鲜明的对比。"中国城"的格局也跃然图上，一如去年我在照片上看到的城墙轮廓的情况。

多少个世纪以来，中国人都习惯在支路尽头清整出小块空地来，然后在周围盖起农舍。过了几代人后，居民越来越多，空地周围盖起的房舍也会不断增加。在房舍的外围便是农田。

大自然已经通过苔藓和其他植物，在当年的开阔地上恢复了一定的势力。不过，多芬海岬这里的村庄格局，还是得到了一些存留的。中国人在盖房舍时，通常都不挖地基，只是将地面夯实。盖房人会先找好一块矩形地面，夯过后便成了房基，夯地和具体做法与修筑城墙时十分相像。地面上就是木制的墙与房顶。随着村镇的发展，原来的

同一个地方的两种照片,其中一张加强了反差,并在浅色区域外加了黑框,以指示出平台和空地的遗址

矩形结构会不断地向外扩展,新的房舍和空地会按需要不断地增加,发展格局就未必会保持原样了。在中国的大部分地方,各家的房舍还

保持着从一块基本空场开始向外展开的格局，而组成单元仍然是由若干家共有一块空场，只是空场大小不尽相同。从多芬海岬上空摄得的航空照片上看，似乎正存在这种格局。

  镇中心部分的建筑当年所在的位置，是可以根据平台的现存部分判知的，而居住在外围的农户，他们住处的地面当年曾被夯得很实，致使如今植物的生长情况会与其他地方不一样，因此也是可以分辨得出的。当我用数字化技术改变航空照片的对比度时，就可以看出若干植物生长状况相同的矩形地块，它们正应当是过去建筑的所在位置。这又揭示出了一个与中国有关的故事。

  中国人总是在不断地向边远地区移居，组织起新的村落来。他们的通常做法是每个村庄由十几户人家组成。这些人家围着一个共同的空场建成各自的住房。随着家庭的人口增多，房舍会不断扩建。一个家庭中会有好几代人住在一组不断扩建成的住房中，它们会围成有若干个场院的群落。[1]随着家庭新成员的不断出生，新的房间会不断建起并成为外围，家长的住处便不断进入深处。

  这种形式的农村结构，在中国是有悠久历史的，明朝初期，朝廷更是颁布了有关村庄兴建、组织和管理的法令，支持着这种结构。住处彼此接近的家庭形成小团体，共同监督小团体内成员的行为。各个村寨自己制定村规，彼此间互通有无。全体村民使用的道路，由村庄负责维护。村民间出现纠纷，由老年人出面调停。若干村庄形成更高一级的行政单位，由派驻在最近的市镇的政府官员——吏——负责管理。村民纳税是以农业收成按一定比例缴纳的。大体说来，村庄和附近市镇的关系是密切而合作的，有如一个整体一般。

---

[1] Fairbank and Goldman, *China: A New History*, 129.
  Gernet, *A History of Chinese Civilization*, 393.

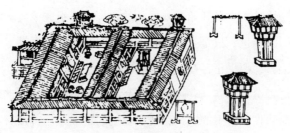

中国式房舍的结构，从中可以看出房间环绕空场而建的格局

我在多芬海岬这里所看到的，似乎就是这样一种政治—社会结构实体的孑遗。

除了市镇和村落之外，我还发现了一些星星点点散布的地块。它们明显地呈现出在久远的过去受过清整的痕迹。其中的一块就包在一个小湖泊的外边。我在航空照片上看到过这个小湖，并经常以它为基准，将不同比例尺的照片合为一体。在一连多少年的照片上，即使是在不同的季节，它的形状也是固定不变的。我第一眼看到这个湖泊时，就觉得它的外表有些不寻常，似乎是人工的产物。

盛夏中的一天，我走在前去这个小湖的路上。那里比较边远些，路上又有很浓密的树林。我得靠不停地看罗盘针，才没有迷失方向。从航空照片上看，我觉得似乎有一条路是通向这个湖的，而且沿湖一带还有几片开阔地。不过，当我真的走到这一带时，却没有看到这些，只看到一些低矮的云杉。当我总算找到了这个小湖时，却发现它只称得上是一口池塘。在我伫立的湖边有几块石头，看上去几乎是完美的圆形，相对形成了踏足石的布局。我觉得，这是有人特意摆放的结果——或者是打算在上面建个什么，或者是打算用做通道。环绕着这些石块的土地看上去是经过平整的，带有农田的痕迹，只是地块很小。我在这里看到了心和手留下的印记。

一天，我看到一片草地，草地一边有条小径。小径不长，既无来所，也无去处。另外又有一次，我在主围墙外面的树林中发现一座孤零零的石头平台。我无法得知，这样的遗址到底有多少处。多芬海岬太大了，我无法逐一查点。

就在北面一段围墙的外面，沿着坡脊的方向，可以看到一些石堆。石堆不高，但占地面积不小，且大体呈圆形。可以看出，这个如今已被树林严严实实地遮蔽起来的地点，是整个地区景致最佳、位置最安全的所在。这些椭圆形石堆直径达数米，分布在山坡上，俯瞰着一道山谷，从后面和左、右两面都受到坡地的保护。这里的地形同能够远远看到大西洋和布雷顿角岛高地的山顶那里有些相仿。从各方面来看，这里都很像是中国人的墓地：圆圆的坟茔、选在山坡上的墓地、前面有开阔的景色，另外三侧受到保护。多少年来，中国人都认为，这样的环境与地势是最理想的墓葬选址。[1]

我踏着脚下看到的路，走上了多芬海岬的山顶。所有的文明社会都要修路。但路的修法和质量却各不相同。这里的道路两边也有矮石块，道路的宽度不但到处一致，宽度也很特殊，表明很可能出自中国人的设计。自很早以来，中国就以政府的财力在新划入版图的地区兴建道路，以此加强管理与统治。这颇像是古罗马帝国的做法，只是中国的这一公用工程体系并没有像前者那样崩溃瓦解，而是处在不断地发展和提高中。

中国人修路是有统一规格的。[2]两千多年前，中国的道路就以一种叫"轨"的长度为单位——"轨"的来源是战车的轮距。所有的道路，宽度都是"轨"的整数倍。最窄的只有一轨，最宽的则达九

---

[1] Paludan, *The Ming Tombs*.
[2] Needham, *Science and Civilisation in China* vol. 4, pt.3, 5, note d.

轨。多芬海岬上的这条路将近九公里长，在自然破坏程度最轻的地段，宽度略低于三米。中国在明朝时所定下的道路宽度的基本单位为1.435 米，两个基本单位便是 2.9 米，正是多芬海岬这里的路宽。明朝如果真在多芬海岬这里建立了一个前哨点，那就很可能是按照本土的官方规格营造的，由是就有了宽度符合中国官道标准的道路。

夏季一天天过去，那条道路质量的不均衡，是个一直使我感到困惑的问题。它的两段主要部分、即东段和西段，质量竟截然不同。在长达九公里的道路上，一端是人迹罕至的林间通道，另一端则给人以交通繁忙的现代道路的印象。从海岸沿着陡坡向上直到围墙的一段——也就是我在 2002 年夏第一次走过的一段，被草木改变得十分彻底，即使在春天时节也难以辨识，夏天更是被严严地遮盖起来，简直完全看不出道路的痕迹。然而，在位置较高的一段，也就是从围墙通向高地的部分，在许多小段上，都还存在着又宽又整齐的路面。这就是说，山坡上的路，要比上山的路状况好得多。

当然，这条道路上没有一点现代成分。东面的一段上坡的部分很陡，就连拖拉机也翻不上去。而上坡的路又只有这一条，它是一面上升一面不断拐弯的，有的弯拐得很急，载重量大的车辆在这里简直无法前进。因此，这条路不可能是用于伐木作业的，而且这里也找不到近年来使用的痕迹。然而，在坡顶附近高地上的一段，与上山的那段路不一样，又宽又长，看来显然在当时没少使用过——现在仍然能够看出来。

我的猜想是这样的：当年这里有中国人居住时，靠近海岸的那一段上山的路，主要是用来与大海沟通的，但运输量不大。山坡上的居民应当很能自给自足，这段路或许只用来向山上送鱼和运煤，因此可能只有航船来到时，交通才比较繁忙。西面的一段则情况不同，人来车往频繁，致使土路面上一方面残损严重，另一方面又压得很实，这就造成路边草木至今依然稀疏。在可能证明曾在多芬海岬这里居住过的人已经拥有了十分先进的、决非处于原始蒙昧阶段的种种证据中,这条道路仅凭其长度一项,便足以成为最有力的一项。

多芬海岬高地上的一段道路,它的宽度符合官方标准,路面状况也相当不错

第十七章

另一类线索

　　进入2004年夏后,我的健康状况不但有了好转,而且十分显著。每次攀登之行虽然艰难并时时使我疲惫,但也都增强了我的体力,并给我带来了再接再厉的更大动力。到了夏天结束时,以往与艾滋病病毒搏斗的磨难,已经开始被我淡忘了。我又以饱满的精力,投入到我无比热衷的研究工作中。

　　我已经了解到,中国早就拥有庞大的航海队伍,掌握的航海技术也足以跨越大西洋。而通过不断研究,我又进一步认识到,多芬海岬上的废墟本是巨大工程的产物,不可能只是一两只遇险船只上船员的作为。单是围墙一项,就得需要上千工时才能完成。这里有道路,有农田,有市镇,还有墓地,这些都说明这里不是什么权宜的栖身之所,而是有计划、有组织的大型工程。我现在相信,它是一项有远见的举措,是根据中国历史某个时期上的朝廷命令,投入相当财力物力的结果。这一年的夏天结束前,我便已经相信,多芬海岬这里曾经存在过一处重要的移民点。

　　在15世纪的世界诸国中,只有中国有能力组织起装备精良的大型船队进行远洋航行,并形成定期往返的能力。只有具备这种能力,才能保证与其数以百计乃至千计的海外居民点的经常联系;只有中国以其不断取得的技术进步和不断培养出的训练有素的人员,才能来到遥远的大西洋北端,并在几乎失去与故国一切联系的荒蛮环境中,开辟出移民区来。

多芬海岬上的废墟表明，在这里生活的移民，建立起了自己的生活方式。他们建起了可观的市镇，垒起了厚厚的围墙，又修成了可观的道路。他们开垦出足以供食上百人的农田。我越是进一步探查，这一工程的规模就越使我震慑。我阅读的所有东方史著述，都巩固了我对中国古代文明所达到的历史高度的信念。每当我对多芬海岬那里是否曾经（在15世纪初）确实存在过移民点产生怀疑时，想到中国，疑虑就得到了排除。

中国人对自己的先进水平是心中有数的。三千年前，他们就已经形成了自己的语言文字——一种优美而专属于他们的特有文化体系；他们的工匠能够制造出完美的漆器工艺品，能够将蚕茧缫成丝、织成绸缎；他们通过复杂的技术，铸成巨大的青铜器具，有的重达800多公斤。当中国人在摸索中形成自己特有的文化并具体表现出来时，欧洲人才刚刚结束穴居状态不久哩。

中国很早就是个人口众多的社会了。中国人形成了一套言之凿凿的哲学思想体系和一系列行之有效的行为标准，并以其制约着个人、家庭和社会。在进入20世纪之前，这种哲学体系和行为标准一直在中国人中发挥着重大作用。皇帝的诏令在广大的国土范围内调动着民众，保护着疆土，还在必要时组织起大型战事。有效的道路及水运系统，使这个帝国的边远角落也成为通途。从帝国成长的初期阶段起，中国就形成了强大的知识阶层，并且存在于历史的全过程中。中国很早便成为一个伟大的国家，而正是这种伟大，造就了她航海探险的巨大成就。

远在强盛的罗马帝国形成之前，中国便由分立的若干国家统一为一个中央集权的王国。这个王国的疆域几乎与她目前的领土重合。它在形成的大部分期间里，与其他文明世界并没有很多的接触。中国人不信冥冥中存在什么左右人世间的力量，而是认为历史是人类自己写成的，而国家的力量来自组织与合作。中国以其对人力的有效调动，进行了从修建村寨到拦截大河的工程项目。他们在工程建设中的能力和成果，非但是其他文明未能获得的，甚至是超出想象的，万里长城只是其中的一项。

由于这个国家有强大的文化基础，在政府的各个级别层次上都有文人任职，使历史能够得到记载和保留。中国有世界上最早形成的历史文献。早在数千年前，中国人就将王命、法规、记录和报告等，写到用竹子制成的长条上，再用细绳穿连成册。中国人写入文献的不单是政治事件和吏治规定，也写进了历史、音乐、礼仪、诗文、思辨等内容。有了内容如此广泛的文字记录，又能被诸多文人接触到，这便促进了哲学思维的发展，而这正是中国文化的底蕴之所在。苏格拉底在希腊讲学的时期，也正是中国形成世界上最成功、也最有影响的个人与社会行为道德规范的时期。这一规范的形成，主要应归功于孔子。孔子是位经历过贫苦的学者，对如何过一种为善、简朴和有成的生活发表了自己的见解。后世的中国学者将孔子尊为"至圣先师"，对他的思想着力整理、研究和阐发。二千五百年以来，他对道德行为的观点，一直是中国教育的出发点，也一直是中国人认识自身、亲人和整个国家的基本内容。

除了孔子的著述之外，中国知识界还特别要在另外两本书上花大工夫。一本是《孟子》，它记载了孔子的学生孟轲的言论以及对孔子思想的评论，另一本是类似于哲学修养自学教材的《道德经》，由颇带传奇色彩的道教人物老子以散文诗体裁写就。[1] 孔子、孟子和老

---

[1] Confucius, *The Analects*. Trans. David Hinton（Washington：Counterpoint, 1998）; Lao Tzu, *Tao Te Ching*. Trans. David Hinton（Washington：Counterpoint, 2000）; Mencius, *Mencius*. Trans. David Hinton（Washington：Counterpoint, 1999）.

子,这三个人影响了后世的几乎所有中国政坛。凡要进入中国文职官场,都须精读这三个人的著述。他们给所有社会层次中的每个人,都定下了行为的判别标准。像这样由区区几个人的著述,就为一个大国两千多年的发展确立下个人和集体的行为准则的情况,在人类历史上真是极为罕见的。

两千多年来,中国各个阶层的年轻人、特别是其中的佼佼者,会被选拔到各地的学府,接受中国古典学术的教育,而后再通过考试得到筛选,担任各级文职官员。各级政府中都有经过严格筛选脱颖而出的学子。孔子的理论强调自强自律,坚持原则、关心他人、尊重礼法和服从上级。老子的哲学则认为世界可以是美好的,而每个人都应当为实现这一点而努力。

除了中国,再也没有别的国家形成过这样的学者精英界。这批人对实现社会的有凝聚力的稳定很有贡献。这种体系形成后,不但富贵子弟能够出人头地,清贫寒儒也能平步青云。就以12世纪初的中国王朝而论,当时在各级官学中进修的学子就达20万人,其中半数是准备应考进入官吏体系的。每次考试后会选定500名合格者。没有中选的入试者,也往往会凭着这一进修履历在家乡有所进取,成为地方名流。中国能够保持强大的原因之一,就是它的这一科举制度。它历经了多少个朝代,无论盛衰都未废止。正因为这种传承,使得中国各地各个时期的政策文件,大到皇帝的圣旨,小到乡村的文告,都是经文人之手形成的。

多少世纪以来,中国一直是在向前发展的,其间并没有出现类似欧洲中世纪后期的那种停滞之后再行复兴的情况。他们不断地在几千年的成果上前进,形成自己的传统,由成功走向新的成功。

中国人发明了纸张,又发明了印刷术。9世纪中期,中国就有了印刷发行的书册,1030年,活字排印的书也在这个国家问世。从此,更多的人有了了解本国历史、传统、法律、哲学和诗文的机会。技术信息也能更广泛地传播,纸张和印刷术的出现,加快了人们学习语言文字的速度,增强了掌握种植和收获技术的效果。

中国第一个以科学的观点看待农业,并率先生产出丰富的高质量食品。[1]有些基本农业技术,当18世纪欧洲人开始使用时,中国那里都已经大力沿用一千多年了。《吕氏春秋》是中国一部大约写于二千五百年前的著作,其中包含有农业技术方面的内容。它提出庄稼在地里应当成排栽植,以留有生长空间和提供通风环境。中国人还发明了铁制犁头,这远远超前于其他任何国家。先进的炼铁技术和加工不易脆断的铸铁的技术,使得中国人能够生产出适用于各种土壤的农具,这便大大地提高了生产效率。有了好用的铁锄、铁犁,就是新建村寨的生荒地,也可以得到有效的开垦种植。中国人的灌溉技术,在当时也是独步世界的。因此,当蒙古人在13世纪占领巴格达后,就专门将中国的水利工程人员召来,指导兴修底格里斯河和幼发拉底河的灌溉工程。

基本上是农业社会的中国,很早就掌握了实现"民以食为天"的手段,因此保持了繁荣的局面。

多少个世纪以来,中国社会一直表现出很强的可塑性,能够吸收外来的影响。与此同时,它也一直对它视之为"蛮夷"的外族产生着影响。诸如蒙古人等外来入侵力量,在入主中国后,许多方面都迅速被中国文化同化,积极地接受了中国的行政体制、文字著述、礼仪形式和伦理观念等。在蒙古人统治中国的时期,是中国原有的政治体系

---

[1] Robert Temple, *The Genius of China: 3 000 Years of Science, Discovery, and Invention* (New York: Simon and Schuster, 1986), 15.

和行政制度，保证了新朝代的成功延续。

蒙古人对中国的统治始于13世纪，此时成吉思汗进行了世界历史上最富震慑性的征战，凭借军事力量统治了亚洲的大部分。1227年，成吉思汗死去，他一手打下、步步吞并形成的东起中国海、西至里海的巨大帝国被分割成四部分，由他的四个后代统治。他的孙子忽必烈在1271年登基为中国部分的皇帝。在蒙古人统治的这个朝代里，中国原来的社会体制得到了保留，不少重大工程也得到了兴建，其中就包括若干段大运河的重修。蒙古人也参与了这些工程。这个朝代还训练了一只以海战为主要目标的水军。然而，汉人不堪忍受重税，又不满外来统治者的不公正对待。他们认为蒙古人愚鲁，是野蛮的入侵者，希望恢复自己的传统。1368年，蒙古人的统治在中国农民军队的反叛下终结了。

蒙古人统治的朝代被明朝取代。这个新朝代从1368年持续到1644年。在这一期间，世界发生了巨大变革。明朝的创建者曾经讨过饭，参加起义军后一路升迁，最后当上了皇帝。从某种意义上说，明朝的建立是一次小规模的复兴：外来统治者被推翻了，中国人又觉得自己可以大有作为了。中国的思想、文化和技术得到蓬勃发展，很快便又达到了一个历史高峰。被恢复汉人河山的现实所鼓舞，从农民到文官学者的各个阶层，都一心要重新发扬光大本民族博大精深的文化，获得更伟大的成就。在这个朝代之前，中国人连续处于北部三个非汉族部族的统治下，受到的不仅是压榨与破坏，更难以忍受的是压抑和屈辱。

早期的明朝是雄心勃勃的，下决心要见识外面的世界。14世纪里，它航行的主要目的，是证实自己的强大与影响力。它像所有自信的成功国家一样，对自己疆域之外的地方感到兴趣。紫禁城里来了非洲的长颈鹿就是明证。到了1400年时——实际年代可能还要早得

第十七章　另一类线索

多，中国已经有能力也有意向，将最能干、最聪明、最积极的人员，派遣到未知的海洋上去探险。

这些航海师掌握在异国他乡建立和管理移民点的必要知识。他们有性能优异的大船可驾驶，有合格的水手供差遣，又受过行政训练，掌握农业技术，出海目的明确，还相信上帝的正确和全体出行人员的集体智慧。

2004年夏天的探查使我相信，多芬海岬的废墟就是当年的一处中国人居住点。这个出色的市镇是如何建起来的，我自信已有相当了解，为什么要建设这个地方，我也多少有了些根据。但还存在一个疑问，就是为什么中国人能在这里站住脚跟——他们的离开是自己选择的，而不是环境逼走的，而欧洲人比他们来得晚，却屡试屡败，无法应对这里自然环境的挑战？

据我认为，来到多芬海岬的中国人和欧洲人，有一个简单然而根本的不同点，就是中国人是抱着和平目的前来的。至今还生活在这里的米克茂人，看来确实还保留着对当年中国人的记忆。如果他们传说中的那位克鲁斯凯波——那位从南方的大海上前来又在欧洲人到来之前离开的大智大慧之师尊——正是指中国人的话（可能是其中的某个人，也可能是对全体居民的指代），就证明了米克茂人的心里还保留着对当年来访者的景仰之情。

米克茂人并不好战。中国人虽是火药的发明者，有发动战争的能力，但到这里来的这一部分人，并不是抱着侵略目的而来的。将他们武装起来的主要武器，是手中的技术、心中的孔子学说，以及头脑中的社会组织能力。中国人的社会表现出逻辑与智慧的吸引力，这是在它向外派遣人员之前就已经得到充分证明的。蒙古人占领中国后的事实，正说明了中国文化对外来游牧族的同化能力之强。我在米克茂人的传说中发现了对当年外来者始终如一的仰慕之情。这是与各原住民对以后来到的欧洲人所反映出的愤怒、惧怕和憎恨情绪截然不同的。

受到孔子学说熏陶的中国学界精英人物，在中国社会中起着督导作用。皇帝的意向，要由他们研究、论析和执行。中国能向境外精心派遣外交使节，就多亏有这样一批接受过严格教育和训练的、忠诚而又安分的政策制定者。每当想到多芬海岬上的那处废墟、设想中国人何以能够到世界的另一端去，建成规模如此可观的居民区时，我都会认识到，这些人中的领袖是否成熟，是否坚强，是极为重要的决定因素。早年来北美移民的欧洲人所遭遇到的大灾大难，大都是由于带头人物没有经验和准备不足导致的。在经历了艰难的长途航行、穿越了未知的水域之后，如果再面临绝望和惧怕，就会导致极为严重的后果。一个团体在面对在已知的框架之外开始新生活的可能性时，只有通过最强有力和最有自信心的领导，才能真正转化为现实。既要开山筑路，砌石垒墙，又要构建农村，这是很复杂的行政职责，需要得到有行政能力的人员的管理，而从中国的有学者成分的官吏体制中，是能够涌现出这样的人才的。

如果我对多芬海岬历史的推测是正确的，带领中国船队前来的移民领袖，就不会给米克茂人带来不幸、因此不会成为永远遭到诅咒的灾星。米克茂人的传说表明，中国人教他们如何耕作、如何捕鱼，如何绘制地图，还传授给他们天文与医药知识。这些都是好政令下的善举。15世纪时，本来还生活在石器时代的米克茂人，竟然一下子面对面地遇到了一批以先进文明取得了众多成就的人。如果米克茂人的传说真实可信，那么这批远离本土前来含辛茹苦的陌生人，就十分可能是一群从儿时起就受到孔子教育的熏陶，做到了在行动上"居处恭，执事敬，与人忠。虽之夷狄，不可弃也"[1]的中国人。

中国人在多芬海岬的山坡顶上孤独地生活着。他们修起了道路，筑起了城墙，开垦了田地以自足，还维系起了一个社会。这些行动都是他们文化中的基本内容。而这些都是会使米克茂人铭记于心的。

许多世纪以来，学者、作家和研究人员都盛赞米克茂人的手工技艺传统，认为他们在这方面是北美原住民中的佼佼者。而他们的审美观念又是与生活在附近的其他原住民显著不同而自成一家的。[2]他们是出了一批"敬十字形者"的种族，是有自己书写语言的种族。

米克茂人的一个家庭，摄于1902年以前

---

[1] 引自《论语·子路》篇。——译者

[2] "'I Fashion Things': The Micmacs' Surprising Legacy", *Canadian Heritage*, April 1980, 25.

上左图　身着传统服装的米克茂妇女，摄于1913年
上右图　这是一套中国傣族女子的服装。上衣绣有花边，长裙下摆处也绣有多道水平花饰
下图　15世纪初时的一幅中国画卷的片段。画卷名为《合乐图》，表现的是在南京皇宫中献艺的一群
　　　女子。她们均身着短上衣，系及地长裙

有关米克茂人的衣着式样,我搜集了满满一个材料夹。这些材料反映出不止一个问题。好几个月之前,为了尽快完成另外一个研究课题,我曾将这些材料暂时搁置。如今我又将它打开,重新整理和精选,为的是从中找出米克茂人的服装式样与装饰同中国人的相近之处。

我早就注意到,当年的米克茂妇女曾戴过一种式样很有特色的帽子,而它竟与中国若干个少数民族所戴的头巾十分相似。而米克茂人的服装剪裁方式,更与传统中国的风格相当类似。从 19 世纪的黑白照片和更早些时代的画像中都可以看出,米克茂族妇女都穿袖口宽松的短上衣,袖口处缝着或简或繁的花饰。短上衣里面是一件长及地面的深色长衣,下摆处也有与短外衣类似的彩色刺绣花边。米克茂族的男人穿长度及膝的上衣,上衣有时会有镶边。腰边束带,下身是很朴素的长裤。米克茂人当年的这些装束习惯——分层穿衣、剪裁式样和花饰的位置,都与 20 世纪前的传统中国服装表现出同脉关系。

左图　米克茂男子,摄于 1920—1930 年
右图　中国传统男装式样中的一种

上两图　戴尖顶软帽的米克茂妇女
下两图　戴传统民族尖帽的中国少数民族女子

上图　画在克吉姆库吉克[1]岩壁上的米克茂妇女，她们头上戴着参加仪式时戴的头饰
下左图　戴头饰的中国少数民族女子
下右图　中国后妃肖像

---

〔1〕加拿大新斯科舍地名，地处新斯科舍半岛最南端，现已辟为加拿大国家公园。——译者

上图　两顶米克茂妇女的软帽，上面绣有本民族特有的双弧图案。左面一顶
　　　约绣于1770—1790年间，右面一顶的年代为1909年
中图　1841年时米克茂族长所穿长袍的细部，上面也有双弧图案
下图　中国少数民族服装上所绣的双弧图案

第十七章　另一类线索

这些相似之处十分明显，就是大致看一看，也能发现这两种文化间是有重要关联的。在结合米克茂人的历史进一步研究他们的衣饰时，我又发现了早期研究北美原住民的学者没能发现这种关联的原因。当第一批欧洲人来到这里时，他们发现米克茂人的图案设计十分出色。这一来，他们的刺绣和用不同颜色的豪猪箭刺穿成的饰物就大大地出了名。他们在自己的服装上绣上这些图案，在桦树皮制的匣子上加上豪猪箭刺穿缀成有这些图案的工艺品。我注意到这些制品在简单中包蕴着复杂。当历史学家们评论它们时，只是针对着加拿大东北海岸这一处地方而论的。加拿大政府文献出版局在 1915 年印行了一篇分析研究一种特定图案的文章[1]。这种图案是一种由两段弧形边接在一起的曲线，作者弗兰克·斯佩克给它起名为"双弧图案"，是加拿大东北一带的原住民都用到的装饰图形。斯佩克在对各个不同部族进行了调查后得出结论，认为该图形最初由在北美最东端生活的原住民使用，然后一路向西流传，形状也不断地繁复起来，失去了原有的纯真意味。这正是风格演变的一般规律。古罗马建筑风格是向古希腊学来的，但后者的简洁明快在人们的传承过程中，渐渐消失于时间的推移和地理的转移，变得日益雕琢起来。德国巴洛克风格的教堂，也是对早期较简朴建筑形式——也有人认为是更优美的形式——的同样演化结果。据斯佩克所见，在所有采用双弧图案装饰的原住民中，以米克茂人所用的最为对称。[2]这就等于认为，米克茂人的是正宗，而其他人的都是水平不高的仿制品。斯佩克就这样发表了他的这一分析结果，言下之意自是认为这一双弧图案只在这个大陆上的这一地区内流行。

---

[1] Frank G. Speck, *The Double-Curve Motif in Northeastern Algonkian Art*, Geological Survey of Canada, Memoir 42（Ottawa: Government Printing Bureau, 1914），1-17.

[2] Ibid., 5.

上图　米克茂人所制作的两个树皮盒,盒上有豪猪箭刺穿缀成的八角星形装饰图案
中图与下图　中国少数民族绣品上的类似图案

　　米克茂人丰富多彩与成熟的艺术表现力，使所有研究这一地区原住民风土人情的人感到吃惊。对于他们的装饰图案和色彩运用，雷加波、勒克莱科和尼古拉·德尼都有介绍，有些内容还十分详尽。尼古拉·德尼本是个生意人，只对鳕鱼生意感兴趣，但这个粗人竟然喜欢

上了米克茂人的装饰图案:"到了夏天,男人们会按个人喜好穿着打扮。有的男人会穿上很讲究的驼鹿皮袍,从上到下有两指宽的刺绣镶边,有的镶边是实底的,有的是镂空的。还有的男人会穿下摆上镶有三个条的上衣,有的条是横的,有的是竖的,有的是分开的 V 形。还有的人会穿上缀有野兽图案的上衣。"[1]

多数研究米克茂人的法国人认为,这个民族体现在图案和色彩中的可视化语言是用于装饰日常生活物体的。但仔细阅读他们的报告,我感觉到在斯佩克等几位现代历史家的文字中流露出一种情绪,就是对自己列出的证据并非很有把握。这样一小群与外界没有来往的人,怎么居然会有这样的艺术传统呢?这种可能性真可说是绝无仅有的特例了。

由露丝·怀特黑德撰写、加拿大新斯科舍省博物馆出版的《米克茂人的箭刺工艺品》,是一部重要的著述。[2] 该书作者在这本书中使用了"八角星"和"转花"两个词语,来指代米克茂人的两种重要装饰图案。据露丝说,她考证不出转花图形与当地其他民族有任何渊源,因此认为它或者可能由其他图案演变而来,或者可能从欧洲人处学来。[3] 其实,转花形和八角星形虽然在加拿大东岸是米克茂人所特有的,但它却是中国人常用的图案。双弧图案也是如此。我考虑的问题是:在考虑这些图案的来源时,在考证米克茂人衣装的风格时,在设想他们的语言特点时,在认识他们的技术能力时——一句话,在探究人们数百年来人们一直想了解的在有关米克茂人与其他原住民的重大不同的原因时,多芬海岬的那处废墟是我的出发点。

---

[1] Denys, *The Description and Natural History*, 411.
[2] Ruth Holmes Whitehead, *Micmac Quilllwork: Micmac Indian Techniques of Porcupine Quill Decoration, 1600–1950* (Halifax: Nova Scotia Museum, 1982).
[3] Ibid., 193.

上图　米克茂人的两只树皮盒上用豪猪箭刺穿缀成的转花装饰图案
中图和下图　中国少数民族的绣品图样，它们与转花图案十分相近

斯佩克在他研究双弧图案的著述中，这样推测了它的源起："它最早可能出现在东北部，随后一路向西传播。另一种可能是，它可能脱胎于美洲早已存在的某种类似的基本原型，经过变化和突出特点之

后，成了目前的样子，为一些部族采用，后来又成为普遍流行的图案。"[1]这就是说，斯佩克认为，这一图案要么是在他考证出的地方出现的，要么是从美洲中部源起，但跳过附近地域，被隔着好远的米克茂人看中，将它发展成为经典图案，然后又一路向回传播，并在此过程中部分地失去了原汁原味。斯佩克觉得"后一种可能性更大些"。当前的学术界也基本上持同一观点。研究米克茂人的学者，都还没有谁能够圆满地解释这样一种美妙的复杂图案，为什么会先从地处美洲大陆边缘地带的一个既小又与外界隔绝的种族中出现。

---

[1] Speck, *Double-Curve Motif*, 3.

第十八章

与加文晤面，得黄金提示

2004年的秋天和初冬，我的时间多是在多伦多自己的公寓，面对桌前的一大堆资料埋头写作中度过的。到了12月的第一个周末时，我完成了这一研究报告，并尽可能进行了文字润色。终于有一天，我将既有文字又有图片，长达300页的全部结果一页页地排好顺序，整齐地码放在书桌的正中央。

我将这叠稿纸细心包好，又写了一封说明信，随即将它寄给了多伦多一家声誉很好的出版经纪人。几天后，我给这位经纪人打去电话，问她是否收到了我的文稿，得到的答复是她认为这样内容的书不会有销路，看这样的稿件不会有效果。我本来也不是要写什么畅销读物的，所以，这样的答复并没有使我气馁。这位经纪人并没有阅读我的书稿，她的意见并不是针对所写的内容，而是针对公众对考古学的兴趣而发的。

我又将手稿寄给了温哥华的一位很有名望、对中国历史和加拿大早期历史都很有造诣的历史学家蒂姆·布鲁克。承蒙他热心相助，阅读了文稿并做出回复。不过，他的反应正体现出我近来已经认识到的一种态度，就是学术界鄙薄加文·孟席斯的理论。布鲁克博士的回复无异是一场对孟席斯的诛伐。不过，他也很客气地希望我最终能证明自己是对的。这封回复，我反复读了好几遍，看出这位了解布雷顿角岛历史的学者，并没有对多芬海岬那里的废墟给出任何解释。这也许说明，他倾向于认为那里根本就不存在这处遗迹。看来，要么是我错得一塌胡涂，要么是学术界早就将它剔除出自己的研究领域了。

这两位的态度都清楚地告诉我，想让我的观点得到认真对待并不容易。以历史习见的眼光衡量，我的结论纯属无稽之谈。

于是，我便决定与加文·孟席斯沟通一下——迄今为止，他对我的工作还一无所知呢。据我揣度，一旦得知我的假说，他一定会大吃一惊。我先是向他所建立的网站www.1421.tv发去一封电子邮件，简述了我的个人情况，又大致谈了谈我的祖先曾生活在阿卡迪亚，这便使我与布雷顿角岛有了关联，由是对那里进行了研究并有所发现。在此电邮中，我还附上了另外的文件，用两页的篇幅介绍了我的发现，以及有关地区的历史背景。我还表示，如果他有兴趣，我愿意将我的手稿送至英国请他过目。

孟席斯当天便复信给我，热切地表示希望尽早看到我的东西。他一眼便看出了布雷顿角岛上来过中国人的说法在逻辑上的可能性。作为一名航海家，他很懂得洋流对布雷顿角岛的重要性，知道一旦能利用洋流，也就能将这片陆地掌握到手中。或许正是我认为墨西哥湾暖流在布雷顿角岛的历史上所起作用的观点，在他看来根据很充分，使他做出了回复。我很兴奋——到底还是引起兴趣了。第二天下午，我便给他寄去了我的手稿的复件。这时离2004年的圣诞节只剩下几天了。

我与孟席斯在圣诞节期间通了几次电邮，然后，他就动身离家，再度去周游世界了。我们约好，当他从中国返回英国时，途中会经由中美洲来多伦多与我晤面。

在今天的多伦多，老派但却舒适的旅馆已经所剩无几。爱德华国王大饭店就是其中的一家。我正是在这家饭店里初会孟席斯伉俪的。加文虽已年近七十，看上去却年轻得多，一脸兴奋的神色，像个年轻人。整个用餐期间，我们都谈个不停。我们将资料都带了来，在地板上高高地堆了好几堆。我们有时抽出某份文件，有时又翻出某件报告，将资料堆弄得歪歪斜斜的。加文简直兴奋得手舞足蹈。我不住地向孟席斯夫人玛塞拉道歉，请她原谅我们在席上几乎只谈多芬海岬这一个话题。不过，她听得也同样起劲。在此之前，我们彼此只通过几周的电子邮件，但他对我提交给他的材料，却表现出惊人的把握能力。他还提出了一个我不曾想到的理由，就是中国人不远万里前来，动机很可能是为了得到黄金。

"不要忘了，中国不只是个农业经济社会，"他说，"黄金可是个特别能牵动人心的东西。说不定你会在多芬海岬那里发现古代的冶金遗迹呢。"

"我可从不曾听说这一带发现过金矿的传闻。"

"凡在发现金子的地方，都会建立起移民区来。即便一开始移民与黄金并不相干，但一旦发现此类贵重金属后，它就足以维系移民区的存在和发展。"

"那我就去查查看。"

"我可以告诉你，事实上，我在伦敦曾偶然地看到过一篇介绍布雷顿角岛的旅游小册子，是过去出版的东西。它上面提到，那里有一处早就废弃了的金矿。"

"真的？"

"别忘了，那里有个地方就叫'布拉多尔湖'啊。'布拉多尔'本是法文，意思不就是'金湾'吗？单看这个名字，就可能有些名堂咧！"

说着，孟席斯又提出一个打算。当年5月中旬，他将去美国首都华盛顿，参加美国国会图书馆亚洲部举办的一届国际讨论会，会期一天，内容是中国古代的航海活动。届时将有许多人发言。讨论会拟以纪念郑和于1405年首次下西洋六百年为契机，在更大的范围内进行学术探讨。该图书馆特邀了一批专门研究古代中国人来访美洲和绘制北美与南美地图的学者与会。孟席斯就是其中一位。在讨论会上，大家将归纳有关这些早期地图的知识，还将针对所有存在的中国和欧洲的古旧地图发表见解。国会图书馆召开这次讨论会还有一个内定目的，就是希望进一步了解一下，说中国人最早画出了美洲的地图的说法，到底证据有多么充分；15世纪末、16世纪初的欧洲人，是不是真的靠着传抄到的这些中国人的地图进行了探险。孟席斯希望我到华盛顿去，介绍一下自己的这一研究。

我们也谈到了宣布这一假设意味着什么。玛塞拉半开玩笑半认真地建议我还是小心为妙——里斯本那里就有人威胁说要干掉他丈夫，原因就是因为他说美洲是郑和发现的，抢了葡萄牙人的先[1]。

入夜后，我告别了孟席斯夫妇，回到家里，心里又是激动又是担心。在国际学术讨论会上发言？那里距多伦多我的这间小小公寓似乎十分遥远。我在多芬海岬山坡顶上的小小探险，在讨论会上会显得有如童稚之戏。我得承认，尽管我告诫自己要持重，但还是觉得有些飘飘然。孟席斯真是位能人——简直可以说是超人，别看是业余选手，却深谙扩大影响的门道。我是不是已经将自己的假设对他说得太多了，弄得有可能到头来贻笑大方，说不定还会造成更严重的后果呢？

在接下来的几个星期中，我的脑海里总在盘旋着一个念头：中国人会不会是抱着开矿和冶金的目的前来的呢？对于这个设想，我的对

---

[1] 哥伦布的国籍至今并无定论，而且他的著名远航是为西班牙进行的，但他的确在葡萄牙生活过多年，在他向欧洲各大国王室吁请远航的努力中，向葡萄牙王室请求的次数也最多，因此后世许多葡萄牙人相信他是葡萄牙人，是本国的"国宝"。另外又如本书所说的，还有一些葡萄牙人相信，还在哥伦布来到北美大陆之前，已经有另外的葡萄牙人率先到过这个新大陆。——译者

待自然十分谨慎。孟席斯这位仁兄说话有些不注意分寸，因此往往将自己送到论敌的枪口上。他在谈到自己的新线索时，往往会在研究并不充分、理解并未深入时，便以"最好""最大""最出色"等考语自诩起来。他很有表演艺术家的禀赋，这对他的工作既有帮助，也有另一面的作用。多伦多一晤，让我生出了一种担心，很怕他无意中向媒体说出中国人可能是为了淘金而到布雷顿角岛来的。黄金会耀花人们的眼睛。布雷顿角岛可能有黄金的消息一经传出，就会有大队人马蜂拥而来，将这片有考古价值的地域挖得百孔千疮。但他的这个想法也的确不无道理。如果能够在岛上发现矿山的遗址，中国移民点的存在，就将得到一个新的立足点。

我知道，如果布雷顿角岛这里曾经发现过黄金，消息一定会传开，官方出版物上就会有记载。

我翻阅了19世纪中期的政府文献，没花多少工夫，就证实了新斯科舍和布雷顿角岛不但有金矿，而且还出现过淘金热，固然在规模上无法与美国的加利福尼亚州或加拿大的育空地区出现过的淘金狂潮相比，但总归是有金子的。英国政府的《新斯科舍的黄金产出：1860—1872》报告中有这样一段话："新斯科舍这里离英国很近，无论经海路还是陆路都容易来到，又有条件优良的港湾、数不胜数的河流、广袤的森林、丰富的煤、铁、黄金的蕴藏量，特别值得强调的，是这里的有益健康的气候和遵纪守法的居民。这些都是在这里投入资本、开发矿业的大好条件。"[1]这段话是很有代表性的。其他的政府报告也都传达了很清楚的信息：黄金是当地矿产宝藏中的一种。

---

[1] A.Heatherington, *The Gold Yield of Nova Scotia, 1860–1872*（London: Mining Journal Office, 1873), 4.

1867年时，这里共生产出27583盎司黄金，1868年也是如此。[1]不过，这里的淘金热只狂了很短一个时期。我从看过的材料中得到的印象是，新斯科舍这里只有最容易开采的金矿被真正淘过。至于其他的金矿，看来在开采上遇到了当时的矿主不肯出力或者无力解决的技术问题，致使投资人半途而废。

然而，在阅读这些资料时，我不无惊讶地发现，黄金早就同这个地区有了关联。在一份1868年的题为《新斯科舍黄金蕴藏地区实用指南》的资料中，作者就这样告诉人们："法国人给这里所取的地名有布拉多尔（金湾）湖、金溪、金泉等，有力地证实了曾经有过黄金的存在。然而，最先来到这些地方的阿卡迪亚人，并不曾弄到过这种东西。"[2]英国政府的报告中经常提到布雷顿角岛及其名为布拉多尔（金湾）湖的内陆湖群，认为这里可能是个特别重要的地方，而布拉多尔湖的咸水是流经多芬海岬的。就在上述报告发表期间，英戈尼什和谢蒂坎普两地都有金矿投产，但都不甚成功。

人们有时会在一些溪流的河床内找到金屑或者金块。地质学家告诉人们，地下水会将岩石中的黄金携带出来汇入河水。因此，当19世纪的英国采矿工程师说，"在布雷顿角岛的一些河流中有含金沙源"[3]时，他们是在说沙子中有黄金——不正同四个世纪前传说中有黄金的七座市镇的说法一样吗？

---

[1] Wyatt Malcolm, *Gold Fields of Nova Scotia*, Geological Survey of Canada, Memoir 156（Ottawa: Printed by F. A. Acland, 1929），4.

[2] A.Heatherington, *A Practical Guide for Tourists, Miners and Investors, and All Persons Interested in the Development of the Gold Fields of Nova Scotia*（Montreal: Printed by John Lovell, 1868），20.

[3] Gillian Rosemary Evans, "Early Gold Mining in Nova Scotia". *Collections of the Nova Scotia Historical Society* 25（1942）: 21.

我手头已积累了若干有关七座市镇传说的资料。现在，我又回过头来再去翻阅它们。有关渔夫见到葡萄牙主教的内容，我决定纳入自己的研究结果，理由是因为传说中提到这些人，欧洲人才相信了这些移民点的存在。有些15世纪的内容，我觉得它们过于牵强、有悖常理，因此没有收入。"沙中有金"的一节就是这样。这并不是我有证据而故意不提，而是我从不曾在任何一种地方史志中接触到类似的提法。我担心，如果提到这种可能性，哪怕明白无误地言明是很小的可能性，黄金梦也会很快使人将这片质朴的土地，翻成底儿朝天的乱石岗。总之，我仍照原来的决定那样，不收入这部分有关黄金的内容，不过，虽然不打算发表，但我仍然将原始资料和相关材料复印收存。

据一份1447年葡萄牙的报告说，一艘被风暴刮离预定航道的本国船只，进入了墨西哥湾暖流，来到了一座岛上。船员之一后来回到了故国，将带回的一些取自那座岛屿海岸的沙子，"卖给了里斯本的一个金匠，从沙子里筛出了不少金子"。[1]这一报告还说，葡萄牙水手们从海岸上弄回一些沙子，准备倒进消防沙箱，结果发现里面竟有细细的金屑。泽诺兄弟也告诉人们，某个岛上"有各种金属，特别值得一提的是……黄金"。[2]科尔特-雷亚尔兄弟是带着一把镀了金的剑回到欧洲的。当年他们得到这把剑的地点，至今仍叫作"金湾"。现在我又从当年的地质报告中了解到，若干世纪之前，布雷顿角岛的沙子中是有黄金的。

---

[1] Babcock, *Legendary Islands of the Atlantic*, 72.
[2] Ibid., 128.

第十九章

在美国国会图书馆的发言

多谢孟席斯的推荐，使国会图书馆也向我发出了参加这一讨论会的邀请。但只有四个月的准备时间，未免太过仓促。我的这一研究工作才刚刚结束，还未知会加拿大新斯科舍省我的这一发现，那里的遗迹也没有得到任何保护。我担心，只要有几个漫不经心的访客，就足以毁坏这个可能成为世界级考古新发现的遗址。如果我当众宣布了我的工作，那里就将处于破坏者的阴影之下。我请求孟席斯给我一点考虑的时间。

在国会图书馆讲演一番，遗址那里就可能遭遇大劫大难，至少也会变得面目全非。

因此我决定与新斯科舍省沟通一下，特别是与新斯科舍省博物馆取得联系。我给该馆考古部的负责人寄去我的手稿，觉得按理说，那里会重视这一工作，会认真考虑它的意义。结果呢，我收的是这样的回复：新斯科舍省有上百处类似地点，每年都会收到不少此类认为……顺致敬意。云云。

我简直无话可说。这项研究能否继续进行，当地有关部门是否有足够的认识十分重要。如果它们不相信这个地方的存在，这个地方就得不到历史遗迹的正式身份。

不过，退一步再想一想，人家也有人家的道理。新斯科舍省这里有许多地方被列为考古对象，新大陆的早期移民点，在这里也存在多处。欧洲人对这一地带早已深感兴趣了，就在不久前，针对圣杯的传说，北美就出版了一本讲述与之有关的废墟的书，还准备拍一部早年苏格兰移民遗址的纪录片。看来我不应责怪它们。

到了1月底时，我已经按规定，通过所有的信息渠道，向有关的一应负责机构知会了这处废墟的情况。在个人所能做的都做到了之后，我便通知了孟席斯，表示愿意在华盛顿的讨论会上，将多芬海岬的废墟公之于众，但并不是完全公开，我将公开废墟的地图和示意图，也将说出它的位置，但只是笼统地介绍。我会发表海岸的照片，但不说出具体地名。废墟所处的地点，我不会具体宣布，为的是不让人们随意前去，但同时也会给出大致位置，以使与会者相信当初所选地点在地理方面的重要性。我关心的另外一个问题，是这种含糊其词，既有可能令特别认真的学者心生疑窦，认为这可能是个骗局，又有可能使公众不当回事。我不说出具体地名来，其实并没有隐瞒任何事实，但确实会导致这样的后果。但是，早早地就将具体地点公布出来，从长远意义上说又将是不安全的，因此肯定是不明智的。

我和孟席斯都同意，对于这一发现的内容，除了具体地点之外，其他都将完全开诚布公。如果我能够在发言时说清楚，与会者会理解我不得不有所保留的苦心。

离讨论会召开还只剩下三个月多一点的时间了。面对一大群学生开口，在我已是习以为常，利用图片传达我的思想，也是我的家常便饭。不过，学生们通常对老师的话总是很少怀疑的。而我这次将要面对的，是满满一讲演厅的怀疑派，而且是智力发达的怀疑派，不过，这又是我求之不得的。这是一次挑战，一次我作为知识阶层的一分子理应面对的挑战。分配给我的发言时间是一刻钟。这15分钟嘛……用来小小地冲击一下世界历史，肯定还是够用的。

要利用好这一刻钟，我就得剔除所有并非绝对必要的内容。相关的历史背景基本上都不用提及了，而废墟的面貌、它们与欧洲人遗迹的不同，以及认为它们与中国人有关的理由，自然是非提不可的。我还必须说明中国人将移民点造在他们所选定地点的理由，指出米克茂人与中国人有着什么重要关联，还应介绍从我收集的大量地图和报告中反映出的重大信息。最后，我觉得还须提一下我与布雷顿角岛和阿卡迪亚的渊源，以说明为什么我这个与考古学素昧平生的生手，竟会发现这处地方。为了这一刻钟内所要达到的目的，我一直忙到开会前。在此期间，我的朋友们很少能见到我，亲人们就更少与我晤面了。

自从被查出 HIV 阳性以来，我已经深知外来压力的可怕了。这种压力会将最健康的身体搞垮。它如何摧残免疫系统遭到破坏的人，我自是心中有数的。我的避免措施，是以通常只有学生才会有的细致，将所有内容组织起来并精心准备。对于这次发言，我也以同样的方式应对。到了 5 月初，我已经将这篇宣读材料压缩到了 14 分钟，开头部分都能背下来，还将文稿像诗文那样准备成逐句分行的行文。我的出发点是确信那里存在着废墟，研究方法则是尽可能设想它们不可能是中国人留下的，然后一一驳倒，从而不得不接受仅存的结果。但有一个阴影是挥之不去的，就是我发表了这一结果后，人们并不相信。对此我是无能为力的。

90 年代初时，我在华盛顿市生活过。这段经历使我爱上了这座城市和它的建筑。它似乎总有开放的鲜花。它还有几座堪称世界上最出色的博物馆。2005 年 5 月，华盛顿市依旧美丽，那里的博物馆里仍旧陈列着我最喜欢的油画，不过它的南方成分已经占了上风。我觉得城里已经暑气逼人了。近几年来加强的安保措施，已经显现出了它的副作用：原来可以随意进出的建筑，如今围上了令人不快的隔栏。一些古树参天的美丽道路，如今已不准一般民众漫步了。

我比讨论会的预定会期早到了几天，好有时间去看一看这座城市中我最喜欢的纪念碑和油画。在国会山一带的所有公共建筑物中，作为国会图书馆的一部分，而且是历史最悠久的一部分的杰佛逊大厦，是其中最引人瞩目的。它有堂皇的半球形穹顶，穹顶下面，是与法国的巴黎歌剧院很相像的楼体。穹顶顶尖上是一尊火炬，象征着持握在智慧女神雕像手中的知识之火。要是能在这里，在这一新古典主义建筑的宽敞大厅里，在这个穹顶下发言，那我就真太幸福了。可惜，我的这个出于建筑师意愿的希望没能得到满足。讨论会是在芒福德讲演厅进行的。该讲演厅在图书馆的新建部分，即在与杰佛逊大厦隔街相望的麦迪逊大楼内。国会图书馆是个集观点之大成的所在，而我便将要在这里提出一个新的观点。除了没能在穹顶下发表讲演的遗憾之外，我还十分紧张。

星期天，也就是举行讨论会的头一天，我与孟席斯不期而遇。我们聊了将近一个小时。这时我才第一次意识到，我的这次发言不论对他、对其他与会者，还是对许多想来而未能来的人都很重要。提出一处巨大遗迹的存在，正可能支持孟席斯等一些人的论点，但也同多数有地位有影响的学者唱了反调。这让我感到了这一刻钟的分量。可以说，孟席斯是用他自己的名誉来支持我的。如果我的报告得到的反响很糟糕，或者在与会者的问诘中不能自圆其说，我本人丢脸自不待言，孟席斯也会陪我遭殃，中国人曾乘船来到北美的可信度更会大大降低。

讨论会举行的那一天相当炎热，阳光灿烂而湿度很高。在上午的一轮会议开始之前，充当我发言的这一段时间的会议联系人、国会图书馆地理与地图部负责人约翰·埃贝尔博士在前厅找到了我。他告诉我说,他也是阿卡迪亚人的后裔,本人来自路易斯安纳州,是位"卡金人"。

我的四弟格雷戈里本来也要从哈利法克斯前来的,但航班受到延误,他又绕道先飞到纽约再更换航班,结果开会那天的上午才到华盛顿。他是满脸得色,活像是用双腿从加拿大一路跑到了美国首都似的。我们一起在图书馆里的餐馆匆匆吃了顿午饭,我紧张得简直坐不住,于是同他走上国会山,从那里俯瞰不远处的购物中心和林肯纪念堂。

"不知道如果他们没有走,这里现在会是什么样子哟!"格雷戈里说。

"谁没有走?"

"中国人啊!"

这句话让我笑了起来:"在讨论会上,你可别问我这个问题哟!"

事后我悟出,在我前面发言的几位,都以他们的工作为我"净了场"。他们以自己发表的对地图、中国人移民区的类型特点、中国所掌握的先进航海技术等内容的妙识睿见,给多芬海岬上发现中国移民点铺垫了切实的可能性。我从前面这段时间的会场情况已经看出,会场上有那么一些脑袋小而嗓门大的人,对任何设想中国人能远途航海的可能性都不肯接受。其实,他们的诘问都词不达意、无关宏旨,但这正反映出他们对孟席斯的敌意。有些人事先已通过互联网放出风来,说要搞一场示威活动,弄得国会图书馆还特别加强了警卫。可到头来呢,听众中为数不多的一批坚持认为孟席斯是个牛皮大王或异端分子的人,被发言者提出的丰富论证弄得不置一词。就连他们也不得不承认,中国人当年的远洋航行,毕竟不是完全不可能的。

下午三时许，我站到了讲台上。此时我所面对的听众，即使仍然不认为15世纪之前的古代中国人曾经真的进行过远洋探险，至少也承认他们有能力这样做了。我一五一十、实事求是地讲述了我的发现。在介绍了石头围墙、石砌平台和山上的道路后，我给出了我的结论：这些遗迹指向了唯一可能的来源：古代中国。我的发言重点是我的具体所见和研究侧重，而且不涉及我并不了解的任何内容。我的意图是让事实自己说话。在将近讲满规定的一刻钟时间时，我展示了那幅哥伦布地图，根据地图上所标明的七镇岛这一名称，将这一传说与布雷顿角岛挂靠到了一起。我还根据米克茂人的书面语言，提了一下中国人可能对这个民族的广泛影响。如果让我讲上几个小时，我也不会没有说词，但我更喜欢让说服力特别强的视觉显示来更清楚地传达我的信息——这些废墟是中国人留下来的。欧洲人最早是在15世纪时知道这个奇特岛屿存在的。有理由相信，其实在那个时候，中国人的传统生活方式，早已渗透入岛上原住民的文化之中了。通过视觉传达信息，真是少而精的沟通方式。

我发言完毕，轮到听众发问了。这时，我看到了四弟格雷戈里。他坐在后排，听了我的发言，看了我的演示。

"你说的这处遗迹在哪里呀？"听众想要知道这一点。

"那里有墓葬吗？"

"你有没有进行考古发掘呢？"

"新斯科舍省政府是什么态度啊？"

向我提出的问题真是不少，弄得我占去了本来应当属于其他发言者的时间。

当答问结束时，听众的热烈掌声让我吃了一惊。加文·孟席斯连蹦带跳地从过道上向我奔过来。他只说了一句话："棒极了！"

格雷戈里也从听众中穿了过来。他一面握住我的手，一面悄声对我说道:"我说保罗,你把他们都给'震'了哟!"

不少人都围了过来。我这时才意识到,这些听众有多么兴奋。有些人排起队来,等着同我握手。这些人中有不少华人。我即席发表了有关中国建筑和墓葬等一些相当专门问题的看法。耶鲁大学的几个人过来同我打了招呼。美国天主教大学的一位工程学教授也走了过来。他知道我当年曾在这所大学工作过,还对我在那里的工作情况有所了解。我发觉格雷戈里不见了。后来我得知,他是跑到图书馆外面去,给父母打电话去了——他们都在家里挂念着我的发言结果呢。

埃贝尔博士也提出问题,想知道我是否考虑过另外一种可能,就是多芬海岬——还有它北面的水母湾,当年会不会有北欧海盗建起的营寨。我对他说,我研究过这种可能性,但由于发言时间有限而没有提及。北欧海盗山寨的建筑特点,并没有表现在多芬海岬的遗迹上。因此,就算这些海盗会修起这样大的山寨,在其他许多方面也都不符合废墟的情况。听完我的回答,埃贝尔笑了,说了一句典型的卡金腔的法语:"Laisser les bonnes temps rouler"——祝你好运常在。

看来,对听众提出的所有问题,我都给出了合理的解答。这便让我知道(也让孟席斯知道),我的发言没有明显的重大失误和缺漏。在这漫长一天所余下的时间里,我都怀着一种特别坚定的感觉,就是我在多芬海岬那里的发现是千真万确的。我已经将我的工作公之于众了,而且这一炮打得很响。没有人斥之为现代异端邪说,没听到有谁提出相反的解释,也没有人指责我在搞骗人的把戏。

在随后的日子里,我得到了许多反馈。对所有的表示,我都以感铭之情接受。不过，最令我欣悦的一条来自美国史密森学会[1]的考古学家贝蒂·梅格斯。她在听了我的发言后写信告诉我，我的严谨工作，为"所有人立下了仿效的榜样"。

---

[1] 美国唯一由政府资助的半官方性质的博物机构，1846年创建于美国首都华盛顿，因最初由英国科学家詹姆斯·史密森（James Smithson）遗赠捐款成立而得名，以增进和传播人类知识为宗旨的学会。该学会下设诸多博物馆，还管理着美国国家动物园、若干艺术中心和天文台等。学会会长由美国最高法院首席大法官兼任，并由副总统兼任管委会成员。——译者

第二十章

第一批访客

已经是 5 月末了,布雷顿角岛上依然春寒料峭。在华盛顿市的反常的溽热天气里所受的一番煎熬,使我为这次出门付出了健康的代价。可是,我已经答应了孟席斯和他的朋友塞德里克·贝尔,要在星期三晚上在悉尼市同他们会合,并带他们去看那些废墟。

我欠孟席斯的情,理应以此回报。但这仍然是个摆在我面前的障碍。多芬海岬坡顶一片荒凉,极少有远足者和打猎人光顾,即使他们要来,也会选择夏末和初秋两季,而这时的草木会在温暖与不时有雨的环境下长得很茂盛,会将废墟的秘密严严地隐藏起来。因此,这个秘密简直可以说是由我一个人独享的。可是现在,我就要将它献出去了。这将是一次转换、一场变动,一个终结和一个开始——而开始和终结都是我难以面对的。

此外,我也了解孟席斯,知道他是作家,又是公众人物。我要将一些最核心的秘密交付给他。这些秘密一旦被证明属实,将会使世界瞩目。这自然将会是孟席斯派的巨大胜利。我并不拥有这块地方,虽然已经向公众提及,但只是发了一次言而已。他会不会喧宾夺主呢?当然,这个问题没有前面那个严重。我自己也同自己争论过,带着孟席斯去探查废墟是否明智。同他一起来的塞德里克·贝尔是位业余考古爱好者,曾宣布在新西兰发现了一些古代中国人的废弃物品。他也通过孟席斯,知道了我都曾研究过的那些地图,因此对这处废墟的所在地一清二楚。

看来，我只能寄希望于他们两个人能够正确对待我的这一工作了。

我在星期三下午从多伦多乘飞机出发。当飞机降落到悉尼机场，沿着跑道滑行时，透过飞机的舷窗，我看到布雷顿角岛披着一层淡灰色。早上，这里刚下过一场雪。父母出门度假去了，我便在机场叫了一辆出租车来到他们家。在厨房里，我拿到了母亲的汽车钥匙，是他们特意为我留下的。二老还留下一张纸条，嘱咐我雪后开车要当心。我放下行包，拿起车钥匙，就去看孟席斯和贝尔夫妇了。他们在离布拉多尔湖不远的巴德克镇租了一栋乡间小木屋。从那里去多芬海岬并不很远。孟席斯是头一天从华盛顿市前来的。

这栋小木屋离大公路很远，我沿着一条穿过树林的山间土路，弯弯拐拐地开了许久，四点左右才到了他们那里。孟席斯为大家作了引见。

贝尔是北英格兰的一位轮机工程师，70多岁了，个子高高的，一头乱蓬蓬的白发，活泼好动，谈吐有趣，颇像位带些怪气的大学教授。他穿着户外休闲服，但弄得皱巴巴的。肤色又黑又亮，显现出喜欢户外生活又如愿以偿的结果。他已退休多年，同妻子帕特丽夏——他亲昵地叫她帕蒂——一起搜寻古罗马帝国的遗迹，为此在英格兰坎布里亚郡的荒僻山野度过了不少时光。我对他很有好感。他与我父亲年龄相仿，跟我说起话来，有点像是师傅对徒弟。他简直是急不可耐似的向我展示了一种样子有点特殊的类似探矿器的装置——这是用来发现烧坏管路的工具，是他当年在一家大石油公司工作时学会使用的。如今，他又为它找到了新用场：搜寻古罗马帝国的废墟。

帕蒂给大家烧了一桌好饭菜。我们谈论的都是多芬海岬和第二天的出行。贝尔夫妇来这里有几天了，在今天的这场降雪前，就已经爬到了多芬海岬的山坡顶上。

"保罗,我敢肯定,你是发现了一处中国人的市镇。"贝尔向我凑过来说,"我还认为,那个地方有人搞过冶炼。我们看到不少铁矿石,还发现了熔炼炉呢。"

"熔炼炉?"

"对,没错。熔炼金属的装置。是用石头砌成的。当然,要想认出它们来,先得清楚自己要找的是什么。在外行人眼里,它们就像是小山包。但懂行的人看到了就能明白,哪怕是垮了、塌了、上面长了东西,照样能够看得出来。就在你说的那个地方过去有过熔炼炉。再说还有兵营哩——很标准的36米长、4米宽的规格。除了这些,那里还有水渠。"

我目不转睛地盯住了他,又是兴奋,又是怀疑。

"我再来跟你说说熔炼炉,"他又说了下去,"这家伙是在平地上高出来的一个矩形东西,大小同这栋小木屋差不多,四下都有坡道。到近处仔细看,还会看到水渠的痕迹——这水是用来转动水轮、推拉风箱,将空气送进炉膛的。中国人对冶炼设备的安排设置,同古罗马人是一样的:坡道、水渠、炉膛……这些我都在废墟堆里找到了。"

他又重新坐下来,脸上兴奋得发光。

"可是……"我被这个从天而降的发现弄得紧张起来,"中国人不会为了找铁,万里迢迢地跑到这里来吧!"

"没错!"贝尔使劲表示同意,"我觉得是为了黄金。那个地点十分安全。如果是冶铜炼铁,犯不着建在那样的地方。"

"你说具体点好不好?"

"我们在往坡上走时,一路上发现了二十多处大门的痕迹。围墙之内发现的还不算。进了围墙后,又有一小块地方,就在路边不远处,但安全措施很严,只有一道门通向里面,那里建有一处关卡,四周似乎又围着一道双重围墙。那里似乎又单有一处熔炼炉，还有一处兵营的痕迹。那里恐怕有些名堂，因此需严加保卫。"

"我的天……"我说。

"我还听加文提起，他听到有人说，新斯科舍省这里过去曾发现过黄金。"

"再就是这个湖叫什么来着？"帕蒂也从厨房里参加了谈话，"是不是布拉多尔湖、也就是金湾湖？叫这个名字，总该有个缘故吧？"

面对对方的巨大热情，我觉得应当以自己发现的更多内容——也许说是观点更合适些——作为回报。

"这样一来，"我深深吸了一口气后说道，"这个移民点可能比我原来设想的更大、更重要。"

孟席斯将挂在桌子上面的油灯再调亮了些。大家都注意地看着我。

"对于这一点，我还没有详细地跟你们提到。在此之前，我们的注意力都一直集中在多芬海岬的废墟与中国的关系上。其实你们都知道，为了寻找该废墟的来源，我花了一年多的时间寻找原始资料。还记得吧，我在华盛顿发言时曾经提到过，哥伦布地图上画出的七镇岛，看上去很像是布雷顿角岛。"

"好眼力哟。"孟席斯评论道。

"最先注意到这一点的是不是我，我还拿不准。但一个建有七处市镇的岛屿，却肯定是15世纪时一个广为流传的传说的内容。有的水手回来后说自己看到过这个岛。还有传闻说有人将岛上的沙子带回了欧洲，而那些沙子实际上是沙金。哥伦布将这个地方画上了地图，卡伯特又宣称自己发现了这个地方。"

"那他真的发现了没有呢？"贝尔大声发问。

"发现了，而且宣布了这个岛的精确纬度——就是布雷顿角岛的纬度。"

"是吗?"

"所以横看竖看都像是说布雷顿角岛。可再往后,又出了件不好理解的事。七镇岛的传闻逐渐乱了套,它的所在地点在后来的地图上不断改变位置,到最后干脆没了踪影。"

"你的意思是说,这个名称再也没有人提起了?"

"一点不错。岛屿本身是不会跑掉的。原来在哪儿,后来还在哪儿。但与此同时,有些地图——1554年洛波·奥梅姆的那一幅最能说明问题——上却出现了布雷顿角岛,而岛上给出了七个地名,六个是米克茂式的,还有一个是 C.dos bretois——英国角。"[1]

"一共几个名字?"

"七个。不同的地图上,地名的数目不一样。但在 1554 年的那幅最早出现的地图上只有七个。几个米克茂式的名字是伽农这位北大西洋海岸早期地图的大权威考证出来的,都是新法兰西地区内最古老的原住民的名称,或者还是整个美洲最古老的原住民的名称呢。"

我看到孟席斯朝贝尔夫妇瞥了一眼,眼神中有一股热切劲儿。

"跟你们说,"我表示自己的看法,"首先一点,是我认为这些内容都无关宏旨,因此基本上没去理会它们。布雷顿角岛显然是北美当时欧洲人接受当地人所起的地名,并据实标记在地图上的唯一地方。当我开始研究尼古拉·德尼在 17 世纪中叶所写的有关布雷顿角岛的著述时,根本就没有注意这些地名问题。在德尼写他那本书的时代,米克茂人以他们的方式给他们所在的地方起的名字,基本上已经被欧洲人遗忘了。但布雷顿角岛上的还是标出了七个优良港湾的名字,只不过德尼列出的都是欧洲式的名称。这时,这些名称都已经为欧洲人

---

[1] Ganong, *Crucial Maps*, 165.

熟知了。当然，我无法判定，当初那些米克茂式名称的地点，是否就是后来带有欧洲式名称的地方，不过照我根据海岸线的形状揣度，它们可能是对应的。真是有趣。也不知道是不是凑巧。"

"等一下，"贝尔打断了我，"这七个港湾都是哪几个？"

"一个是岗索——现在的名称是坎索。再就是圣皮埃尔堡，如今的名称是圣彼得斯。第三个叫舍狄，是我先祖生活过的地方，后来改名为谢蒂坎普。再一个是圣安妮，就是多芬海岬所傍的圣安斯湾。还有一个尼加尼什，葡萄牙人当年在那里辟了捕鱼加工点，如今那里的名字叫英戈尼什。"

"你刚才提到了圣彼得斯，是吗？"

"没错。事实上，据有些权威的历史纪录记载，米克茂人一向都表示说，圣彼得斯那里的石堆是法国人到来之前由另外的白人堆成的。[1] 英戈尼什那里也有一些特别的地貌，可能也是早于法国移民时期之前的人为结果。[2] 当然，一般分析都将它们归因于葡萄牙人。在我刚开始探讨中国人来过这里的可能性时，也曾设想过布雷顿角岛上是否也有其他的类似遗址。万里迢迢前来，结果只建这么一处不大的市镇，在道理上有些讲不通。但一下子就跨出一大步，将七个市镇都与中国人联系起来，我还是颇费踌躇。

"在其他几个地方中，我特别研究了一下圣彼得斯。在几份有关当地的历史资料和地图中，都提到了废墟的存在。而且，我还知道，尼古拉·德尼曾在圣彼得斯开垦了 80 阿邪的耕地。一开始时，我没有理会这一点。后来，我又翻阅了德尼这一著作的英译本，该译本上

---

[1] R. G. Haliburton, "Lost Colonies of Northmen and Portuguese". *Popular Science Monthly*，May 1885, 48. Patterson, 169.

[2] Patterson, *History of Victoria County*, 168. 此处指在这两个地方发现的废墟。据一些考古人士认为，它们有可能由来自法国的最早移民所建。——译者

加了一个评注，说德尼所说的 80 阿邪'极为言过其实'。这一评注引起了我的注意。学者们否定这一说法的原因，是因为德尼所说的耕地面积太大了。这时候，学者们对这个说法、那个记载的否定，已经让我感到很不舒服了。如果德尼说的是事实呢？据德尼说，他开垦的那块地是在一个立陡的山顶上，而据一些古旧地图和报告标认，那里正是存在着年代早于欧洲人来到之前的废墟的地点。又是一盏灯亮了起来——在欧洲人还没有前来时，在这个有七个有名称地方的岛上，至少有两处被认定是欧洲人时代之前的遗迹了。于是我突然间面对了这样一种可能，就是布雷顿角岛这里曾经有七座市镇，所以才被哥伦布和卡伯特称为七镇岛。"

一阵寂静。我觉得我最好不要打破这种状态。我的嘴有些发干，便喝了一通水。我刚才的表现，可能会让在场的几个人认为，我是个一跤跌倒，恰恰摔在一处未被前人发现的考古遗迹上的疯子。

贝尔先打破了这片寂静。他说——其实是一面说一面哈哈大笑。

"我跟你说过的吧！"他得意扬扬地对孟席斯说。

这次轮到我叫嚷了。

"你跟他说过什么呀？"我问道。

"告诉你吧！我和帕蒂去过路易堡了。我们还去圣彼得斯了呢！"

"真的？什么时候？"

"刚刚去过。我们不想浪费时间，知道我们在路易堡看到什么了吗？说真格的，我们都吃惊了。在一处海岸上，我们看到了一处很像中国式船坞的地方。这是一种像两根手指那样伸向水中的细长平台，船只就停靠在它们之间，具体的长度和距离视船只的尺寸而定。我们在路易堡看到的这个细长船坞，已经长满了高高的野草和浓密的灌木，不过从泥底的位置看，码头的形状还是很清楚的。后来，我们又去了圣彼得斯，在那儿的海岸上又发现了看上去像是石制的建筑，而且似乎很古老，尺寸也很大，是当地历史解释不了的。"

孟席斯笑了起来，说道："从哈利法克斯来这里时，塞德里克一路上都想让我相信，你的发现比你自己设想的还要大得多。"

"加文，"我对他说，"在黄金这个论据上，我该向你道歉。我当初甚至不想调查这方面的内容。可结果呢，布雷顿角岛在19世纪里是开过金矿的，而且不是一处，是两处：一处在英戈尼什，一处是我父亲的出生地谢蒂坎普。我调查过19世纪的官方文件，上面说在布雷顿角岛的沙子里发现有黄金。这自然让我回想起15世纪的那个将一袋七镇岛的沙子带回里斯本的水手——沙子里有好多金屑。"

"果然，果然。"是孟席斯的表示。

"没错，没错。"是贝尔夫妇的回应。

天色渐渐暗了下来，我得返回悉尼去了。明天还要干好多事情呢。我们都需要好好睡一觉。塞德里克·贝尔送我到小木屋外面。

"你看明天加文爬山能行吗？"我问他。

孟席斯比贝尔还小五岁，但贝尔夫妇一直生活在坎布里亚，那里是苏格兰的一个山区，因此爬山是家常便饭。孟席斯可是坐惯了办公室和飞机的软椅的。

"前一阵子，他的心脏有点问题。我和帕蒂琢磨过这件事。咱们明天走路时悠着点儿就是了。"

转天的天气又湿又冷。当我将车子开到多芬海岬我前几次停车的地点时，孟席斯和贝尔夫妇都已经到了。他们都穿戴着全套雨中行头，俨然是几位远足老手。

我发现，由于是结伴而行，虽然是在冷冷的雨中，上山的路也显得好爬多了。山坡上又是雪又是雨水，石面很滑，有时还有点危险，不过，贝尔夫妇和我脚步还稳健。我们都时时留心着孟席斯，不过他也没有怨言。当我们到达坡顶时，周围都陷在一片浓雾中，但人人都面露喜色。

"不赖，"孟席斯看着脚下的长长斜坡大声说道，"真不赖。这座山比我原来设想的高多了。"

接着，我们四个人又开始从这块平整的地块上向下坡方向走去。我们绕着一处石头平台走了走，确定了它的四个拐角，又默默记下了它的形状。我们对城墙的修筑谈了许久。孟席斯再次问我，对于我在一月份时告诉他的内容——在更早些时的航空摄影照片上看到的那道更古老的城墙遗迹，如今又有什么看法。我说我认为，这里是最早的城墙，但后来市镇需要扩大，因此又增修了新的城墙。

孟席斯点了点头，说道："第一道城墙可能是在忽必烈统治时派出的船队修建的。后来的城墙是在郑和的船队来后建造的。"孟席斯就是这种好下断语的性格。他有可能大错特错，但至少这种大胆的思维有助于开创新的思路。

他们都想去看看墓地的所在。在国会图书馆的讨论会上，我没有提起这一点，但孟席斯是知道的。我在第一次同他在多伦多晤面时就告诉了他。布雷顿角岛上的雾气更浓了。我看出他有点不舒服，就问他感觉如何。

"我有点不分东西南北了。没关系，就是这么点事。雾是海上人的克星。"他告诉我说。

我先一个人行动，从旧城墙的遗址外面，穿过树木，沿着下坡的方向走去，一路搜寻那些圆包。雾气越发重了，真担心我们会迷失在这片树木中。我得找到一条路，好让大家去了以后还能回来。我跨过一些石头，进入了一处树林。我看出，这正是我以前来过的地方。就是在雾里，我仍有这个把握。

我将大家领到了顺着山坡整齐地堆出一个个椭圆形石包的地方。面对这处可能的中国人的墓葬地，贝尔夫妇并不惊奇。他们在探查古罗马帝国的古迹时，经常顺便发现不那么古老的其他东西，坟墓就是其中的一类。这位业余考古爱好者，曾经见识过许多这样的鼓包。

"不过最好不要碰，"贝尔劝告我们说，"反正我是从来不碰的。"我们围着一个石包站定，都没有说话。

我解释了一番中国人的墓葬习俗：圆形坟包、使用石料、葬在城外、靠近城墙、通常埋在山坡上，等等。

孟席斯没有说话。他虽然全身披挂，身上还是被雨淋湿了。他摘下了手套的手看上去肤色有些不对劲，是受了寒的样子。他摇了摇头，一脸不敢相信的表情。

"明朝时的坟墓，"他柔声说道，"我相信这是明朝人的坟。没被开掘过，也没人再记得。真是难以置信。"

我知道，这两位老航海家还可以教我许多研究废墟的知识，但时间已是大下午了。自打上山起，我们就没有休息过。此外，雨也没有停歇的意思。该回去暖和暖和了。

我们在雨中不无吃力地回到了山下。每走一段，身上就更湿一层。一路上我们几乎没有交谈，但我心里快乐非常。我带他们来这里真是来对了。我不再是一个人，而是一队人中的一员。我们每个人，如今都成了一段长期遭到埋藏的历史的见证人。

第二十一章

家庭聚会

2005年7月，我们一家人都来到爱德华王子岛度假。大家都想听听我在华盛顿讨论会上的经历。到目前为止，他们大多只是从格雷戈里那里了解到了他的一些感想。我用了一个周末做准备，又将几十张新幻灯片加进了我的演示系列。这其中有米克茂人的衣着和装饰图案、七镇岛传说的更多信息、葡萄牙王室派船队寻找七镇岛的诏书、约翰·卡伯特确定该岛纬度的方法、它的纬度与波尔多河口的对应等。这一来，我这个星期天的白天，是在海滩上安排幻灯片的演示顺序，晚上则是讲演的预演。不久前母亲膝部做了个小手术，结果她和我父亲都没来参加这次聚会。这在他们还是第一次。

除了我自己，前来的家庭成员都同以往一样，去了爱德华王子岛北岸的卡文迪什镇。这个岛上到处都是广阔的沙滩。卡文迪什镇也不例外。它的沙滩绵延数公里，沙子带有一种红棕色——当地土壤的颜色。我们一家人偏爱这个小镇，是因为喜欢它附近的高尔夫球场，因此每年都要来这里小住，租上几间乡间小屋，每天早上去打它几杆。不过，不知怎么搞的，我本人却没能继承这一基因。因此，这一次我也同样地离开高尔夫球场、老鹰和小鸟，住在更接近大海的地方。

从卡文迪什镇沿爱德华王子岛北岸驱车半小时，就到了达尔维滨海饭店。这是加拿大的一处很有气派的旅馆，建于19世纪，位于一座小山坡的坡顶，是一座木制三层楼建筑，有多处山墙，四周是修整得很好的草坪。它的地基是用当地的大卵石铺就的，也带有同土地一样的红棕色。它的主要部分的外墙上，围着一层用木料拼接起来的护壁，都涂着漆。这样一装饰，本来很大的山墙，看上去就带上了村舍的小巧精致。它的几十扇窗子，窗框都刷着白漆，显得十分明快。所有山墙的顶角处都涂成深绿色。整所建筑给人的印象是舒适和坚牢。根据小说《小孤女》改编成的电视连续剧，不少外景就是在这家饭店拍摄的。该剧在日本的播映，使这里也吸引来了不少日本电视剧迷，对着饭店又是拍照片又是录像地折腾。山坡北面就是一片宽阔至极的沙滩，沙滩尽头的海湾，就是千里之外倾泻至此的圣劳伦斯河的终点。16 世纪时，让·阿尔丰斯就是在这里记叙了鞑靼地的传说。

我打算再抽时间实地调查一下——不是去探查"鞑靼地"，而是沿着海岸走走看看。在我眼中，海岸其实比饭店本身更具吸引力。从饭店的大门口出来，沿着双车道的公路顺着北海岸行驶，就会路过岛上的一处公共海滩。不过，虽然当前正值盛夏，海滩上也只有十几家游客。他们带来的毛毯和野餐筐就散乱地放在沙滩上。在我们几兄弟和妹妹的孩提时代，夏天到这里来过暑假时，都会在长着小草的沙丘间爬上爬下。如今，从饭店这里铺了一条木板步道直通海滩，行人可以不用在沙间跋涉了。从步道尽头再向东走 15 分钟，就是当年名叫堤内塘的地方。18 世纪 50 年代时，我的祖先雅克·夏亚松就是在这里安家立业的。这个堤内塘，我已经知道了不少年了，也在旧地图上多次搜寻过它。每次前来爱德华王子岛时，仍然会抽出些时间来寻寻觅觅。

从海岸往南有一个小湖，有一条小溪穿过沙丘蜿蜒汇入。溪水窄而浅，很不引人注意。游人往往涉而不觉。就是最深的地方，水也只是刚刚没踝。

星期六，我在饭店的露台上用过早饭后，便去海岸漫步，我站在小溪中，踏着因涨潮海水倒灌而含有盐分的溪水向湖的方向走去，直到小溪汇入湖中，深得无法再涉行为止。湖的四周是矮小的云杉，高高的沙苇草，还有大大小小的沙丘。这就是当年的堤内塘。多少年前，我的祖先就在这个袖珍湖泊一带，生活了近一代人的时光。他们当年盖起的农舍，说不定至今仍有星星点点的残留，藏在这附近的什么地方呢！这条小溪正有如一轴松开的细线，似乎要对世人说些什么。如果我拾起这个线头，顺着它理一理，或者就能有所发现——不但是有关阿卡迪亚人的和英国人的，说不定还是有关我们家族的内容呢！

第二天从上午起，我就坐到了饭店的眺廊上，将大部分时间用来欣赏一平如镜的达尔维湖。我看到有一对夫妇在湖上叽叽嘎嘎地摆弄一只独木舟。弄来弄去，最后还是在湖边侧翻了。两个人又是叫嚷、又是相互诿过，而包在这点小小喧闹外面的，则是完美无瑕的蓝天和泛着金光的沙丘。这一切太美妙了。不知不觉地，下午的时间也过去了一大半，而我还没有"备课"呢——真希望家里人忘掉让我讲演这件事。

我驱车向我几个兄弟租好的几间乡间小屋驶去。公路从一个又一个沙丘的边上擦过，还驶过几处小小的渔港——这里的渔业还有所存留。随后，我将车子驶离了海岸，从一片略有起伏的丘陵地带穿过。这里有不少农田，农业是爱德华王子岛经济的支柱。这里连绵的农田呈随地势起伏的长条形，有的一片青绿，有的一色金黄，一直伸向远方。我正沉迷在牧歌式的遐思中，眼前又出现了一处海岸，车轮下的道路折向北去，眼前又出现了海湾、峭壁和滩涂。

哥哥和两个弟弟三家人租下的乡间小屋都在同一排上，三扇屋门都开着，三家的孩子和大人都不住地来往串门。几家人都喜欢弄吃的。正餐这顿饭，通常都是三家联手准备。今天的这顿，是嫂子黛比烹制的一大盘烤虾。几个当家男人已经将酒瓶打开了。四弟格雷戈里在他屋里打开了电脑，还靠墙支起了一台幻灯机。几个大人都洗过澡、换过衣服，可孩子们都还穿着泳装。这次父母没能来，我心里有些空落落的。

说实在的，我给家人的讲演有些地方还说得过去，但也有不清楚的地方。哪些地方清楚、哪些地方枯燥、看他们的表情，我就心中有数。当我解释约翰·卡伯特确定纬度的内容时，他们的眼神都变得懵懂起来。

当我说完后，我的小侄子康纳突然冒出了一个问题："您怎么知道中国人以前来过呢？您拿得出证明来吗？"

真是单刀直入。大家都等着我的下文。

"你真问到点子上了，康纳，"我对他说，"这就涉及什么是证明。证明并不只是拿出一样或者两样东西来，而是能够拿出许多东西来，而这些东西都指向同一个方向。我说的这件事有太多的方方面面了，就像一套大拼图的许多小片，而一旦设想这是一套中国拼图，这些小片就能成功地拼到一起。"

康纳注视着我，神色有些迷惘。

"咱们这样来想这个问题，"我又说，"比方说，你要用一大堆拼图块拼出一个图形来，但又不知道这个图拼成后会是什么样子。单看一块块小片，简直不可能看出任何名堂来，也看不出各个小片在整个图形中的应有位置。你会对这些小片琢磨来琢磨去，可不管怎么推敲，都弄不出个所以然来。说不定你会试着拼出不同的图样，可就是拼不成功。"

"多半会是这个结果。"康纳同意。

"没错。可是突然有一天，你在沙发腿下发现了全套拼图包装盒

第二十一章 家庭聚会

的盒盖，而拼好后的整个图样就印在上面呢？这正是发生在我身上的情况。我就好像是第一次见到了拼图应有的全貌。这一来，原来不管怎么摆也摆不对的小片，就一下子纷纷找到了地方。废墟的情况正是这样。它们就像是那个被丢到沙发腿下的拼图盒盖，向人们第一次展示出了真实的图景。剩下的就是将一个个事实小片摆到正确的位置上就是了。"

康纳听了笑逐颜开。

就在这时，格雷戈里拿出来几件汗衫。这是他专门找人印花的——上半部印的是"哥伦布"，但字上划了粗粗的删除线道，下半部则是"郑和₂!"。

格雷戈里一本正经地宣称："考虑到目前还有人不知道郑和为何许人也，故而在他的名字后面加一问号[1]。"

我们纷纷将汗衫套上身。这一来，整个晚上，我们看上去都像是同一支队伍中的成员。我们也真的属于同一支队伍。

---

[1] 原文为 Zheng Who，与郑和的英文 Zheng He 发音相近，而 who 是疑问词"谁"，系一文字游戏。——译者

第二十二章

告别之行

恶劣天气在 10 月份的一个夜里突兀而至。我醒来后,先听了一下本地的气象预报,说是"阴冷、小雨、阵雾"——都是正规的气象用语。这样的天气,固然不是我所喜欢的,但却是能够对付的——特别是在我有了一套新雨具时。

在刚刚过去的这个夏天,我将大部分时间都用来整理材料和形成文字。如今,我希望在冬天下"戒严令"大雪封山之前,再到山上去看看那些废墟。这一次,我本是希望带着父母一起去的,可是看目前的天气状况,恐怕至少得等到明年开春再说了。母亲的膝盖情况有所好转,但走长路时仍需拄着拐杖。父亲不久前安了个人工髋关节,还在维持着的另一个也不大灵便了。

我走进厨房时,母亲正在里面忙着,向一只保温瓶中倒进热奶茶。

"其实光带些热水就成了。"我实在是过意不去。

"不行。光有热水怎么能行?十月天了,你还得带着这个。"

"这是什么?"

"一袋'出来美'[1]。"

---

[1] 英文名为 trail mix,源于大洋洲,是近年北美一种很流行的软包装的户外零食,主要成分有若干种干果、葡萄干、巧克力等,重量轻、易携带和保存,食用后能迅速转化成体能。——译者

"嘿，这东西挺不赖。"

"一路当心噢。"

"我一向都如此呀！"

当车子开出悉尼市时，看到在靠近河湖地带的低地那里，桦树和枫树的树叶不但已经改变了颜色，而且开始脱落了。据我推测，早早来临的霜降，会使多芬海岬肃杀起来。我以前还没有在这样晚的季节到那里去过，因此对将要遇到什么情况，心里真是没有谱。又是雨又是雾的，爬起山来自然会艰难。我希望目前的坏天气能在上午结束，让我在下午看到些阳光。

我将母亲的车停在路边我这几年来停过多次的位置上。从某种意义上说，这一带比其他任何地方都更使我产生家的感觉。这条土路上进入树林处的那几株树，就犹如一扇通往我个人世界的大门。我的研究就是从这里开始的，如今又要在这里结束了。眼前一片秋色的树林，更加强了这种转捩的色彩。

到了石头陡坡那里了。就是在最好的情况下，我也会觉得这一段攀登很艰难，今天更是力不从心。许多嶙峋的地面被落叶遮盖，每踏一步，都不知道会踩到什么上面。

雨还没有停歇的迹象，不过高处的雾气已经淡了些。叶片金灿灿和树皮白花花的桦树丛，逐渐让位给了墨绿色的云杉林。在雾气的笼罩下，林中显得黑压压的。路上弥漫着大自然的气息——不是春天时的那种鲜嫩清新，而是冬雪降临前垂暮阶段的腐朽霉败。

走着走着，我突然停住了脚步——我一向很少这样做。四下里只能听到雨水从树叶上滴下的声音，听起来虽是冷凄凄的，却又带着些轻柔的安抚作用。中国人当年在这里时，会有多少人也像我这样，孤独地在这条雨中的路上驻足片刻呢？我简直像是能看到这样的人似的，他们跟我其实差不多，一个个踽踽独行在六个世纪前的这个地方。我的假设一下子变得真实起来、正常起来。

我特别喜欢最后一段行程。这里的一段道路较宽阔，也显露得较清楚，是我不时想来走一走的地段。原因不仅是因为走完这段路就到了坡顶，还因为在这段路上，我能一览无余地看到位于北坡的整个遗址。

不过这一次却有些困难。雨倒是已经停了，但石面上滑得很，我跌倒了两次，每一次都划破了手。因为穿着雨衣，身上还是干的，但脸上却在滴水，双手不但冰冷，还出了不少血。终于，我走到了山梁那里。冷冽天气和暗黑树林带给我的凄清寒冷的感觉，就像这里不久前的晨雾一样消失了。我的眼前出现了那块地方——我的地方。我又萌生了到家的感觉。

我喝着热乎乎的奶茶，就着"出来美"，心里真是感激母亲。就连我现在坐着的那块山坡最高处的大石头——就是我第一次来时坐过、以后每次来时都要坐坐的那个边路石块，似乎也没有那么湿、那么冷了。这一次上山，花的时间要比以往长得多，已经是中午时分了。

从雨后的山坡顶上向下望去，可以看到下面的大海和远处的高地。我不再研究和寻觅了，只是不住地欣赏。部分海面还被雾气笼罩着，雨也没有拿定主意是走是留。阒无人迹的树林在白色天空的衬托下，更显得一片苍郁。这里当年是好多代中国男女老少生活过的地方啊。对此，我现在是深信不疑的。

我喝完了保温瓶中的奶茶，用手帕包了一下左手的擦伤，开始在平台周围走动起来。自从我在美国国会图书馆发表了这一发现后，不管是什么人，只要具备一些洋流和地图的基本知识，如能将报纸上发表的有关文章和报告搜集归纳一番，确定这个地方并不会太困难。我知道自己已经不再能守住这个秘密了。我在废墟里走来走去，看看有没有被人动过的迹象。

我忘记了一个事实，就是这里还没有因冬天临近而死亡。尽管它们原有的深浅不一的绿色已经消褪殆尽，转成了不起眼的灰色，但还是在地面上铺成了不薄的一层。我对这里已足够熟悉，地面虽然高低不平，快步走起来还是颇有信心的。然而，苔藓底部生出的紧紧把住石面的部分，由于吃满了水分而很柔软，落足时稍不注意，脚下就会偏滑。我有好几次都不得不连跳带蹦，才没有摔倒在地。我知道在这里待不多久了。10月中旬的天，早早就会黑下来。摸黑下山，是我想也不敢想的。

真舍不得离开这里呀。我的心是为建筑而生的，我的魂是系在建筑上的。而在这片废墟上，我的心和魂都找到了归宿。面对这处遗迹，我固然萌生了人生在大自然面前既渺小又短暂的感觉，但更多的是一种赞叹，赞叹人类能够设计和完成种种足以与后世遥遥沟通的业绩。我在下山时并没有回头仁观。太阳已朝山后迅速落下，我浑身冷飕飕的。多芬海岬等着人们来发现它，而且已经等了几个世纪了。它可能还得再等下去，等到有人来接我的班吧。

图版目录

下列各图的保存者均同意作者复印（以下均为中译本页码），在此表示感谢。

第 5 页：北美地图，嵌套多芬海岬细部地图，蓝登书屋加拿大分部。

第 14 页：多芬海岬，蓝登书屋加拿大分部。

第 30 页：皮齐伽诺海图，1424 年，美国，明尼阿波利斯，明尼苏达大学，詹姆斯·福特·贝尔图书馆。

第 35 页：哥伦布地图（15 世纪第一个年代末），绘于砑光的牛皮上，28 英寸 ×44 英寸，巴黎，法兰西国家图书馆。

第 36 页：雷加波地图，图题为"新发现土地：加拿大的大河与新法兰西海岸"，15.5 厘米 ×41.5 厘米，魁北克市，文明博物馆，编号 T-4；科罗内利地图（第一号），图题为"北美加拿大之东部"，46.0 厘米 ×61.5 厘米，魁北克省国立图书馆。

第 63 页：布雷顿角岛地图，蓝登书屋加拿大分部。

第 68 页：德拉科萨世界地图，1500 年，彩色，绘于羊皮上，180 厘米 ×96 厘米，马德里航海博物馆。轮廓图系摘自威廉·伽农的《加拿大东海岸地图测绘史中的重要地图及命名》，多伦多大学出版社与加拿大皇家学会合作出版，1964 年。

第 71 页：六幅轮廓图均摘自威廉·伽农的《加拿大东海岸地图

测绘史中的重要地图及命名》，多伦多大学出版社与加拿大皇家学会合作出版，1964年。

第85页：尚普兰地图，图题为"尚普兰先生所制之新法兰西地形图"，1612年，43厘米×76厘米，摘自《尚普兰游记》。

第87页：威廉·亚历山大所印《欢迎移民》宣传册的封面，1624年，多伦多参考图书馆；约翰·戈登所印《欢迎去布雷顿角岛开辟新农庄》宣传册的封面，1625年，多伦多参考图书馆。

第103页：尼古拉·德尼所著《北美海岸地域的自然环境与历史》一书的封面，1772年，多伦多参考图书馆。

第111页：科罗内利地图（第一号），图题为"北美加拿大之东部"，1692年，46.0厘米×61.5厘米，魁北克省国立图书馆；科罗内利地图（第二号），图题为"布雷顿角岛"，1697年，多伦多参考图书馆。

第118页：多芬海岬地图，图题为"多芬口和圣安斯湾"，法兰西国家图书馆，图册部，水文分部，皮基图组，编号131-7-5。圣安斯湾地图，图题为"多芬口地图，并嵌套港口入口图"，加拿大资料馆。

第120页：雅克·莱尔米特所绘地图，图题为"圣安斯港"1713年，法兰西国家图书馆，图册部，水文分部，皮基图组，编号131-7-2。圣安斯湾地图，图题为"多芬口港湾进出口及附近人居地带"，1715—1717年，法兰西国家图书馆，图册部，水文分部，皮基图组，编号131-7-1。

第138页：测绘师A.F.丘奇制得的地图，图题为"1864年新斯科舍省维多利亚县村镇分布图"，多伦多参考图书馆。

第140页：勒克莱科神父所写《加斯佩半岛上的新关系》一书的封面，1691年，多伦多参考图书馆。

第150页：皮埃尔·马亚尔所录的米克茂人的文字，1737—1738年，加拿大魁北克考古资料馆。

第152页：赛拉斯·兰德的肖像，摘自他本人的著作《米克茂人的传说》，纽约，朗文－格林出版公司，1894年。

第161页：多芬海岬的航空摄影照片，1953年，加拿大自然资源社，照片号A13710-102。

第163页：多芬海岬的航空摄影照片，细部，1953年，加拿大自然资源社，照片号A13710-102。作者描出的废墟轮廓。

第168页：大西洋图，蓝登书屋加拿大分部。

第172页：中国古船及船上所安船舵的示意图，转引自李约瑟的《中国科学技术史》，第四卷，第三分册，第510、481页，英国，剑桥大学出版社，1954年。

第174页：沈度，《瑞应麒麟颂》，明初作品，水墨画，作于绢上，此画现藏美国费城艺术博物馆。

第195页：《混一疆理历代国都之图》，1402年，日本龙谷大学收藏。

第207页：从废墟南侧和北侧所见情况，作者本人所摄。

第209页：废墟上的石头平台，作者本人所摄。

第210页：废墟上有人工打凿痕迹的石头，作者本人所摄。

第211页：废墟上的石头平台，作者本人所摄，并画出了平台分布的相对位置。

第214页：废墟上的石堆，作者本人所摄。

第216页：废墟上的采石场和铺面石板，作者本人所摄。

第219页：中国人筑墙方式的示意图，转引自《中国科学技术史》，剑桥大学出版社。

第220页：夯土过程示意图，转引自《中国科学技术史》，剑桥大学出版社。

第 221 页：废墟上的一段墙基，作者本人所摄。

第 222 页：筑有围墙的中国城镇示意图，转引自罗纳德·纳普所著的《中国的城与墙》，纽约，牛津大学出版社，2000 年。

第 224 页：废墟的航空摄影照片，加拿大自然资源社，照片号 A3473 和 A3471。

第 226 页：湖畔一带的航空摄影照片，加拿大自然资源社，照片号 A3471-15。

第 228 页：中国式房舍的示意图，转引自罗纳德·纳普所著的《中国建筑风格：房屋格局与文化》，第 38 页，檀香山，夏威夷大学出版社，1989 年。

第 231 页：废墟上的一段道路，作者本人所摄。

第 240 页：米克茂人一家的照片，摄于 1902 年前，照片为《米克茂人像集》中的一幅，现存新斯科舍博物馆，馆藏号 P113/N-10，524，照片题头为"法官克里斯托弗·保罗及家人"。

第 241 页：上左图为一身着传统服装的米克茂妇女，摄于 1913 年，照片为《米克茂人像集》中的一幅，现存新斯科舍博物馆，馆藏号 P113/15.2a（1402）/N-1662，N-2388。上右图为一套中国傣族传统民族女装，转引自《中国少数民族服饰》，由第 98 页与第 100 页两幅照片合成，日本，京都，美乃美出版社，1982 年。下图原作《合乐图》为彩墨绢画，全长 184.2 厘米，高 41.9 厘米，为 10 世纪初南唐画家周文举所绘。此图系后人 15 世纪的仿制品，现藏美国芝加哥美术馆，编号 1950.1370。

第 242 页：一为米克茂男人的照片，摄于 1920—1930 年。照片题为"酋长彼得·维尔莫特"，为哈利法克斯圣文森大学收藏，现无限期借用给新斯科舍博物馆。一为中国古代男子的服装，转引自周汛和高春明所著《中华服饰五千年》，第 61 页，香港，商务印书馆，1984 年。

第 243 页：上左，照片题为"医生和他的妻子"，摄于 1927 年，新斯科舍省文档资料馆，编号 N4179。上右，照片题为"米克茂女子"，摄于 1875—1900 年间，现存新布伦瑞克省博物馆，馆藏号 W3975。下左，转引自《中国少数民族服饰》，第 240 页，日本，京都，美乃美出版社，1982 年。下右，转引自玛格丽特·坎贝尔所著《来自山寨的巧手》，第 76 页，香港，亚通媒体，1978 年。

第 244 页：上排图，米克茂人的线条画，乔治·克里德临摹于克吉姆库吉克湖岸的岩壁，转引自玛丽安·罗伯逊所著《米克茂原住民的岩画》，第 184，183，182 页，哈利法克斯，新斯科舍博物馆，1973 年。下排照片，中国女子的头饰，转引自《中国民族服装与饰物》，第 39 页，海风出版社。下排后妃肖像，转引自周汛和高春明所著《中华服饰五千年》，第 151 页。

第 245 页：装饰有双弧图案的女便帽，新斯科舍省博物馆收藏，馆藏号 NSM13.6/09.8，根据露丝·怀特黑德所著《1600 年以来的米克茂文化精品》第 23 页图样仿制，此书由哈利法克斯，新斯科舍省博物馆出版，1980 年。米克茂族长所穿长袍的刺绣花样，加拿大文明博物馆收藏，登记号 III-F-306，摄影：哈里·福斯特，登记号 S77-1842。中国绣品上的双弧图案，转引自《中国苗族刺绣图案》，第 28 页，中国少数民族文学艺术采集组与贵州省文化局艺术研究组联合收集，中国工艺美术出版社出版，1956 年。

第 247 页：上左的米克茂八角星图案由新斯科舍省博物馆提供，馆藏号 NSM69.184.1，根据露丝·怀特黑德所著《米克茂人的箭刺工艺品》第 177 页图样仿制，此书由哈利法克斯新斯科舍省博物馆出版，1980 年。上右的图案由新斯科舍省博物馆提供，馆藏号NSM76.70.11，也系根据前述露丝·怀特黑德的著述复制，第177页。中国绣品中的类似图案：中间一图转引自《中国民族服装与饰物》，第266页，海风出版社，下图由加拿大纺织博物馆提供，馆藏号T92.0288b。

第249页："转花"图案。上左图案由新斯科舍省博物馆提供，馆藏号NSM76.70.18，根据露丝·怀特黑德所著《米克茂人的箭刺工艺品》第194页图样仿制。上右图案由新斯科舍省博物馆提供，馆藏号NSM76.70.3，根据露丝·怀特黑德所著《米克茂人的箭刺工艺品》第194页图样仿制。与此"转花"图案相似的中国绣品图案，中间一件转引自《中国民族服装与饰物》，第155页。下面一件转引自《中国苗族刺绣图案》，第38页。

参考书目

布雷顿角的历史、地质与地理

Bourinot. J. G. "Cape Breton and Its Memorials of the French Regime". *Proceedings and Transactions of the Royal Society of Canada for the Year 1890* 8（1891）: 173-339.

Brown, Richard. *The Coal Fields and Coal Trade off the Island of Cape Breton*. London: Sampson Low, Marston, Low & Searle, 1871.

Calder, John H., et al. *One of the Greatest Treasures: The Geology and History of Coal in Nova Scotia*. Halifax: Nova Scotia Department of Natural Resources, 1993.

Dawson, Joan. "Beyond the Bastions: French Mapping of Cape Breton Island, 1731-1758". *Nova Scotia Historical Review* 10（2）1990: 6-29.

Denys, Nicolas. *The Description and Natural History of the Coasts of North America（Acadia）*. Trans. and ed. William F. Ganong. Toronto: Champlain Society, 1908.

——*Description Géographique et Historique des Costes de l'Amérique Septentrionale avec l'Histoire Naturelle du Païs*. Paris: Claude Barbin, 1672.

Donovan, Kenneth, ed. *The Island: New Perspectives on Cape Breton History, 1713-1990*. Fredericton: Acadiensis Press, 1990.

Evans, Gillian Rosemary. "Early Gold Mining in Nova Scotia". *Collections of the Nova Scotia Historical Society* 25（1942）: 17-47.

Fletcher, Hugh. *Descriptive Note on the Sydney Coal Field, Cape Breton, Nova Scotia*. Ottawa: S. E. Dawson, 1900.

Gordon of Lochinvar, Sir John. *Encouragements, for Such as Shall Have Intention to Bee Under-takers in the New Plantation of Cape Breton, Now New Galloway in America*. Edinburgh: John Wreittoun, 1625.

Guillet, G. R., and Wendy Martin. *The Geology of Industrial Minerals in Canada*. Montreal: The Canadian Institute of Mining and Metallurgy, 1984.

Haliburton, Thomas C. *History of Nova Scotia*. Belleville, Ont: Mika Publishing, 1973.

Heatherington, A. *A Practical Guide for Tourists, Miners and Investors, and All Persons Interested in the Development of the Gold Fields of Nova Scotia*. Montreal: Printed by John

Lovell, 1868.

—— *The Gold Yield of Nova Scotia, 1860-1872*. London: Mining Journal Office, 1873.

Holland, Samuel. *Holland's Description of Cape Breton Island and Other Documents*. Halifax: Public Archives of Nova Scotia, 1935.

Lamb, James B. *Hidden Heritage: Buried Romance at St. Ann's, Cape Breton Island*. Wreck Cove, Cape Breton Island: Breton Books, 2000.

Lavery, Mary, and George Lavery. *Tides and Times: Life on the Cape Breton Coast at Gabarus and Vicinity*. Scarborough, Ont.: M. and G. Lavery, 1991.

Malcolm, Wyatt. *Cold Fields of Nova Scotia*. Geological Survey of Canada. Memoir 156. Ottawa: Printed by F. A. Acland, 1929.

McNeill, John Robert. *Atlantic Empires of France and Spain: Louisbourg and Havana, 1700-1763*. Chapel Hill: University of North Carolina Press, 1985.

Moore, Christopher. "The Maritime Economy of Isle Royal". *Canada: An Historical Magazine* 1 (4) (June 1974): 33-46.

Morrison, Murdoch D. "The Migration of Scotch Settlers from St. Ann's, Nova Scotia, to New Zealand. 1851-1860". *Collections of the Nova Scotia Historical Society* 10 (1933): 73-95.

Patterson, George Geddie. *Patterson's History of Victoria County, Cape Breton, Nova Scotia*. Sydney: College of Cape Breton Press, 1978.

Pichon, Thomas. *Genuine Letters and Memoirs relating to the Natural, Civil, and Commercial History of the Island of Cape Breton and Saint John from the First Settlement there to the Taking of Louisbourg by the English in 1758*. London: J. Nourse, 1760.

Roque, Sieur de La. *The 1752 Census of Isle Royale (Known as Cape Breton Island) as a Result of the Inspection Made by Sieur de La Roque*. Pawtucket, Rhode Island: Quinton Publications, 1997.

中国历史、哲学与社会学

Anderson, Mary M. *Hidden Power: The Palace Eunuchs of Imperial China*. Buffalo: Prometheus Books, 1990.

Barker, R. "The Size of the 'Treasure Ships' and Other Chinese Vessels". *Mariner's Mirror* 75 (1989): 273-275.

Chang, Chao-Kang, and Werner Blaser. *China: Tao in Architecture*. Basel: Birkhauser Verlag, 1987.

Chang, K. C., ed. *Food in Chinese Culture: Anthropological and Historical Perspectives*. New Haven: Yale University Press, 1977.

China House Gallery. *Richly Woven Traditions, Costumes of the Miao of Southwest China and Beyond*. New York City: China Institute in America, 1987.

Confucius. *The Analects*. Trans. David Hinton. Washington, D. C.: Counterpoint, 1998.

Costumes of the Minority Peoples of China . Kyoto: Binobi, 1982.

Dillon, Michael, ed. China: A Historical and Cultural Dictionary. Richmond, Surrey: Curzon, 1998.

Doolittle, Justus. Social Life of the Chinese: Daily Life in China . London: Kegan Paul, 2002.

Ebrey, Patricia Buckley. The Cambridge Illustrated History of China . Cambridge: Cambridge University Press, 2003.

Fairbank, John King, and Merle Goldman. China: A New History. Cambridge, Mass. : The Belknap Press of Harvard University Press, 2001.

Filesi, Teobaldo. China and Africa in the Middle Ages. Trans. David L Morison. London: Frank Cass with the Central Asian Research Centre, 1972.

Gernet, Jacques. A History of Chinese Civilization . Trans. J. R. Foster and Charles Hartman. Cambridge: Cambridge University Press, 1999.

Goodrich, L. Carrington. Dictionary of Ming Biography , 1368-1644. New York: Columbia University Press, 1976.

Graham, David Crockett. Folk Religion in Southwest China . Washington, D. C.: Smithsonian Institution, 1961.

Gray, John Henry. China: A History of the Laws, Manners and Customs of the People. Ed. William Gow Gregor. London: Macmillan, 1878.

Hansen, Henny Harald. Mongol Costumes . Ed. Ida Nicolaisen. London; Copenhagen, New York: Thames and Hudson, Rhodos International Science and Art Publishers, 1993.

Harvey, Edwin, D. The Mind of China . Westport, Conn.: Hyperion Press. 1973.

Hommel, Rudolf. China at Work: An Illustrated Record of the Primitive Industries of China's Masses, Whose Life Is Toil, and Thus an Account of Chinese Civilization . New York: John Day, 1937.

Keith, Donald H., and Christian J. Buys."New Light on Medieval Chinese Seagoing Ship Construction" . International Journal of Nautical Archaeology and Underwater Exploration 10 (1) (1981): 119-132.

Knapp, Ronald G. China's Traditional Rural Architecture: A Cultural Geography of the Common House . Honolulu: University of Hawaii Press, 1986.

—— China's Vernacular Architecture: House Form and Culture . Honolulu: University of Hawaii Press, 1989.

—— China's Walled Cities . Hong Kong: Oxford University Press, 2000.

Lai, T. C. To the Yellow Springs: The Chinese View of Death . Hong Kong: Joing Publishing Company with Kelly and Walsh, 1983.

Lao Tzu. Tao Te Ching . Trans. David Hinton. Washington, D. C.: Counterpoint, 2000.

Lee, Sherman E. Chinese Landscape Painting. Cleveland: Cleveland Museum of Art, 1962.

Levathes, Louise. *When China Ruled the Seas: The Treasure Fleet of the Dragon Throne*, 1405–1433. New York: Simon and Schuster, 1994.

Liang, Ssu-ch'eng. *A Pictorial History of Chinese Architecture: A Study of the Development of Its Structural System and the Evolution of Its Types*. Ed. Wilma Fairbank. Cambridge, Mass.: MIT Press, 1984.

Liu, Laurence G. *Chinese Architecture*. New York: Rizzoli, 1989.

Loewe, Michael. *Chinese Ideas of Life and Death: Faith, Myth and Reason in the Han Period (202 BC-AD 220)*. London: George Allen and Unwin, 1982.

Mencius. *Mencius*. Trans. David Hinton. Washington, D. C.: Counterpoint, 1999.

Menzies, Gavin, 1421: *The Year China Discovered the World*. London: Bantam Press, 2002.

Mitamura, Taisuke. *Chinese Eunuchs: The Structure of Intimate Politics*. Trans. Charles A. Pomeroy. Rutland, Vt: Charles E. Tuttle Company, 1970.

Morton, W. Scott. *China: Its History and Culture*. New York: McGraw-Hill, 1995.

Mote, F. W. *Imperial China*, 900–1800. Cambridge. Mass.: Harvard University Press, 1999.

Mote, Frederick W., and Denis Twitchet, eds. *The Cambridge History of China*, vol. 7: *The Ming Dynasty*, 1368–1644. Cambridge: Cambridge University Press, 1988.

National Minority Literary and Art Team of the Central Institute for Nationalities and the Research Group of the Art Department of the Cultural Bureau, Kweichow Province. *Embrodiery Designs of the Miao People of China*. Peking: People's Fine Arts Publishing House, 1956.

Needham, Joseph. *Science and Civilisation in China*. 6 vols. Cambridge Cambridge University Press, 1954.

Paludan, Ann. *The Ming Tombs*. Hong Kong: Oxford University Press, 1991.

Polo. Marco. *The Travels of Marco Polo, the Venetian*. Trans. William Marsden. Ed. Manuel Komroff. New York: Liveright Publishing, 2003.

——*The Description of the World*. Trans. A. C. Moule and Paul Pelliot. London: Routledge, 1938.

Serruys, Henry. *The Mongols and Ming China: Customs and History* Ed. Francoise Aubin. London: Variorum Reprints, 1987.

Sickman, Laurence, and Alexander Soper. *The Art and Architecture of China*. Baltimore: Penguin Books, 1956.

Siren, Osvald. *The Imperial Palaces of Peking*. Paris: G. van Oest, 1926.

Sleeswyka, André."The Liao and the Displacement of Ships in the Ming Navy". *Mariner's Mirror* 82 (1)(1996): 3–13.

Sullivan, Michael. *Symbols of Eternity: The Art of Landscape Painting in China*. Oxford: Clarendon Press, 1979.

Temple, Robert. *The Genius of China: 3000 Years of Science, Discovery, and Invention*.

New York: Simon and Schuster, 1986.

Wiest J. P., et al."Christianity in China". *New Catholic Encyclopedia*. Detroit: Washington, DC: Thomson/Gale; Catholic University of America, 2003.

Worchester, G. R. G. *The Junks and Sampans of the Yangtze*. Annapolis, Md.: Naval Institute Press, 1971.

Zhou, Xun, and Chunming, Gao. *5000 Years of Chinese Costumes*. San Francisco: China Books and Periodicals.

——*Le Costume Chinois*. Fribourg: Office du Livre, 1985.

欧洲探险、发现与殖民

Alfonce, Jean. *Les Voyages Avantureux du Capitaine Ian Alfonce, Sainctongeois*. Poitiers: Pelican par Ian de Marnef, 1559.

Andrews, K. R., N. P. Canny, and P. E. H. Hair, eds. *The Westward Enterprise: English Activities in Ireland, the Atlantic, and America*, 1480–1650. Liverpool: Liverpool University Press, 1978.

Biggar, H. P. *A Collection of Documents Relating to Jacques Cartier and the Sieur de Roberval* Ottawa: Public Archives of Canada, 1930.

——*The Early Trading Companies of New France: A Contribution to the History of Commerce and Discovery in North America*. Clifton, N. J.: Augustus M. Kelley, 1972.

——*The Voyages of the Cabots and of the Corte-Reals to North America and Greenland*, 1497–1503. Paris: [s. n.] 1903.

——*The Voyages of Jacques Cartier*. Ottawa: F. A. Acland, 1924.

——, ed. *The Precursors of Jacques Cartier, 1497–1534: A Collection of Documents relating to the Early History of the Dominion of Canada*. Ottawa: Government Printing Bureau, 1911.

Buckner, Philip A., and John G. Reid, eds. *The Atlantic Region to Confederation*. Toronto: University of Toronto Press, 1998.

Champlain, Samuel de. *The Works of Samuel de Champlain*. 6 vols. Toronto: Champlain Society, 1922–1936.

Charlevoix, P.-F.-X. *History and General Description of New France*. Trans. John Gilmary Shea. 6 vols. Chicago: Loyola University Press, 1962.

Clark, Andrew Hill. *Acadia: The Geography of Early Nova Scotia to 1760*. Madison: University of Wisconsin Press, 1968.

Collège Sainte-Marie. *Liste des Missionnaires-Jesuites: Nouvelle-France et Louisiane*, 1611–1800. Montreal: Collège Sainte-Marie, 1929.

Colon, Fernando. *The Life of the Admiral Christopher Columbus by His Son Ferdinand*. Trans. Benjamin Keen. New Brunswick, N. J.: Rutgers University Press, 1959.

Cook, Remsey, ed. *The Voyages of Jacques Cartier*. Toronto: University of Toronto Press,

1993.

Cortesao, Armando. *History of Portuguese Cartography.* 2 vols. Coimbra: Junta de Investigacoes do Ultramar, 1969.

Cuthbertson, Brian. *John Cabot and the Voyage of the Matthew.* Halifax: Formac Publishing, 1997.

Daigle, Jean, ed. *The Acadians of the Maritimes: Thematic Studies.* Moncton: Centre d'etudes acadiennes, 1982.

Dawson, Joan. *The Mapmakers Eye: Nova Scotia through Early Maps.* Halifax: Nimbus Publishing with the Nova Scotia Museum, 1988.

Dawson, Samuel Edward. *The Saint Lawrence, Its Basin and Border-Lands: The Story of Their Discovery, Exploration and Occupation.* Toronto: Copp, Clark, 1905.

Diereville, Sieur de. *Relation of the Voyage to Port Royal in Acadia or New France.* Trans. Alice Webster. Toronto: Champlain Society, 1933.

Eccles, W. J. *France in America.* Markham, Ont.: Fitzhenry and Whiteside, 1972.

—— *The French in North America, 1500–1783.* Markham, Ont.: Fitzhenry and Whiteside, 1998.

Entremont, Clarence-Joseph de. *Nicolas Denys: Sa Vie et Son Oeuvre.* Yarmouth, N. S.: L'impremerie Lescarbot, 1982.

Faragher, John Mack. *A Great and Noble Scheme: The Tragic Story of the Explusion of the French Acadians from their American Homeland.* New York: Norton and Company, 2005.

Fortier, John."The Fortress of Louisbourg and Its Cartographic Evidence". *Association for Preservation Technology Bulletin* 4（1-2）（1972）: 2-173.

Ganong, W. F. *Crucial Maps in the Early Cartography and Place-Nomenclature of the Atlantic Coast of Canada.* Toronto: University of Toronto Press with the Royal Society of Ganada, 1964.

Griffiths, Naomi E. S. *The Contexts of Acadian History, 1686–1784.* Montreal and Kingston: McGill-Queen's University Press, 1992.

Hakluyt, Richard. *A Discourse on Western Planting Written in the Year 1584.* Ed. Charles Deane.Cambridge: Maine Historical Society, 1877.

—— *Hakluyt's Voyages : The Principal Navigation Voyages Traffiques and Discoveries of the English Nation Made by Sea or Over-land to the Remote and Farthest Distant Quarters of the Earth at Any Time within the Compasse of These 1600 Yeeres* Ed. Irwin R. Blacker. New York: Viking Press, 1965.

Haliburton, R. G."Lost Colonies of Northmen and Portuguese". *The Popular Science Monthly* 27（May-October 1885）: 40-51.

Harley, J. B., and David Woodward, eds. *The History of Cartography.* Vol. 1. Chicago: University of Chicago Press, 1987.

Harrisse, Henry. *The Discovery of North America: A Critical, Documentary and Historic In-*

vestigation. London: Henry Stevens and Son, 1892.

Hoffman, Bernard G. *Cabot to Cartier: Sources for a Historical Ethnography of Northeastern North America, 1497-1550*. Toronto: University of Toronto Press, 1961.

Insh, George Pratt. *Scottish Colonial Schemes, 1620-1686*. Glasgow: MacLehose, Jackson and Company, 1922.

Jacobson, Timothy. *Discovering America: Journeys in Search of the New World*. Toronto: Key Porter, 1991.

Jones, Elizabeth. *Gentlemen and Jesuits: Quests for Glory and Adventure in the Early Days of New France*. Toronto: University of Toronto Press, 1991.

Kershaw, Kenneth A. *Early Printed Maps of Canada, 1540-1703*. Ancaster, Ont.: Kershaw Publishing, 1993.

Krause, Eric R."Private Buildings in Louisbourg, 1713-1758". *Canada: An Historical Magazine* 1（4）（1974）: 47-59.

Laing, David. *Royal Letters, Charters, and Tracts relating to the Colonization of New Scotland, and the Institution of the Order Knight Baronets of Nova Soctia, 1621-1638*. Edinburgh: The Bannatyne Club, 1867.

Le Clercq, Chrestin. *New Relation of Gaspesia with the Customs and Religion of the Gaspesian Indians*. Trans. and ed. William F. Ganong. Toronto: Champlain Society, 1910.

Lescarbot, Marc. *The History of New France*. Trans. W. L. Grant. Toronto: Champlain Society, 1907.

—— *Nova Francia: A Description of Acadia, 1606*. Trans. P. Erondelle. London: George Routledge and Sons, 1928.

Major, Richard H., trans. and ed. *Select Letters of Christopher Columbus, with Other Original Documents relating to His Four Voyages to the New World*. London: Hakluyt Society, 1857.

McGhee, Robert. *Canada Rediscovered*. Ottawa: Canadian Museum of Civilization, 1991.

McLennan, J. S. *Louisbourg from Its Foundation to Its Fall, 1713-1758*. Sydney, N. S.: Fortress Press, 1969.

Meinig, D. W. *The Shaping of America: A Geographical Perspective on 500 Years of History*. New Haven: Yale University Press, 1986.

Mollat du Jourdin, Michel, et al. *Sea Charts of the Early Explorers, 13th to 17th Century*. Trans. L. le R. Dethan. London: Thames and Hudson, 1984.

Moogk, Peter. *Building a House in New France: An Account of the Perplexities of Client and Craftsmen in Early Canada*. Markham, Ont.: Fitzhenry and Whiteside, 2002.

Morison, Samuel Eliot. *The European Discovery of America: The Northern Voyages, A. D. 500-1600*. New York: Oxford University Press, 1971.

—— *Portuguese Voyages to America in the Fifteenth Century*. New York: Octagon Books, 1965.

Morse, William Inglis, ed. *Acadiensia Nova*（1598-1779）: *New and Unpublished Documents and Other Data relating to Acadia*. London: Bernard Quaritch, 1935.

Paine, Lincoln. *Ships of Discovery and Exploration*. New York: Houghton Mifflin, 2000.

Patterson, George."The Portuguese on the North-East Coast of America and the First European Attempt at Colonization There. A Lost Chapter in American History". *Proceedings and Transactions of the Royal Society of Canada for the Year 1890* 8（1891）127-173.

Pinkerton, John. *The History of Scotland from the Accession of the House of Stuart to That of Mary*. London: C. Dilly, 1797.

Pope. Peter E. *The Many Landfalls of John Cabot*. Toronto: University of Toronto Press, 1997.

Portinaro, Pierluigi, and Franco Knirsch. *The Cartography of North America*, 1500-1800. New York. Charwell Books, 1987.

Pothier. Bernard."Acadian Emigration to Ile Royale after the Conquest of Acadia". *Histoire Sociale/Social History* 6（November 1970）: 116-131.

Rochemonteix, Camille de. *Relation par Lettres de l'Amerique Septentrionale*（1709-1710）. Paris: Letouzey, 1904.

Ross, Sally, and Alphonse Deveau. *The Acadians of Nova Scotia: Past and Present*. Halifax: Nimbus Publishing, 1992.

Skelton, R. A. *Explorers' Maps: Chapters in the Cartographic Record of Geographic Discovery*. New York: Frederick A. Praeger, 1958.

Thwaites, Reuben Gold, ed. *The Jesuit Relations and Allied Documents: Travels and Explorations of the Jesuit Missionaries in New France*, 1610-1791, *The Original French, Latin, and Italian Texts with English Translations and Notes*. 74 vols. Cleveland: Burrows Brothers, 1898.

Wilcox, R. Turner. *The Mode in Furs: The History of Furred Costume of the world from the Earliest Times to the Present*. New York: Charles Scribner's Sons, 1951.

Wilford, John Noble. *The Mapmakers*. New York: Vintage Books, 2001.

Williamson, James A. *The Cabot Voyages and Bristol Discovery under Henry Ⅶ*. Cambridge: Hakluyt Society at the University Press, 1962.

——*The Voyages of John and Sebastian Cabot*. London: G. Bell and Sons, 1937.

Winship, George Parker. *Cabot Bibliography, with an Introductory Essay on the Careers of the Cabots Based upon an Independent Examination of the Sources of Information*. New York. Burt Franklin, 1900.

Wright, Jonathan. *God's Soldiers: Adventure, Politics, Intrigue, and Power-A History of the Jesuits*. New York: Doubleday, 2004.

米克茂人的历史、语言与传说

Battiste, Marie, and James Youngblood Henderson. *Protecting Indigenous Knowledge and*

Heritage: A Global Challenge. Saskatoon: Purich Publishing, 2000.

Cummins, Bryan D. *First Nations, First Dogs: Canadian Aboriginal Ethnocynology*. Calgary: Detselig Enterprises, 2002.

Dickason, Olive Patricia. *The Myth of the Savage and the Beginnings of French Colonialism in the Americas*. Edmonton: University of Alberta Press, 1984.

Hager, S."Micmac Customs and Traditions". *American Anthropologist* 8 (1895): 31–42.

Harper, J. Russell. "Two Seventeenth-Century Micmac Copper Kettle Burials". *Anthropologica*, no. 4. Ottawa: The Research Centre for Amerindian Anthropology, 1957.

Henderson, James Youngblood. *The Mikmaw Concordat*. Halifax: Fernwood Publishing, 1997.

Kauder, Christian. *Buch das Gut: Enthaltend den Katechismus*. Vienna: Die Kaiserliche wie auch Kongliche Buchdrucherei hat es gedruckt, 1866.

Maillard, Antoine Simon. *An Account of the Customs and Manners of the Micmakis and Maricheets Savage Nations now Dependent on the Government of Cape Breton, from an Original French Manuscript-Letter, Never Published, Written by a French Abbot, Who Resided Many Years, in Quality of Missionary, amongst Them to Which Are Annexed Several Pieces relative to the Savages of Nova Scotia and to North America in General*. London: Hooper and Morley, 1758.

Mallery, Garrick. "Picture Writing of the American Indians". *Tenth Annual Report of the Bureau of Ethnology to the Secretary of the Smithsonian Institution, 1888–1889.* Washington, D. C.: Smithsonian Institution, 1893.

McDonald. Shayne. "Newfoundland and Labrador before the Arrival of Cabot: The Newfoundland Mi'kmaq Perspective". In Iona Bulgin, ed., *Cabot and His World Symposium: Papers and Presentations*. St. John's: Newfoundland Historical Society, 1997.

McMillan, Alan D. *Native Peoples and Cultures of Canada*. Vancouver: Douglas and McIntyre, 1995.

Rand, Silas Tertius. *Dictionary of the Language of the Micmac Indians Who Reside in Nova Scotia, Prince Edward Island, Cape Breton and Newfoundland*. Halifax: Nova Scotia Printing Company, 1888.

——*A First Reading Book in the Micmac Language: Comprising the Micmac Numerals, and the Names of the Different Kinds of Beasts, Birds, Fishes, Trees etc. of the Maritime Provinces of Canada*. Halifax: Nova Scotia Printing Company, 1875.

——*Legends of the Micmacs*. New York: Longmans, Green: 1894.

——*A Short Account of the Lord's Work among the Micmac Indians*. Halifax: William MacNab, 1873.

——*A Short Statement of Facts relating to the History, Manners, Customs, Language and Literature of the Micmac Tribe of Indians in Nova Scotia and P. E. Island*. Halifax: James Bowes and Son, 1850.

Ray, Arthur J. *I Have Lived Here since the World Began: An Illustrated History of Canada's Native People*. Toronto: Lester Books, 1996.

Robertson, Marion. *Rock Drawings of the Micmac Indians*. Halifax: The Nova Scotia Museum, 1973.

Schmidt, David L., and Murdena Marshall, eds. and trans. *Mi'kmaq Hieroglyphic Prayers: Readings in North America's First Indigenous Script*. Halifax: Nimbus Publishers, 1995.

Schwartz, Marion. *A History of Dogs in the Early Americas*. New Haven, Conn.: Yale University Press, 1997.

Silvy, Antione. *Letters from North America*. Trans. Ivy Alice Dickson. Belleville, Ont.: Mika Publishing, 1980.

Speck, F. G. "Beothuk, and Micmac". *Indian Notes and Monographs* no. 22. New York: Museum of the American Indian, Heye Foundation, 1922.

——— *The Double-Curve Motif in Northeastern Algonkian Art*. Geological Survey of Canada, Memoir 42. Ottawa: Covernment Printing Bureau, 1914.

——— "Some Micmac Tales from Cape Breton Island". *Journal of American Folklore* 27 (107)(1915): 59-69.

Unbylined article." 'I Fashion Things': The Micmacs' Surprising Legacy". Canadian Heritage, April 1980: 25.

Wallis, Wilson D., and Ruth Sawtell Wallis. *The Micmac Indians of Eastern Canada*. Minneapolis: University of Minnesota Press, 1955.

Whitehead, Ruth Holmes. *Micmac Quilllwork: Micmac Indian Techniques of Porcupine Quill Decoration, 1600-1950*. Halifax: Novas Scotia Museum, 1982.

——— *Nova Scotia, the Protohistoric Period, 1500-1620: Four Micmac Sites*. Halifax: Nova Scotia Musuem, 1993.

——— *The Old Man Told Us: Excerpts from Micmac History, 1500-1950*. Halifax: Nimbus Publishing, 1991.

Wicken, William C. *Mi'kmaq Treaties on Trial: History, Land and Donald Marshall Junior*. Toronto: University of Toronto Press, 2002.

洋流

Charton, Barbara. *The Facts on File: Dictionary of Marine Science*. New York: Facts on File Publications, 1988.

Department of Fisheries and Oceans. *Sailing Directions: Nova Scotia (Atlantic Coast) and Bay of Fundy*. Ottawa: Department of Fisheries and Oceans, 1990.

Ellis, Richard. *Encyclopedia of the Sea*. New York: Alfred A. Knopf, 2000.

Groves, Donald G., and Lee A. Hunt. *Ocean World Encyclopedia*. New York: McGraw-Hill, 1980.

Parker, Sybil P. *McGraw-Hill Encyclopedia of Ocean and Atmospheric Sciences*. New York: McGraw-Hill, 1980.

Stommel, Henry. *The Gulf Stream: A Physical and Dynamical Description*. Berkeley: University of California Press, 1965.

七镇传奇

Babcock, William H. *Legendary Islands of the Atlantic: A Study in Medieval Geography*. New York: American Geographical Society, 1922.

Bandelier, A. F. *The Gilded Man (El Dorado) and Other Pictures of the Spanish Occupancy of America*. New York: D. Appleton, 1893.

Courcy Ireland, J. de, and D. C. Sheehy. "Atlantic Islands". *European Approaches to North America, 1450–1640*. Ed. David Quinn. Aldershot, U. K.; Brookfield, Vt.: Ashgate/Variorum, 1998: 1–17.

Crampton, C. Gregory. *The Zunis of Cibola*. Salt Lake City: University of Utah Press, 1977.

Crone, G. R. "The Mythical Islands of the Atlantic Ocean: Suggestion as to Their Origin". *Comptes Rendus du Congres International de Geographie Amsterdam 1938*. Ieiden: E. J. Brill, 1938.

Davis, W. W. H. "The Spaniard in New Mexico". *Papers of the American Historical Association* 3 (1) (1888): 164–176.

Hackett, Charles Wilson, ed. *Historical Documents relating to New Mexico, Nueva Vizcaya, and Approaches Thereto, to 1773*. Vol. 1. Washington D. C.: Carnegie Institution of Washington, 1923.

Hammond, George P., and Agapito Rey. *Narratives of the Coronado Expedition, 1540–1542*. Albuquerque: University of New Mexico Press, 1940.

Johnson, Donald S. *Phantom Islands of the Atlantic*. Fredericton: Goose Lane, 1994.

Major, Richard H., trans. and ed. *The Voyages of the Venetian Brothers Nicolo and Antonio Zeno to the Northern Seas in the XIVth Century Comprising the Latest Known Accounts of the Lost Colony of Greenland and of the Northmen in America before Columbus*. London: Hakluyt Society, 1873.

Nebenzahl, Kenneth. *Atlas of Columbus and the Great Discoveries*. Chicago: Rand McNally, 1990.

Winship, George Parker. "Why Coronado Went to New Mexico". *Annual Report of the American Historical Association for the Year 1894*. Washington D. C.: Government Printing Office, 1895.

致谢

我的这一研究始于一次回家探望亲人之行。因此，我自然首先应当对全家人对我的支持表示最深切的谢忱。我的两位挚友贝丝和罗布也理应属这一层次。他们都属最先听到我的这一工作进展的阵营。

多伦多参考图书馆的工作人员也是我应当衷心致谢的对象。他们耐心、周到、勤勉和内行的帮助，对我方方面面的研究都有着不可或缺的帮助。

玛丽安·赫布很了解我的这一工作，为这本书提出了很好的建议。蓝登书屋加拿大分部负责本书出版的责任编辑安妮·柯林斯也是如此。我对这两位女士都感谢有加。

罗伯特·巴克兰为本书提供了措辞和梳理章节结构的帮助。加文·孟席斯、贝蒂·梅格斯和乔治·吉布森阅读了书稿、并提出了有用的建议和宝贵的批评。他们每个人的睿见和共同形成的卓识都使我受益良多。多谢诸位。

我还应当向蓝登书屋加拿大分部的罗恩·埃克尔、斯科特·理查森、贝亚特·施维尔特里希、珍妮弗·谢泼德、斯科特·塞勒斯、帕梅拉·默里和凯利·巴克敬表谢意。自由审稿人罗斯玛丽·希普顿和柯蒂斯·费伊为此书得以出版所付出的努力也理应得到我的敬意。最后，我还要在这里向美国圣马丁出版社的迈克尔·弗拉米尼和乔治·维特表示道谢。

译后记

经朋友推荐，我读了 Island of Seven Cities: Where the Chinese Settled When They Discovered North America（直译成中文应是《七镇岛：最早发现北美洲的中国移民》）一书，为其独特的内容和绝对的写实精神所吸引，一气读完，并产生了将它翻译成中文的强烈意愿。现在，在三联书店的支持下，这本书的中文译本终于与广大中国读者见面了，这使我十分畅意。

此书是加拿大人保罗·夏亚松（Paul Chiasson）讲述自己利用业余时间，穷数年心血的考古发现。我喜欢读它，是因为作者以自己的亲身经历，向那些被现代商业化社会紧紧裹挟的人提出了一种发挥主动精神，过一种对社会更有意义、对自己也更积极的生活方式；我希望译它，是因为书中的内容，将加拿大与中国更亲密地联系到了一起。我还属意于通过此书，与广大读者共同探讨一下如何对待学术界中的"弱势群体"。

发明和发现是社会发展的前沿动力，对此大概是无人怀疑的。与此同时也给从事这两种活动的人——无论事业是否有成，带来了充盈的满足感——阿基米德的"尤理卡"狂呼，孔子的"朝闻道，夕死可矣"名言，都有力地证实着这一点。

现代社会之前的许多发明和发现，往往是业余人士的成果。古代社会和中世纪自不待言，就连进入 20 世纪初期时也还是如此。然而，随着现代社会——经济体系的形成和发展、研究和发明被一步步纳入了各种专业队伍的渠道，研究手段的发展，研究内容的深入，使发明与发现成了运用大量人力、物力与财力的活动，激烈的竞争更导致全力以赴、心无旁骛的专职奋斗。这使不少人认为，没有巨额资金、精密设备和大型协作，没有不顾私人生活的疯狂精神，就休谈"研究"二字。能够搞出发明、发现的人，不但非博士莫属，不但一定得隶属于资金雄厚的大公司或者手眼通天的名研究机构，还得是一批工作狂不可。也就是说，在现代社会中，发明、发现被视为少数人的禁脔，与芸芸百姓是绝了缘的。

然而，这本书的作者保罗·夏亚松，却以自己的真实经历告诉人们，即使在21世纪，业余人员仍然可望问鼎发明发现。夏亚松先生是加拿大的一名建筑师。他于2005年发表的一项成果，在世界上引起了不小的轰动。然而，他的这一成果，并不是设计出了什么不同凡响的著名建筑，也不是写出了一本轰动的建筑学史，而是提出了一个事关北美历史的考古学设想，与本人的职业相去甚远。他的这一设想，不是面对绘图板或者攀登脚手架时悟出的，而是他在历史研究爱好的基础上，通过上穷碧落下黄泉地查阅史学著述和地理资料，并根据缜密的逻辑推理得出的。

十多年前，夏亚松先生不幸得了不治之症，不能从事建筑工作、也无法在大学继续执教，当时他四十出头，突然有了很多的闲暇时间，经济上无忧，又独自身居加拿大最繁华的大城市多伦多的市中心，可以说是被商品经济的海洋包围着。但他没有去"最后的疯狂"，而是找了一个自己有兴趣、又涉及本人业余和专业特长的未解之谜，不停地寻找答案。起先的确不无自我排遣的目的，但在身体和外部条件许可的范围内不断求索的过程中，却不断深入、层层发掘，居然不但有所建树，走上了自己精神生命的高峰——在美国国会图书馆主办的科学讨论会上发表讲演，写成了一本销路不错的书，并因在此过程中因求知渴望得到满足、精神生活得到充实，而倍感生命的欢愉与创造的美好。

诚然，像夏亚松那样好钻研、苦干的学者如今还是有的，想必为数不少，但这或许基本上是在科研和学术机构工作的专业人士，以及为进入专业队伍而做准备的大学生和研究生。业余人士十分有限，像他这样得了重病还乐此不疲的，更绝对是凤毛麟角。他为什么这样做，又是怎样做的，在此过程中都有哪些切身感受，非常值得让更多的人得知。

中国有着灿烂的古代文明，有以"四大发明"为代表的许多重大发明和发现。中世纪的意大利商人马可·波罗的《马可·波罗游记》，就使西方世界掀起对中国的赞叹与向往之风，英国著名科学家兼科技史学家李约瑟的七卷三十四分册巨著《中国科学技术史》更是认为，在科技领域中，中国人所做出的发明及发现，完全可以同西方任何科技大国相提并论。然而，在中国漫长的最后一个封建王朝时期，这个以往的泱泱大国，却一直处于闭关自守、停滞不前的状态，到了后期更是被动挨打、丧权辱国，使得中国在西方人的词典中，成了落后、顽固、贫穷的代名词。这种印象一直到20世纪70年代都没有多大改变。近年来，中国可以说是开始了大规模的经济复兴，发明和发现也不断在数量和质量上趋于上乘。西方人对现代中国的兴趣和对中国传统哲学、艺术、医学和其他诸多方面成果的认识也在步步提高。这本书正是这种认识的反映，也有助于端正一部分有唯我独尊心理的西方读者对中国的认识。中译本的出版，也无疑会唤起更多国人的民族自豪感。

在人类发明及发现的历史长河中，既充满兴奋的巨浪和激动的急流，也夹杂着诸多社会上一些人泼来的冷水甚至是脏水。这种现象似乎是无处不有和无时不在的。即使是已经功成名就者也很难幸免，而如果涉及的是像夏亚松先生这样在学术界藉藉无名，又是孤军奋战，没有大牌导师做后盾，得不到同行的奥援，假说内容又颇带一些"胳臂肘向外拐"的味道，处境无疑就更艰难些。虽说绝大多数加拿大人都有三代之内来自其他国家的移民史，因此社会氛围比较宽容，喜欢以打"太平拳"方式欺负人的为数不多，手法也不太五花八门。因此，夏亚松没有被詈骂祖宗三代，没有被冠之为"学术骗子"，更没有受到人身虐待。但不客气的言论也是不一而足。加拿大的"正宗考古界"，至今还不肯对他指出的地方进行考古发掘，只是找了几个工作人员，在夏亚松提出是五百年前移民遗址的地面上走了走，翻了几个石堆便算了事。有人向有关考古机构和博物馆发电邮询问看法，也都很难得到回文。网上博客说他"荒唐""标新立异""异想天开""以驰想代替研究"的更是不在少数。对此，熟悉历史的夏亚松是见怪不怪、笑骂由之的。他认为，自己的工作，如果能够有助于廓清历史，自然是件大好事，但更主要的，是自己这些年从这一工作中所得到的锻炼和体验到的兴奋感觉，已经使自己的人生更加充实，也进一步证实了自己的能力。这已经足够令他满意了。况且，给予他支持和鼓励的也并不在少数。作者的经历在书中只是一笔带过，其实远不止于此。比如，美国著名报纸《华尔街日报》就认为夏亚松的工作"态度真诚而执着"，为北美各大小图书馆收藏提供重要指导信息的《图书馆杂志》认为他的这本书是"引人入胜的历史侦探调查报告"，加拿大的《卡尔加里先驱报》也赞誉此书"峰回路转，令人拍案"。2007年8月1日，我国的《人民日报》也发表了文章，赞誉作者的精神及其著作。

我衷心希望夏亚松先生身体健康，将自己的假设做进一步的发展，还希望有更多的人受他的激励，挣脱商业经济的缧绁，在自己的工作和业余努力中做出更多的发明和发现。

暴永宁

新知文库

01 《证据：历史上最具争议的法医学案例》[美]科林·埃文斯 著　毕小青 译
02 《香料传奇：一部由诱惑衍生的历史》[澳]杰克·特纳 著　周子平 译
03 《查理曼大帝的桌布：一部开胃的宴会史》[英]尼科拉·弗莱彻 著　李响 译
04 《改变西方世界的26个字母》[英]约翰·曼 著　江正文 译
05 《破解古埃及：一场激烈的智力竞争》[英]莱斯利·罗伊·亚京斯 著　黄中宪 译
06 《狗智慧：它们在想什么》[加]斯坦利·科伦 著　江天帆、马云霏 译
07 《狗故事：人类历史上狗的爪印》[加]斯坦利·科伦 著　江天帆 译
08 《血液的故事》[美]比尔·海斯 著　郎可华 译　张铁梅 校
09 《君主制的历史》[美]布伦达·拉尔夫·刘易斯 著　荣予、方力维 译
10 《人类基因的历史地图》[美]史蒂夫·奥尔森 著　霍达文 译
11 《隐疾：名人与人格障碍》[德]博尔温·班德洛 著　麦湛雄 译
12 《逼近的瘟疫》[美]劳里·加勒特 著　杨岐鸣、杨宁 译
13 《颜色的故事》[英]维多利亚·芬利 著　姚芸竹 译
14 《我不是杀人犯》[法]弗雷德里克·肖索依 著　孟晖 译
15 《说谎：揭穿商业、政治与婚姻中的骗局》[美]保罗·埃克曼 著　邓伯宸 译　徐国强 校
16 《蛛丝马迹：犯罪现场专家讲述的故事》[美]康妮·弗莱彻 著　毕小青 译
17 《战争的果实：军事冲突如何加速科技创新》[美]迈克尔·怀特 著　卢欣渝 译
18 《最早发现北美洲的中国移民》[加]保罗·夏亚松 著　暴永宁 译
19 《私密的神话：梦之解析》[英]安东尼·史蒂文斯 著　薛绚 译
20 《生物武器：从国家赞助的研制计划到当代生物恐怖活动》[美]珍妮·吉耶曼 著　周子平 译
21 《疯狂实验史》[瑞士]雷托·U.施奈德 著　许阳 译
22 《智商测试：一段闪光的历史，一个失色的点子》[美]斯蒂芬·默多克 著　卢欣渝 译
23 《第三帝国的艺术博物馆：希特勒与"林茨特别任务"》[德]哈恩斯－克里斯蒂安·罗尔 著　孙书柱、刘英兰 译
24 《茶：嗜好、开拓与帝国》[英]罗伊·莫克塞姆 著　毕小青 译
25 《路西法效应：好人是如何变成恶魔的》[美]菲利普·津巴多 著　孙佩妏、陈雅馨 译
26 《阿司匹林传奇》[英]迪尔米德·杰弗里斯 著　暴永宁、王惠 译

27 《美味欺诈:食品造假与打假的历史》[英]比·威尔逊 著 周继岚 译

28 《英国人的言行潜规则》[英]凯特·福克斯 著 姚芸竹 译

29 《战争的文化》[以]马丁·范克勒韦尔德 著 李阳 译

30 《大背叛:科学中的欺诈》[美]霍勒斯·弗里兰、贾德森 著 张铁梅、徐国强 译

31 《多重宇宙:一个世界太少了?》[德]托比阿斯·胡阿特、马克斯·劳讷 著 车云 译

32 《现代医学的偶然发现》[美]默顿·迈耶斯 著 周子平 译

33 《咖啡机中的间谍:个人隐私的终结》[英]吉隆·奥哈拉、奈杰尔·沙德博尔特 著 毕小青 译

34 《洞穴奇案》[美]彼得·萨伯 著 陈福勇、张世泰 译

35 《权力的餐桌:从古希腊宴会到爱丽舍宫》[法]让-马克·阿尔贝 著 刘可有、刘惠杰 译

36 《致命元素:毒药的历史》[英]约翰·埃姆斯利 著 毕小青 译

37 《神祇、陵墓与学者:考古学传奇》[德]C.W.策拉姆 著 张芸、孟薇 译

38 《谋杀手段:用刑侦科学破解致命罪案》[德]马克·贝内克 著 李响 译

39 《为什么不杀光?种族大屠杀的反思》[美]丹尼尔·希罗、克拉克·麦考利 著 薛绚 译

40 《伊索尔德的魔汤:春药的文化史》[德]克劳迪娅·米勒-埃贝林、克里斯蒂安·拉奇 著 王泰智、沈惠珠 译

41 《错引耶稣:〈圣经〉传抄、更改的内幕》[美]巴特·埃尔曼 著 黄恩邻 译

42 《百变小红帽:一则童话中的性、道德及演变》[美]凯瑟琳·奥兰丝汀 著 杨淑智 译

43 《穆斯林发现欧洲:天下大国的视野转换》[英]伯纳德·刘易斯 著 李中文 译

44 《烟火撩人:香烟的历史》[法]迪迪埃·努里松 著 陈睿、李欣 译

45 《菜单中的秘密:爱丽舍宫的飨宴》[日]西川惠 著 尤可欣 译

46 《气候创造历史》[瑞士]许靖华 著 甘锡安 译

47 《特权:哈佛与统治阶层的教育》[美]罗斯·格雷戈里·多塞特 著 珍栎 译

48 《死亡晚餐派对:真实医学探案故事集》[美]乔纳森·埃德罗 著 江孟蓉 译

49 《重返人类演化现场》[美]奇普·沃尔特 著 蔡承志 译

50 《破窗效应:失序世界的关键影响力》[美]乔治·凯林、凯瑟琳·科尔斯 著 陈智文 译

51 《违童之愿:冷战时期美国儿童医学实验秘史》[美]艾伦·M.霍恩布鲁姆、朱迪斯·L.纽曼、格雷戈里·J.多贝尔 著 丁立松 译

52 《活着有多久:关于死亡的科学和哲学》[加]理查德·贝利沃、丹尼斯·金格拉斯 著 白紫阳 译

53 《疯狂实验史Ⅱ》[瑞士]雷托·U.施奈德 著 郭鑫、姚敏多 译

54 《猿形毕露:从猩猩看人类的权力、暴力、爱与性》[美]弗朗斯·德瓦尔 著 陈信宏 译

55 《正常的另一面:美貌、信任与养育的生物学》[美]乔丹·斯莫勒 著 郑嬿 译

56	《奇妙的尘埃》[美] 汉娜·霍姆斯 著　陈芝仪 译	
57	《卡路里与束身衣：跨越两千年的节食史》[英] 路易丝·福克斯克罗夫特 著　王以勤 译	
58	《哈希的故事：世界上最具暴利的毒品业内幕》[英] 温斯利·克拉克森 著　珍栎 译	
59	《黑色盛宴：嗜血动物的奇异生活》[美] 比尔·舒特 著　帕特里曼·J. 温 绘图　赵越 译	
60	《城市的故事》[美] 约翰·里德 著　郝笑丛 译	
61	《树荫的温柔：亘古人类激情之源》[法] 阿兰·科尔班 著　苜蓿 译	
62	《水果猎人：关于自然、冒险、商业与痴迷的故事》[加] 亚当·李斯·格尔纳 著　于是 译	
63	《囚徒、情人与间谍：古今隐形墨水的故事》[美] 克里斯蒂·马克拉奇斯 著　张哲、师小涵 译	
64	《欧洲王室另类史》[美] 迈克尔·法夸尔 著　康怡 译	
65	《致命药瘾：让人沉迷的食品和药物》[美] 辛西娅·库恩等 著　林慧珍、关莹 译	
66	《拉丁文帝国》[法] 弗朗索瓦·瓦克 著　陈绮文 译	
67	《欲望之石：权力、谎言与爱情交织的钻石梦》[美] 汤姆·佐尔纳 著　麦慧芬 译	
68	《女人的起源》[英] 伊莲·摩根 著　刘筠 译	
69	《蒙娜丽莎传奇：新发现破解终极谜团》[美] 让–皮埃尔·伊斯鲍茨、克里斯托弗·希斯·布朗 著　陈薇薇 译	
70	《无人读过的书：哥白尼〈天体运行论〉追寻记》[美] 欧文·金格里奇 著　王今、徐国强 译	
71	《人类时代：被我们改变的世界》[美] 黛安娜·阿克曼 著　伍秋玉、澄影、王丹 译	
72	《大气：万物的起源》[英] 加布里埃尔·沃克 著　蔡承志 译	
73	《碳时代：文明与毁灭》[美] 埃里克·罗斯顿 著　吴妍仪 译	
74	《一念之差：关于风险的故事与数字》[英] 迈克尔·布拉斯兰德、戴维·施皮格哈尔特 著　威治 译	
75	《脂肪：文化与物质性》[美] 克里斯托弗·E. 福思、艾莉森·利奇 编著　李黎、丁立松 译	
76	《笑的科学：解开笑与幽默感背后的大脑谜团》[美] 斯科特·威姆斯 著　刘书维 译	
77	《黑丝路：从里海到伦敦的石油溯源之旅》[英] 詹姆斯·马里奥特、米卡·米尼奥–帕卢埃洛 著　黄煜文 译	
78	《通向世界尽头：跨西伯利亚大铁路的故事》[英] 克里斯蒂安·沃尔玛 著　李阳 译	
79	《生命的关键决定：从医生做主到患者赋权》[美] 彼得·于贝尔 著　张琼懿 译	
80	《艺术侦探：找寻失踪艺术瑰宝的故事》[英] 菲利普·莫尔德 著　李欣 译	
81	《共病时代：动物疾病与人类健康的惊人联系》[美] 芭芭拉·纳特森–霍洛威茨、凯瑟琳·鲍尔斯 著　陈筱婉 译	
82	《巴黎浪漫吗？——关于法国人的传闻与真相》[英] 皮乌·玛丽·伊特韦尔 著　李阳 译	

83　《时尚与恋物主义：紧身褡、束腰术及其他体形塑造法》[美] 戴维·孔兹 著　珍栎 译
84　《上穷碧落：热气球的故事》[英] 理查德·霍姆斯 著　暴永宁 译
85　《贵族：历史与传承》[法] 埃里克·芒雄－里高 著　彭禄娴 译
86　《纸影寻踪：旷世发明的传奇之旅》[英] 亚历山大·门罗 著　史先涛 译
87　《吃的大冒险：烹饪猎人笔记》[美] 罗布·沃乐什 著　薛绚 译
88　《南极洲：一片神秘的大陆》[英] 加布里埃尔·沃克 著　蒋功艳、岳玉庆 译
89　《民间传说与日本人的心灵》[日] 河合隼雄 著　范作申 译
90　《象牙维京人：刘易斯棋中的北欧历史与神话》[美] 南希·玛丽·布朗 著　赵越 译
91　《食物的心机：过敏的历史》[英] 马修·史密斯 著　伊玉岩 译
92　《当世界又老又穷：全球老龄化大冲击》[美] 泰德·菲什曼 著　黄煜文 译
93　《神话与日本人的心灵》[日] 河合隼雄 著　王华 译
94　《度量世界：探索绝对度量衡体系的历史》[美] 罗伯特·P. 克里斯 著　卢欣渝 译
95　《绿色宝藏：英国皇家植物园史话》[英] 凯茜·威利斯、卡罗琳·弗里 著　珍栎 译
96　《牛顿与伪币制造者：科学巨匠鲜为人知的侦探生涯》[美] 托马斯·利文森 著　周子平 译
97　《音乐如何可能？》[法] 弗朗西斯·沃尔夫 著　白紫阳 译
98　《改变世界的七种花》[英] 詹妮弗·波特 著　赵丽洁、刘佳 译
99　《伦敦的崛起：五个人重塑一座城》[英] 利奥·霍利斯 著　宋美莹 译
100　《来自中国的礼物：大熊猫与人类相遇的一百年》[英] 亨利·尼科尔斯 著　黄建强 译